日本近代史

坂野潤治 著

楊汀 劉華 譯

日本近代史

作　　者：坂野潤治

翻　　譯：楊　汀、劉　華

責任編輯：黃振威

封面設計：涂　慧

出　　版：商務印書館 (香港) 有限公司
　　　　　香港筲箕灣耀興道 3 號東滙廣場 8 樓
　　　　　http://www.commercialpress.com.hk

發　　行：香港聯合書刊物流有限公司
　　　　　香港新界大埔汀麗路 36 號中華商務印刷大廈 3 字樓

印　　刷：美雅印刷製本有限公司
　　　　　九龍觀塘榮業街 6 號海濱工業大廈 4 樓 A

版　　次：2019 年 6 月第 1 版第 1 次印刷
　　　　　© 2019 商務印書館 (香港) 有限公司
　　　　　ISBN 978 962 07 5646 7
　　　　　Printed in Hong Kong

目錄

第六章　危機的時代 (1925–1937)

代序：不一樣的日本近代史

坂野潤治 (1937-) 的《日本近代史》(筑摩書房，2012) 是一部不一樣的日本近代史著作。它不是坊間常見的全面、客觀、淺白介紹日本近代史之作，而是以作者政治立場分析日本近代政治史的論述。如果你對日本近代史感興趣，想找一本入門的通史研讀，《日本近代史》並不合用。書中引用大量的原始資料，介紹影響近代日本政治的歷史人物、事件及團體，容易令初學者眼花繚亂，難以消化。《日本近代史》是給對日本近代史有一定認識的人而作，它本來的對象是已修讀高校日本史的日本人，旨在提供他們一個近代日本政治發展史的綜合分析。因此《日本近代史》不是通史性質的入門書，而是中級程度的歷史參考書。它只討論政治史，特別重視憲政的建立與崩壞，不涉經濟、社會、思想、文化等不同範疇。

坂野潤治是著名日本近代政治史專家，亦是左翼學者的代表人物。他的背景頗為特別，1963 年在東京大學文學部國史學科畢業後，成為左翼學生組織全學連的領袖，投身安保鬥爭。1970 年代他是勞働組合的幹部，鼓吹工人透過工會向企業爭取權益。1986 年他當上了東大教授，直至 1998 年退休。他的研究集中探討從明治至前期昭和日本政治發展的機遇與挫折。作為左翼學者，他的著作主要討論民主原則、憲法體制及兩黨制為何在近代日本無法持續成長，反而最終被右傾的國家主義、天皇制及軍國主義所取代，令日本走上對內專制、對外侵略的歧途。其代表的學術

專書計有《明治憲法体制の確立》(1971)、《日本憲政史》(2008)、《近代日本の国家構想》(2009)及《日本政治「失敗」の研究》(2010)。《日本近代史》並非其代表作,它是以一般讀者為對象的普及本,闡述作者對近代日本政治史的一貫看法。

　以書論書,《日本近代史》是部結構嚴謹、分析明快、言之有物、成一家之言的佳作。作者將 1857 年至 1937 年的八十年按政治發展分六大時期:改革、革命、建設、運用、重組、危機。這種分期法着眼憲法體制的建立與崩壞,可謂自成系統,頗有參考價值。值得注意的是《日本近代史》不是以客觀、平衡及詳實為賣點的著作,而是帶有作者的政治觀點及學術偏好的論述。這究竟是優點還是缺點,因人而異。坂野治史呈現強烈個人風格及主觀評論,例如《日本近代史》對西鄉隆盛的至高評價及對原敬的貶視都是基於個人的政治信念,未必令人完全信服。正如作者在〈後記〉所坦言:「寫出一部結構均衡的通史亦並不是我最初的目標。本書是帶着筆者的獨斷與偏見的日本近代八十年歷史。」

　《日本近代史》是非一般的日本近代史。假如你自認對日本近代史已有基本認識,希望尋找一個分析架構去瞭解日本政治的發展軌跡,這書你不應錯過。它的「獨斷與偏見」會刺激你重新思考很多本認為已經定案的觀點。這正是本書的價值所在。

吳偉明

2019 年 5 月 31 日於日本東京

前言

本書將 1857 年（安政四年）至 1937 年（昭和十二年）期間的八十年歷史劃分為六個考察階段。如果以日本近代史的既有詞彙表達，這六個階段按順序分別為「公武合體」、「尊王倒幕」、「殖產興業」、「明治立憲制」、「大正民主」和「昭和法西斯」。

但是，如果按照以上特徵區分各個時代，我們就難以了解它們之間的相互關係。因此，本書嘗試將這六個階段重新命名為「改革的時代」、「革命的時代」、「建設的時代」、「運用的時代」、「重組的時代」和「危機的時代」。亦即「公武合體」相當於「改革的時代」，「尊王攘夷」相當於「革命的時代」，「殖產興業」相當於「建設的時代」，「明治立憲制」相當於「運用的時代」，「大正民主」相當於「重組的時代」，而「昭和法西斯」相當於「危機的時代」。

本書的分析終於 1937 年，暗示「危機的時代」之結束，亦即「崩潰的時代」之開端。關於其理由，正如本書第六章結尾部分所述，「崩潰的時代」以中日全面戰爭的爆發為開端，以日本在太平洋戰爭中的戰敗為結束，這是很容易理解的。

以「改革的時代」為開端，以「崩潰的時代」為終結——在這樣的日本戰前史後，則又開始了戰後改革之「改革的時代」。對於戰後六十六年的歷史，我沒有做過專門研究，因此也沒有發言的資格。但是，從戰後

六十六年的歷史中，雖然看不出「革命的時代」，卻似乎亦可找到「改革」、「建設」、「運用」、「重組」、「危機」，甚至是「崩潰」的各個階段。

有關戰後六十六年的六個階段，筆者作為門外漢的觀點暫述至此。以下，筆者將從 1857 年為開端的「改革的時代」開始，依次講述日本近代的六個階段。

在史料的引用方面，為了讓讀者充分理解其意，原則上儘量使用新漢字及現代假名用法，也會適當增加句讀，標明注音和送假名，並將一些漢字和片假名改為平假名。另外，引用史料中的【 】符號為筆者所加註釋。

關於書中年月日的表記，凡未明確標註之處，以 1872 年（明治五年）12 月 2 日以前為陰曆，1873 年（明治六年）1 月 1 日之後為西曆。

此外，本書第四章及此後內容時常涉及大選帶來的議席變化，其變化是眾議院解散當天和召集當天的資料比較。這是由於，即使在戰前，也常有無黨派議員在當選後立即投靠執政黨的情況。

第一章

改革的時代

(1857–1863)

一 「尊王攘夷」與「佐幕開國」

明治維新之前的迂迴曲折

提到「明治維新」，讀者也許首先想到 1868 年 1 月（慶應三年十二月）的「王政復古」政變及同年 4 月（明治元年三月）的〈五條御誓文〉。此時的日本，展現出吸收歐美文明、尋求「富國強兵」和「公議輿論」（合議制）目標的近代中央集權國家的鮮明姿態。

但為了這一天，此前還有着 20 餘年的迂迴曲折，以及眾多領導者和思想家「惡戰苦鬥」的歷史。

這種「惡戰苦鬥」的最大原因，就是「尊王攘夷」論因外部壓力刺激而抬頭。以 1853 年培理艦隊來航為象徵，歐美列強對日本施加的軍事壓力，與日本自古以來的「尊王」傳統及已持續 250 餘年的「攘夷」傳統相結合。這兩項傳統又因「水戶學」及吉田松陰等人的推動，合併為「尊王攘夷」這一「國是」。這使得日本出現了強烈的「原教旨主義」。

另一方面，在長達 250 餘年的「鎖國」歷史中，幕府末期的日本已經習慣了一國和平主義，在全世界範圍內也算得上是較為弱小的國家之一，根本不具備對抗歐美列強「開國」要求的軍事實力。對日本而言，並無「開國」以外的現實選擇。因此，當時統治日本的幕府政權只能容許「開國」。而以當時的語言描述，支援幕府、容許開國的立場，被稱為「佐幕開國」。

要消除「尊王攘夷」和「佐幕開國」之間的矛盾，是一個極端困難的課題。因為這不僅涉及對外政策的根本矛盾，還涉及國內政治體制層面「尊

王」與「佐幕」之間的根本矛盾。從 1853 年培理來航之後，直至 1868 年明治維新為止，日本在這十五年間不斷進行着「惡戰苦鬥」，以尋求解決雙重根本矛盾的出口。

年表 1

年代（公元）	日本年號	事件
1842	天保十三年	清國在鴉片戰爭（1840–1842）中戰敗。
1851	嘉永四年	島津齊彬就任薩摩藩主。
1853	嘉永六年	培理艦隊來到浦賀。
1854	安政元年	日美和親條約；日英、日俄和親條約；島津齊彬作為參勤交代來到江戶，西鄉隆盛隨行。
1856	安政三年	美國駐日本總領事哈利斯駐紮在下田市。
1858	安政五年	日美修好通商條約；安政大獄（1858–1859）；島津齊彬去世。
1859	安政六年	西鄉隆盛被流放至奄美大島；橋本佐內被處死。
1860	萬延元年	櫻田門外之變。
1862	文久二年	阪下門外之變；和宮下嫁；島津久光提出公武調停的意見書；寺田屋事件；西鄉隆盛返回鹿兒島後再度被流放德之島和沖永良部島；島津久光率兵上京（一橋慶喜擔任「將軍後見」，松平慶永擔任政事總裁）；生麥事件；長州藩士燒燬英國公使館。

「惡戰苦鬥」的四個階段

「尊王」還是「佐幕」，「攘夷」抑或「開國」？這種雙重根本矛盾（雙重「國是」）此後逐步分階段發展。

第一階段始於 1842 年清國[1]在鴉片戰爭中戰敗。當時日本的部分領導者已經明確預見，在不久的將來，英國將挾戰勝之餘威迫使日本「開國」。早在這一時期開始，就有一些人提出，日本必須建設不輸於歐美列強的海軍，並建設近代化的陸軍和炮台等設施。

第二階段無疑始自 1853 年（嘉永六年）和 1854 年（安政元年）美國艦隊的兩次來航。在此期間，面對培理以強力軍艦為後盾的「開國」要求，日本既無法接受，亦無法峻拒。如果拒絕美國要求而與之一戰，日本必敗無疑；如果接受美國要求「開國」，則對於長期以「鎖國」為「國是」的幕府政權而言，便將失去作為統治者的正統性。

第三階段始於 1857 年（安政四年）至 1858 年之間。培理艦隊來航時，並未提出「通商」條件，而只是在實現「和親」後即行返回。對此，美國政府於 1857 年通過其首任駐日總領事逼迫日本簽署正式的通商條約。當時，除了「攘夷」與「開國」的對立之外，圍繞着將軍繼任者人選的問題，幕府與強力大名之間也產生了矛盾。日本的對外政策與國內政治同時出現混亂。其結果是，大老井伊直弼獨斷決定簽署《日美通商條約》，並大舉鎮壓反對派的強力大名及其家臣，這就是「安政大獄」。

表面上看，這是幕府的「開國」政策得到了勝利。但是，由於「開國」政策並未獲得天皇許可，促使「尊王」派與「攘夷」派關係更加密切。另一方面，無視強力大名意見的做法，也推動了「公武合體」論的抬頭。他們雖然同意「開國」，但決不允許無視天皇和強力大名的意見。這種觀點成為除「尊王攘夷」之外，另一類批判幕府言論的根據。

---

1 本書原文使用日文「清國」時，譯文均使用中文「清國」一詞以作對應。——譯者註。

第四階段始於 1863 年（文久三年）到 1864 年（元治元年）。這一時期，「公武合體」派與「尊王攘夷」派兩股反對幕府的勢力發生了正面衝突，支持幕府統治的會津藩與支持「公武合體」論的薩摩藩聯手謀劃孤立了主張「尊王攘夷」的長州藩。在此時期，還發生了歷史上所謂的「文久三年八月十八日政變」與「禁門之變」（1864 年）等事件。

　　但正因如此，由於「佐幕開國」演變為「公武合體開國」，「尊王」與「攘夷」兩大「國是」均成為長州藩手中的招牌。僅僅一藩，長州藩的軍事和經濟實力顯然無法抗衡幕府與其他強藩的聯盟。但是，長州藩要堅持「尊王」與「攘夷」，因此獲得了「反開國」派與反幕府派的同情。所以，雖然 1864 年「禁門之變」讓長州藩背上了朝敵的污名，但仍舊無法消除「尊王攘夷」問題。

　　唯一的解決方法就是擱置「攘夷」與「開國」的問題，首先在「尊王」和「佐幕」之間作出選擇。如此一來，薩摩和長州兩藩就可以藉「尊王倒幕」而聯手合作。「鎖國」政策充其量不過 250 餘年，如果能藉日本自古以來作為「國是」的「尊王」超越「鎖國」與否的問題，「公武合體」派強藩對幕府政權的支持基礎也將隨之削弱。

　　在擱置「開國」與「攘夷」矛盾的同時，要求重視強力大名意見的「公武合體」思想逐漸發展為「公議輿論」的要求──即不僅要重視大名意見，還要重視其重要家臣的意見。由此，「尊王倒幕」和「公議輿論」成為強力大名及其藩士們的共同口號，「惡戰苦鬥」的四個階段終告結束，事態急劇轉向明治維新。以筆者來看，這一事態急速轉向的節點為 1864 年，而推進者正是薩摩藩的西鄉隆盛。

▣ 西鄉隆盛的「合縱連橫」論

　　無論是何種革命，如果「體制內改革派」與「體制外改革派」無法實現暫時合作，也就不可能成功。當然，無論是在革命之前還是革命之後，這兩種改革派之間往往對立多於合作。但是，如果兩派不能朝着同樣目標前進，如果雙方不能消除誤解，也就不可能成就革命。

　　明治維新是日本近代史上唯一一次成功的革命，其象徵是 1868 年 1 月（慶應三年十二月）的「王政復古」，但其起點是 1858 年（安政五年）大老井伊直弼發起的「安政大獄」以及此前的「安政改革」。從這一節點至「王政復古」之間的 10 年餘變革期中，「體制內改革派」與「體制外改革派」激烈對立並爭奪「改革」的主導權。日本近代史上，將前者稱為「公武合體派」，將後者稱為「尊王攘夷派」。

「變革勢頭」的變化

　　在「安政大獄」期間有一位被處死的越前藩武士，名為橋本左內。從他身上可以看到，當時的體制外改革派並非均是「攘夷」主義者——在「安政大獄」之前，日本恐怕沒有比橋本左內更加堅定的「開國」主義者。所以，如果要給包括橋本左內的體制外改革者一個定義，就只能暫且拋開「開國」與「攘夷」的矛盾，將其統稱為「尊王倒幕派」。

　　對於熟悉幕末 10 餘年史實的歷史學家們而言，大概對「安政大獄」前後的橋本左內能否被稱為「倒幕派」存在爭議。他不僅擁護幕府與列強簽

訂條約（「開國」），還是國內政治改革「公武合體」的支持者。不僅如此，橋本左內還聽命於幕府親藩越前藩的藩主松平慶永。從這一點來看，他不算是體制外改革派，而是體制內改革派。

但是，從 1857 年（安政四年）開始至 1868 年（明治元年）的 10 餘年變革期中，「變革曲線」是隨着時間推移而逐漸走高的。與早在 1857 年就主張「公武合體」的橋本相比，在「王政復古」前夕明確主張「尊王倒幕」者的「變革度」不見得更高。如果不結合「變革頭」來判斷各人的「變革度」，很容易過低評價那些尚未看到「王政復古」就已離世者的思想。在 1857 年至 1858 年時，幕府的專制統治已經維持了 200 多年，而橋本作為一介越前藩士（而且只是 20 出頭的藩醫），居然能夠動員藩主，推動朝政，確實可謂是「體制外變革者」，開創「尊王倒幕」之肇始。

實際上，未能理解「變革曲線」，而僅從文字上討論「尊王倒幕」和「公武合體」，是曲解明治維新之前 10 餘年間歷史的最大原因。

如果結合「變革曲線」的高低變化，就可以看到 1857 年至 1858 年期間「改革派」以「尊王倒幕論」為口號，作為「體制外變革者」的走勢。

另一位讓筆者產生這種幕末歷史視角的人士，就是與橋本左內同樣身為強藩下級武士的西鄉隆盛（他在武士的九個級別中位居倒數第二級）。西鄉所動員的薩摩藩藩主島津齊彬與越前藩藩主松平慶永不同，只是一位外樣大名，但其領地是越前藩的兩倍以上（薩摩藩為 77 萬石，越前藩為 32 萬石，概略而言，也就相當於人口 77 萬與 32 萬人）。綜合考慮藩的級別和大小，薩摩藩和越前藩是同級強藩，其下屬的西鄉隆盛地位與橋本左內相仿。

橋本左內在 1858 年因「安政大獄」被關押，次年被處死。與他不同，

西鄉歷經五年的磨難後，最終成為明治維新的最高領導者。以西鄉的情況來看，不必考慮此前「變革曲線」的因素，他在整個幕末時期的立場基本是前後一貫的。

在幕末時期，西鄉的行動有一個關鍵詞，那就是「合縱連橫」，這體現在兩個層面。

擱置「開國」與「攘夷」之爭

無疑，其中一個層面就是以薩摩藩藩主為中心協調其他強藩藩主。其盟友強藩的組成雖然屢有變化，但直至 1868 年 1 月（慶應三年十二月）「王政復古」的「小御所會議」為止，越前藩藩主松平慶永（後來隱居）始終是薩摩藩「合縱連橫」的對象。

另一重「合縱連橫」亦很重要：對於西鄉而言，最為關鍵的「合縱連橫」對象並非強藩大名，而是他們旗下家臣中的「改革派」，無論他們是「開國派」還是「攘夷派」。這樣一來，作為「尊王派」，各藩有志於改革幕府者，均成為了西鄉的同志。有關西鄉的最早傳記——勝田孫彌著《西鄉隆盛傳》（1894 年刊）在提及 1856 年至 1857 年將軍繼承者問題時，有如下記述：

> 當時堀田閣老（即老中堀田正睦）等與當時京師（即京都）勤王黨之間爭論的焦點原本在於開國與鎖國問題，但隆盛所爭則為實現革新的一橋世子派與固守幕府祖法的紀州派之間的對立，開國與否並非隆盛爭論的要點。[2]

---

2 《西鄉隆盛傳》，第一卷，頁 98。

對於勝田的這種說法，也有實際例子可供證明。在 1859 年（安政六年）薩摩藩因擔心「安政大獄」而將西鄉流放至奄美大島時，西鄉向其盟友大久保利通送上了一份別藩同志名單。在這份名單裏，有來自水戶、越前、肥後、長州、土浦（與水戶的關係深厚）及尾張共六個藩、八位同志的名字。其中既有越前藩橋本左內這樣典型的開國派，又有如水戶藩武田耕雲齋這樣明確的攘夷論者。此外，八人中還有肥後藩的長岡監物、長州藩的益田彈正（在吉田松陰門下）、尾張藩的田宮如雲及土浦藩的大久保要等家老級重臣，可見西鄉的同志並不限於下級武士。[3]

　　這封信並非僅是將同志們的姓名告知大久保利通，其重要之處在於：當大久保利通等薩摩同仁急於針對「安政大獄」實行直接報復之際，西鄉是在提醒「合縱連橫」——也就是與別藩藩主及同志合作的必要性。大久保等人打算僅憑肥後藩和薩摩藩同志襲擊大老井伊直弼，對此，西鄉在信中勸告不要輕舉妄動。他說：

> 　　堀（直太郎）前述肥後藩已下決心等言。以余之見，與其不待越前藩回覆即單獨起事，不若與越前藩詳商配合為上。不僅如此，還應與築前、因幡、長州等方聯絡協商。不合時機之舉，唯獲一死；合時之動，方成忠臣。還請隱忍潛居。在下合掌相祈書上。[4]

　　西鄉對大久保的勸誡是，不僅要考慮肥後藩的動向，還要通盤考慮作

3　材料參見西鄉隆盛在 1859 年舊曆一月二日致大久保利通的書信，出自《大久保利通關係文書》，第三卷，頁 284。

4　《西鄉隆盛傳》，第一卷，頁 283。

為盟友的越前藩、築前藩（福岡，52 萬石）、因幡藩（鳥取，32 萬石）、長州藩（37 萬石）等各藩動向。如果各方情況尚不成熟，薩摩藩就不宜輕舉妄動。

結合前文提及各藩有志之士名單，我們不難看出，在判斷各強藩動向時，西鄉不僅考慮到各藩大名的意向，也考慮到了各藩重要家臣的意向。

在各強藩與其家臣共同向幕府政權施壓改革之際，西鄉主張的「大義」正是此前一年（1858 年）猝逝的前藩主島津齊彬的遺志──「勤王」。西鄉如此勸說大久保：

> 盟中之儀即是與三藩[5]生死與共。一旦有事，先君公即與三藩共商天下大事，共立決心，以為朝廷盡忠。三藩一動，則（諸藩）皆動。

西鄉正是由此判斷，如果幕府再向朝廷施壓，勤王諸藩將不僅包括薩摩、越前、水戶、肥後四藩。他認為：「舉事之際，如未見勤王諸藩之合，不可疏忽妄動。與各藩一體拯救御難，方為至要。」[6]

考慮到前述名單可知，在薩摩、越前、水戶、肥前四藩之外，「勤王諸藩」應當還有長州、土浦和尾張三藩。西鄉認為，如果七藩能夠為「勤王」聯手，即可與井伊直弼所率的幕府一戰。

正是在此前提之下，西鄉勸誡大久保等薩摩同仁，在勤王諸藩達成一

5　疑指水戶、越前、肥後。──原作者註。
6　同《西鄉隆盛傳》，頁 283。

致前仍需謹慎自重。正如他所說：「激憤之餘急於行事，只會加劇御難，還望詳思再三。」[7]

西鄉書簡與薩土盟約

勤王各藩藩主與有志之士聯合，即有與幕府相抗衡的力量與權威，這是西鄉於 1859 年（安政六年）提出的構想。八年之後，1867 年（慶應三年）的「大政奉還」與其設想基本一致。就在這一年的舊曆六月，作為「大政奉還」的基礎，薩摩與土佐簽訂了「薩土盟約」，其中記載了如下內容：

> 議定天下大政之全權歸於朝廷。我皇國制度法則等一應萬機，均應出自京師議事堂；議事院分為上、下兩院，上以公卿、下以陪臣庶民之中遴選正義純粹之士出任議事官。諸侯因其執掌，充任上院；以將軍一職掌管天下萬機，原屬無理。今起應辭職歸於諸侯之列，政權必歸於朝廷。[8]

在第二項中，除了記述「諸侯因其執掌，充任上院」，還指出「上至公卿、下以陪臣庶民」擔任「議事官」。這其中，「公卿」自然是就任於上議院。換言之，公卿和諸侯成為上議院議員，「陪臣庶民」之中「正義純粹之士」成為下議院議員。而德川慶喜則需將其將軍的職務和權力交還朝廷，並作為「諸侯」一員任職上議院。

---

7 《西鄉隆盛傳》，第二卷，頁 7。
8 筆者著《日本憲政史》，頁 14。

如果比較「薩土盟約」與八年前西鄉寫給大久保的信，有兩個構想是相似的。薩摩、越前、水戶及肥後四藩藩主（或者前藩主）與長州、尾張及土浦的藩主集合在「勤王」大旗之下；西鄉通過個人信任關係交結的各藩有識之士則形成支持藩主的聯盟。這與「薩土盟約」提出在「勤王」旗號下設立上、下議院的構想直接相關。

　　這兩個構想從提出到實現，走過了八個年頭。

　　造成這八年空白的原因有三：第一，在此期間，西鄉有逾五年的時間被輾轉流放於奄美大島、德之島和沖永良部島。即使以西鄉之才能，被封閉於孤島之後也難以開展局面。

　　第二，大久保利通之下的薩摩藩同仁未能充分繼承西鄉的構想和人脈。關於這一問題，筆者將在下節闡述島津久光率兵上京（1862 年）時加以解釋。但其實，從本節提及的西鄉致大久保的書信中也可看出一二。試想，如果西鄉和大久保之間擁有相近的構想和人脈，也就不需要這樣一封信了。

　　第三，前藩主島津齊彬猝逝，此後事實繼承權力的同父異母之弟島津久光（名義藩主是久光長子）與兄長存在明顯的能力差距。

島津齊彬之見識

　　眾所周知，島津齊彬之父齊興有一側室，名為由羅。由羅為使自己的兒子久光接任藩主，聯合藩內保守派調所廣鄉等勢力排斥齊彬，導致齊彬在 43 歲（1851 年）之前都只能甘居世子（繼承者）之位。

　　然而，這實際上卻幫助齊彬擴大了見識和人脈。因為在幕府制度下，各藩的正夫人和世子都必須作為人質居住於江戶藩邸。

作為幕末最強藩的繼承者，齊彬自然沒有錯過見識幕府要人、參勤交代來到江戶的大藩藩主以及著名知識人士。他得到了越前藩藩主松平慶永（號春嶽）、土佐藩藩主山內豐信（號容堂）、宇和島藩藩主伊達宗城（號藍山）、肥前藩藩主鍋島直正（號閑叟）、尾張藩藩主德川慶勝（號盛齋）等當時盛名藩主的知遇，還結識了一批熟知外國情況的幕臣，如岩瀨忠震、川路聖謨、大久保忠寬（號一翁）、江川太郎左衛門、高島四郎（號秋帆）及勝海舟等。他還與水戶藩著名的儒學家藤田東湖、松代藩武士佐久間象山交往甚密。佐久間可稱得上日本西洋兵學的開山之祖。

1851 年，齊彬終於繼任薩摩藩藩主。1854 年，他首次以參勤交代前往江戶，其隨從中就有當時作為最下級武士的西鄉隆盛。在江戶藩邸整理庭院的時候，西鄉幸運地得到和齊彬交談的機會，並在江戶生活的三年間獲得齊彬的信任。1857 年齊彬回藩時，特別指派西鄉擔任該藩與改革派諸藩、幕府及各藩內改革派人士的交流工作。當時的薩摩藩邸為了在接觸幕府和其他各藩時不至於失禮，往往都將所有事務歸與一人負責。[9]

在齊彬回到薩摩藩後，西鄉剛剛返回鹿兒島不久，即接到齊彬新的指令前往京都，負責對朝廷的工作。這就是有名的「一橋慶喜擁立運動」。在京都，西鄉以齊彬代理人的身份會見德川家定將軍正室天璋院（篤姬）的養父——左大臣近衛忠熙，並與其親信清水寺住持月照關係密切。1858 年安政大獄期間，正是這位月照在鹿兒島灣與西鄉一起投水赴死。

總體而言，在 1857 年到 1858 年間，西鄉隆盛的見識與人脈都是在

---

9 《西鄉隆盛傳》，第一卷，頁 62–65。

齊彬這位名君的密切幫助下建立的。齊彬於 1858 年舊曆七月死於食物中毒，西鄉則於翌年初被流放到奄美大島。此後，無論是繼承了齊彬權力的島津久光，還是留在鹿兒島的大久保利通同仁，都沒有能夠比得上「齊彬－西鄉」組合的見識與人脈。這就是造成下節所述文久年間政治混亂的主因。

三 單獨出兵抑或合縱連橫？

1857 年至 1858 年（安政四年至五年），圍繞推選將軍德川家定繼承人的問題，水戶、越前、尾張三藩藩主主張「輕血統、重見識」而推舉了御三卿（一橋家、田安家、清水家）出身的一橋慶喜，卻因此被幕府政權命令「謹慎」[10] 或者隱居，薩摩藩主雖然逃過一劫，卻也不久即因病故去。支持這些強藩藩主的改革派武士，如越前藩的橋本左內、長州藩的吉田松陰等或被囚禁，或遭處死。這就是歷史上有名的「安政大獄」（1858–1859 年）。幕府甚至施壓朝廷，導致擁立慶喜的近衞忠熙等公卿亦遭免職。

島津久光率兵上京

但是，在井伊直弼、安藤信正等幕府要人在 1860 年（萬延元年）年櫻田門外之變、1862 年（文久二年）阪下門外事變等事件遭改革派志士襲擊後，改革派各藩開始捲土重來。這其中比較知名的事件就是 1862 年舊曆四月薩摩藩藩主代行島津久光率兵上京。久光借助朝廷的權威迫使幕府做出承諾，讓二年前與十四代將軍德川家茂爭奪過將軍職位的一橋慶喜出任將軍後見一職，並讓擁立慶喜運動的中心人物、前越前藩藩主松平慶永出任政事總裁一職。朝廷還派遣大原重德作為代表一同與久光前往江戶會見

---

10 江戶時代類似於軟禁的一種處罰。指必須待在規定的住所裏面，緊閉門窗，除公務以外不許外出。——譯者註。

將軍，推動「公武合體」的進行。

久光之所以率兵上京，主因就是大久保利通等薩摩藩改革派提出了「直接行動論」。久光將包括大久保在內約 50 人命名為「誠忠組」，以准公認的形式限制其個人單獨行動，並以「舉藩勤王」為口號實現薩摩藩的一致團結，最終由久光率兵上京。

藉着薩摩藩「舉藩勤王」的機會，在大島流放三年的西鄉得以返回。但是，當西鄉在 1862 年舊曆二月回到鹿兒島後，卻反對「舉藩勤王」一事，並向久光遊說「合縱連橫」的重要性。

近年研究多認為，西鄉之所以否定「舉藩勤王」而主張「合縱連橫」，是因為在大島流放三年後未能跟上時代潮流。[11]

但是，前述日本最初西鄉傳記的作者勝田孫彌卻給出了相反的解釋。按照勝田的說法，西鄉見到久光後是以下情況：

> 為直陳意見，隆盛前往城內二之丸面見久光稱，此次舉兵計劃雖可稱履行先公齊彬遺志，但如今時世大變，天下形勢已異於往昔……故應順應時世，一改當時之舉，首先與大藩諸侯協議合縱連橫大計，爾後再前往京師，奉敕命推動公武之力。如僅以薩摩藩之力守護京師，並以敕命號召諸侯，欲得公武之士盡力相助，恐將難獲成功。[12]

作為證據，勝田引用了西鄉隆盛的一封信。這封長信是西鄉於 1862

---

11 例如，佐佐木克所著《幕末政治與薩摩藩》，頁 79。
12《西鄉隆盛傳》，第二卷，頁 26，着重號為筆者所加。

年被久光流放之後，從流放地德之島寫給薩摩藩大阪留守負責者木場傳內的，其中的主要論點梳理如下：

西鄉的批評

西鄉首先指出，島津久光率兵上京一事，是在西鄉流放於大島期間，由大久保利通等約 50 人組成的「誠忠組」策劃的。在這封信裏，西鄉認為「誠忠組」的形勢判斷和行動計劃完全如井底之蛙，並提出了嚴厲的批評：

> 彼之想法，與余在孤島上所思，可謂有雲泥之別……所謂誠忠派之人，不論此前是屈是伸，只欲逆勢而上，圖世人皆醉我獨醒之快，並將主張勤王口號者視為忠良。但若談勤王，當時應如何行動，今後應選何種道路？他們皆不清楚。他們既不明國家大體、日本大體，亦不明幕府形勢、諸國形勢，卻欲憑此理清天下之事，豈非無知者無畏？[13]

在此三年前，西鄉能夠在幕府的開明官僚、大藩藩主及其家臣有識者之間自由斡旋，還能夠與朝廷的重要公卿直接會面。而在西鄉流放期間，由於「安政大獄」的餘波仍在持續，大久保利通以下的「誠忠組」人士並沒有與天下名士直接交流、拓展自身見識的機會。西鄉認為，這種局面的結果，就是薩摩一藩單獨「舉藩勤王」這樣的無謀之舉。

其次，如前所述，西鄉反對「舉藩勤王」的根據就是其對「合縱連橫」的重視。在這封信中，西鄉自己也陳述了這一點。關於 1862 年舊曆二月

13《西鄉隆盛傳》，第二卷，頁 44-45。

十五日與藩主代行島津久光直接面談一事，他是如此記述的：

> 四月十五日（應為二月十五日之誤——勝田註），恢復舊
> 務不久，即蒙召見。關於前述事宜，余已陳述其中謬誤。如今
> 之舉，確係沿襲先公（齊彬）之意。但世易時移，難有先公之
> 功……無與諸侯之交，未能形成一體，即無法應時成事。唯有
> 大藩諸侯已持同論，結成合縱連橫之勢，方才可成大事……[14]

從這段話可知，正是久光及「誠忠組」一方，未能考慮齊彬逝後三年
的時勢變化，拘泥於齊彬遺訓（如需守護朝廷即由薩摩藩單獨舉兵上京），
而西鄉的觀點恰與之相反。而且，對於久光的「單獨率兵」之舉，西鄉仍
是主張「合縱連橫」的。

第三，正如前文所述，西鄉的「合縱連橫」論有雙重結構，這一點
值得注意。在三年前流放大島時，西鄉將來自六個藩的八名「勤王志士」
名單傳於大久保利通。這八個人的共同點並非「開國」或「攘夷」，而是
「勤王」。

三年後，西鄉遇赦回到鹿兒島之際，前述八人或已被處死，或已病
逝，但他們之下仍有不少志士。即使在被久光拒絕之後，西鄉仍未放棄自
己的主張。他向久光力陳，如果僅僅實現強力大名的「合縱連橫」（久光甚
至連這一點也未盡努力），在「各藩人心不平」的情況下，也難說後來治變
之勢。西鄉認為，不僅要在藩主層面，還要在全國有志之士層面達成關於

14《西鄉隆盛傳》，第二卷，頁 46-47，着重號為筆者所加。

「勤王」的一致，否則既無法實現變革，亦無法實現變革後的建設。[15]

如此看來，島津久光和西鄉隆盛的視野之比較，讓人一目了然。由於久光的「單獨出兵」缺乏強力大名的「合縱連橫」，只能實現朝廷與幕府的合作而已，也就是所謂的「公武合體」。而且，在「單獨出兵」之前的三個月，久光發佈通告，禁止薩摩藩士與各藩有志之士及支持者的交流，這使得在朝廷與幕府之間的角力中，他也缺乏能夠讓朝廷居於優勢的「勤王」志士的支持。在缺乏藩主層面和有志之士層面「合縱連橫」的情況下，久光「率兵上京」的設想作為計劃而言層次不高，其成功的可能性則更是微乎其微。

與之相對，西鄉的「合縱連橫」論試圖在「勤王」旗號下實現強藩藩主之間、各藩有志之士之間的橫向聯合，並不考慮各藩有志之士究竟是「攘夷論者」還是「開國論者」。一言以蔽之，1862 年舊曆四月，久光對於西鄉的處罰，對於薩摩藩而言是一大愚行。

---

15 參見《西鄉隆盛傳》，第二卷，頁 48。

四 「尊王攘夷」勢力崛起與薩長矛盾

長州與土佐攘夷派之崛起

西鄉主張「尊王」與「合縱連橫」兩個關鍵詞的結合，因此其中也包括了「尊王攘夷派」（尊攘派）。但隨着西鄉再次被流放，「尊王派」中的「開國派」與「攘夷派」之間出現了裂痕。在失去了島津齊彬和西鄉隆盛之後，曾經有過的類似水戶學派武田耕雲齋與開國派橋本左內那樣的聯合就無法再實現了。

在與敕使大原重德一同前往幕府，將一橋慶喜推上將軍後見之職，並將松平慶永推上政事總裁之職後，久光於 1862 年閏八月返京。此時，京都圍繞朝廷的形勢已經為之一變。

這種形勢變化，正是出於西鄉曾經洞察的原因。

第一，由於薩摩一藩在不作「合縱連橫」努力的情況下單獨行動，長州和土佐等強力外樣大名產生了強烈的反彈。此外，久光對西鄉的處罰是由於他與各藩「攘夷派」同仁的交流，這招致了各藩藩主階層及改革派人士的反對。由此，薩摩藩的單獨出兵、敕使隨伴及幕府改革，不僅造成了各藩之間關於「公武合體」與「尊王倒幕」的對立，還引發了「開國」與「攘夷」的對立。

略知明治維新歷史的讀者都知道，如果沒有「尊王攘夷」，也就不會出現日本近代史上的這次大變革。但如果深入了解明治維新的歷史，讀者還會知道，曾經作為「尊王攘夷」中心的長州藩在 1864 年四國艦隊攻擊下

關之後，就放棄了「攘夷論」。西鄉隆盛的觀點是，先將「尊王攘夷派」作為盟友，並等待他們放棄「攘夷」。從歷史發展來看，這一方針是正確的。

然而，由於西鄉被發配到德之島及沖永良部島，他的設想未能實現，時局走向了失控的方向。

首先，島津久光率薩摩藩兵到達江戶時，居於長州藩江戶屋敷的長州藩世子毛利元德剛剛奉藩主毛利敬親之命前往京都。對於薩摩藩的單獨行動，長州藩明確拒絕合作。而且，長州藩此時已經將以〈航海遠略策〉知名的長井雅樂施以「謹慎」處罰。木戶孝允、高杉晉作、久阪玄瑞等「尊王攘夷派」此時掌握着藩政。

以今天的視角來看，長井的〈航海遠略策〉並無問題。朝廷之所以支持幕府簽署一系列通商條約，是為了等待「富國強兵」的成功，並實現日本的「海外雄飛」。而長井認為，朝廷在古代曾主張「亞洲雄飛」，而今卻將幕府僅僅實行三百年的鎖國政策作為「祖法」，實際上是本末倒置。

在外交和防衛政策方面，橋本左內在此四年前曾經有過卓見。但長井的觀點在國內政治體制方面確是保守的「公武合體論」。按照他的設想，國內政治中樞仍是幕府，朝廷只是幕府的支撐，而涉及強力大名、各藩志士參與政治的內容則完全不存在。這與四年前橋本左內的觀點有着本質區別。以希望實現各藩志士橫向聯合的西鄉隆盛來看，長井雅樂是「勤王倒幕」道路上橫亙的「天下之奸物」[16]。在前述西鄉被流放德之島後寫給木場傳內的信中，他是這樣評價長井雅樂的：

16 語出《西鄉隆盛傳》，第二卷，頁 51–52。

（長井）在京師的斡旋出自幕府安排。幕府並非是要肯定其過去所為，而是由彼戴罪「改過」，行欺騙朝廷之事。彼所帶至朝廷的文書中，首要內容即為敕許與外國通商。彼還贈與九條殿下黃金，欺騙殿下，希冀實現敕許開港，以儘快解除公家之冤罪。彼尚圖諸侯各方亦同此行事。其所建白之事盡屬無稽，與今之薩摩相仿……長州如今已有長井之黨與有志之士的分裂跡象……以上為長州藩大阪留守居宍戶九郎兵衛所述。

　　在首次結束流放後僅僅三個月的自由時間內，西鄉就已經了解長井雅樂〈航海遠略策〉的概要，並掌握了長州藩內反對長井之「尊攘派」的動向。

　　長州藩要求長井「謹慎」，其藩內論調轉換至尊王攘夷，並向朝廷施壓。與此同時，土佐藩也發生了類似事件。在土佐藩，參政吉田東洋與長井同樣肯定「開國」，主張「富國強兵」。但在 1862 年 4 月，他被要求「尊王攘夷」的武市半平太等「土佐勤王黨」人士暗殺。掌握藩政的「土佐勤王黨」人推動藩主山內豐範，於 7 月率兵 2,000 人進入京都。

「舉藩勤王」之挫折

　　如此一來，在京都就出現了兩方同時向朝廷施壓的分裂局面。一方是主張「開國」與「公武合體」相結合的薩摩藩，一方則是將「攘夷」與「尊王」相結合的長州藩與土佐藩。

　　這種局面正是身處德之島的西鄉隆盛最擔心的。西鄉此前的對策是一方面實現與長州藩、土佐藩在內的藩主階層的「合縱連橫」，一方面實現與長州藩高杉晉作和久阪玄瑞、土佐藩武市半平太等「尊王攘夷派」家

臣的橫向聯合。

　　島津久光不僅拒絕了西鄉的兩項建議，還將西鄉再次流放，他無疑是造成這種混亂的首要責任者。而大久保利通等薩摩下級武士組成的「誠忠組」輕易接受久光的「舉藩勤王」（且久光禁止其與各藩有志之士橫向聯合），也加劇了混亂的局面。

　　此外，發生於京都伏見的寺田屋事件也使薩摩藩在「尊王」運動中更加孤立。在此次事件中，「誠忠組」奈良原繁等人尊奉久光之命，襲擊了同為「誠忠組」人士的有馬新七等六人。[17] 有馬新七是西鄉長期以來的同仁，並與別藩「攘夷派」亦有交流。島津久光不僅失去了朝廷、長州和土佐的支持，也失去了全國尊攘志士的支持，只能在向朝廷報告其在江戶推動幕府改革的情況之後，於閏八月二十三日從京都出發返回鹿兒島。這意味久光的「舉藩勤王」之舉遭到挫折。

---

17 當時，剛剛進京的島津久光擔心藩內「尊王派」人士破壞其「公武合體」路線，因此派遣武士在寺田屋襲擊了來自島津等藩的有馬新七等「尊王派」武士。——譯者註。

五 混亂的文久二年

勝海舟與橫井小楠

　　雖然很難將「開國派」或「攘夷派」中的某一方稱為「左」，但如果將其對立稱為「左右對立」，則由於西鄉被流放，導致「左」、「右」改革派之間失去了連接點。由此，朝廷內的攘夷派、長州和土佐的「尊攘派」掌握了京都，並壓制了幕府及其親藩的「開國派」。

　　在幕府一方，「開國派」人士大久保一翁（忠寬）遭到降職。曾擔任海軍奉行的勝海舟在 1862 年（文久二年）舊曆十一月的日記中如此記述：

　　　　昨日，大越[18] 轉職為講武奉行。此人為幕府英傑，此前拔擢御用御取次，[19] 但如今轉為武官。有傳言稱，在東武（江戶的舊稱——譯者註）之地，主張開國說者首推大越，其次為小栗豐後、岡部駿河兩人，然而京師對此頗有負評，故此幕府將大越轉職。唉，此為拘泥於區區「開鎖論」，不知天下形勢之言。值此危急之秋，朝廷如不能力排眾議，將有識者置於要職，就無法實現有朝一日之「大政一新」……開鎖之爭，與和戰之論同義，只是無用之談。[20]

---

18 大久保一翁。——作者註。
19 將軍秘書官。——作者註。
20 《勝海舟全集》，第一卷，頁 14-15。

在勝海舟的主張中，無論是擱置「開國」、「鎖國」之爭，還是以朝廷為中心實現「大政一新」，都與此前西鄉隆盛的觀點相類似。他們的分別在於對「尊王攘夷」志士們的評價。西鄉主張擱置「開鎖論」，實現全國志士的橫向聯合。而作為幕府的海軍奉行，勝海舟則認為應當將「尊攘論」作為「眾議」予以摒棄，並「將有識者置於要職」，實現由上至下的改革。本書第二章將述及，關於如何看待「眾議」，西鄉與勝海舟曾經進行過討論，時間是在西鄉結束第二次流放後的 1864 年（元治元年）。

在勝海舟看來，「開國」與「攘夷」之爭，相當於討論是與外國保持友好關係，還是要開啟戰端？若是如此，將戰爭作為「國是」的國家顯然不可取；而在任何時候將友好作為「國是」同樣不可取。勝海舟的這一主張，也獲得了橫井小楠的認可，後者是幕府政事總裁、前越前藩主松平慶永的智囊。1862 年舊曆十一月，勝海舟拜訪橫井小楠，兩人有如下一番問答：

> （十一月）十九日出營，拜訪橫井小楠先生。余問之，如今眾人皆云開鎖論爭，而此開鎖之論與往年和戰之論無異，僅是文字更迭而已，有何益哉？
>
> 先生曰：誠然如此，久已無人究其異同，如此可乎？攘夷為興國之基，但世人若肆意屠殺異人，[21] 乃或遷至內地居住以攘夷，甚為不可。當今之急務，應先推興國之業。拘泥於開鎖之文字，既不能推動興國之業、侯伯一致，亦不能促進海軍大盛。如今無一人著眼於此，至為可歎。[22]

---

21 外國人。——譯者註。
22《勝海舟全集》，第一卷，頁 17。

在此對談中，橫井小楠比勝海舟更加強調擱置開鎖論，而他主張的「侯伯一致」，與西鄉隆盛的「合縱連橫」同出一轍。而且，橫井所說「攘夷為興國之基」中的「攘夷」，是指國民的志氣。

在與勝海舟此次會面的三年以前，橫井小楠撰寫了著名的《國是三論》，其中將「富國論」與「強兵論」區分論述，前者成為大久保利通「殖產興業論」的原型，後者成為海軍奉行勝海舟「海軍充實論」的先驅。而在此次會談中，他的「侯伯一致」又體現了西鄉「合縱連橫」的設想。

但是，無論是勝海舟還是橫井，都沒有想過要在全國有志之士中實現橫向聯合。若與前述「薩土盟約」的議會論相比較，橫井的「侯伯一致」雖然能夠產生「上院」，但無法產生「下院」。如前所說，在西鄉遭流放期間，薩摩藩「誠忠組」人士也缺乏關於全國有志之士橫向聯合的想法。他們是島津久光「舉藩勤王」的信奉者，而久光禁止他們與各藩志士交流。

誠忠組與御楯組

有一個問題值得思考：假如西鄉沒有遭到流放，他是否可能促成設想中的志士聯合？筆者認為，即使以西鄉的能力，要讓「開國派」與「攘夷派」志士聯手，恐怕也非易事。

原因之一，是長州藩下級武士已經以「攘夷」為紐帶結成了組織。

與薩摩藩的誠忠組類似，在長州藩，以「攘夷」為中心的御楯組於1862 年成立。這一組織成立的契機是：高杉晉作、久阪玄瑞和井上馨等人直接面見長州藩世子毛利元德，建議斬殺週末在神奈川縣金澤八景一帶散步的外國公使，並以此為「攘夷」的開端。

這一組織成立的過程與誠忠組相仿，但其性質卻並不相同——御楯組

並未完全隸屬於藩主的指揮之下。從御楯組的血盟書可知，這是一個為「攘夷」而成立的自主結社，如果再極端一點說，就是一個以「攘夷」為目標的恐怖主義組織。在長州藩「舉藩一致」的目標就是「攘夷」，而其具體的實踐方法卻是各式各樣的。

其中的典型例子就是，當毛利元德勸阻他們不要襲擊金澤八景一帶的外國人後，他們取消了這一計劃，但不久後就燒燬了英國公使館。當時，英國在東京品川御殿山的新公使館接近完工，公使館員尚未遷入。1862年（文久二年）12月12日深夜，包括伊藤博文在內的御楯組13人進入這處僅有幕府警衛、卻無英國人的公使館，縱火將其燒燬。

久光的意見書

以現代人的眼光來看，以「舉藩勤王」為號的薩摩進京部隊擁有1,000人，而長州「攘夷」志士僅有13人，薩摩一方無疑應當擁有主導權。但是，1862年的閏八月，島津久光完成推動「公武合體」大任凱旋京都時，無論是朝廷、強藩，還是各藩志士，對久光都頗為冷淡。

究其原因，只要看看久光在返京後向朝廷上奏的意見書即可明白。久光在意見書中斷言，既然幕府已經接受改革要求，任命一橋慶喜、松平慶永分別擔任將軍後見和政事總裁，朝廷沒有必要再召集其他強力大名。他還將以攘夷論者為中心的各藩志士觀點斥為「匹夫之激論」，強烈要求朝廷不要接納他們的任何建議。[23]

在這裏，我們再想想西鄉隆盛在第二次遭流放前的主張。他認為，如

---

23 勝田孫彌：《大久保利通傳》，上卷，頁335。

果沒有與強力大名的「合縱連橫」，薩摩藩的單獨出兵難以成功。他還提醒久光，必須與強力大名「合縱連橫」，並與各藩有力志士進行橫向聯合。這些話都是他遭到再次流放的原因。

久光的意見書中不僅缺乏前述兩項重要因素，還向朝廷力陳不可「攘夷」：「攘夷為當今一大要事，亦為公武隔膜之根源。關東一方已促成條約，若無理由，關東絕無接受攘夷之可能……既已有條約在先，如我方無故挑起兵端，夷人定視為不義無道，其將結成同盟，速派軍艦數十艘前來。屆時，江戶海域自不必言，國內要津各港亦將遭受暴行，民眾亦將由失防各處亂入內地……水戰為我所短，絕無勝算。」

初看起來，久光的論述極為合理。當時的日本連一艘軍艦也無力建造，以歐美各國為對手開戰，無疑瘋狂之至。

但是，本書是從 1857 年至 1858 年（安政四年至安政五年）政治改革失敗開始討論的。從本書觀點來看，久光的意見書同樣是空中樓閣。安政改革的目標，是強力大名及有力志士開展合作，以幕府為中心構建新的政治體制。但經過四年之後，薩摩藩在 1862 年提出的改革目標，則排除了強力大名及有力志士，並要求朝廷避免「攘夷」，強化與幕府的「公武合體」。換言之，似乎只要將名望甚高的一橋慶喜和松平慶永推上將軍後見及政事總裁職務，改革就已經結束了。

第二章

革命的時代

(1863–1871)

⼀ 西鄉構想的復甦

參預會議

進入 1863 年（文久三年），以長州藩為中心的尊王攘夷派在朝廷中活動頻繁。為與之對抗，薩摩藩也在「舉藩勤王」的旗號下，致力於與各藩主及其家臣實現「合縱連橫」。前述佐佐木克氏的《幕末政治與薩摩藩》的第三章和第四章對此進行了詳述。[1]

正如該書第三章「文久三年八月政變與薩摩藩」章節所述，8 月 18 日宮廷政變的發動者並非薩摩藩，而是因長州藩控制朝廷而心懷不滿的會津、鳥取、岡山、德島及米澤等藩。這正實現了此前一年西鄉隆盛向島津久光力諫的「合縱連橫」。

另一點值得注意的是，一年前被嚴厲禁止的薩摩藩與其他藩志士的「連橫」在政變的準備階段獲得解禁，並且迅速發展。為證明這一點，佐佐木著作詳細引述了薩摩藩負責朝廷工作的村山松根致大久保利通的書信。為了避免重複引用，筆者將該書頁 164–166 引用的書信概括如下：

（一）8 月 6 日抵達肥後（熊本）時與該藩的德富多太郎（即德富一敬，其子為德富蘇峰和德富蘆花）相遇。他是橫井小楠的門人，也是我數年來的知己。他和同道而來的越前藩三岡八郎（由利公正）隨後與我敍談。

1　頁 123–280。

（二）越前和肥後兩藩雖持「開國」立場，但其中是非曲直且留待將來判定，目下首先應恢復我藩與兩藩之「同盟」。

（三）越前藩前藩主松平春嶽（慶永）在京都的評斷不佳，長州藩暴舉之勢也在擴大。因此，如果三藩結盟進入京都，則「戰鬥」與「流血」將在所難免。此次計劃雖只需「三、四日」時間，無需太多人馬長期留京，但仍需有一定程度之兵力，以張聲勢。

在將「尊攘派」公卿和長州藩士驅逐出京都的 8 月 18 日的政變中，越前藩和肥後藩並未出兵，而是由藩主擔任京都守護和京都所司代職務的會津藩和淀藩起事，鳥取、岡山、米澤、德島及土佐的藩兵也加入其中。作為始作俑者，薩摩藩其實不過僅出兵 150 人左右。

筆者之所以關注村山松根的這封書信，是因為「合縱連橫」之策在西鄉隆盛被流放後沉寂已久，而此時終於再次出現。其中尤以薩摩藩士村山與肥後藩士德富太多助、越前藩士由利公正商議促成三藩結盟最值得注意。正如此前所述，西鄉隆盛構想的關鍵點，不僅是藩主層面的聯合，還在於藩士層面的聯合。

通過 8 月的政變將「尊攘派」驅至長州之後，在上述兩個層面的「合縱連橫」中，藩主層會議在 1863 年（文久三年）的年末暫時得以制度化。除德川慶喜、松平容保（會津）之外，還有越前、土佐、宇和島、薩摩等藩主參加，這就是「參預會議」。

但是，參預會議缺乏藩士層支持，因此僅僅存在了兩個月即被廢止。這也是因為土佐、越前、宇和島和薩摩等藩的藩主辭去「參預」職務返回本藩。歸根結底，幕府和強力大名們如果沒有了他們的智囊，即使雲集京都御所或二條城開會議事，也不會有任何成果。這一局面的結果是，京都

的幕府勢力捲土重來，以「公武合體」為旗幟希望參與中央政治的薩摩、越前和土佐等強力大名們面臨一種危機，那就是，在掌握京都的幕府和集結於長州的尊攘派的對立之中，遭到了邊緣化。

年表 2

年代	事件
1863 年（文久三年）	薩英戰爭；8 月 18 日政變；參預制（1863–1864 年初）。
1864 年（元治元年）	西鄉隆盛獲赦免歸藩；池田屋騷動；禁門之變；第一次長州征伐；四國軍隊馬關炮擊；西鄉・勝會談。
1865 年（慶應元年）	第二次長州征伐；條約勅許。
1866 年（慶應二年）	薩長同盟；長州再征中止。
1867 年（慶應三年）	薩土盟約；大政奉還。
1868 年（明治元年）	王政復古之大號令；三職（總裁、議定、參與）之設置〔以上慶應三年〕；鳥羽・伏見之戰（戊辰戰爭，1868–1869）；江戶無血開城；《五條御誓文》；明治改元；一世一元制。
1869 年（明治二年）	遷都東京；五稜郭之戰；版籍奉還；蝦夷改稱北海道。
1870 年（明治三年）	設立工部省。
1871 年（明治四年）	三藩獻兵（設置御親兵）；新貨條例；廢藩置縣；《日清修好條規》。

赦免西鄉隆盛

於是，陷入困境的薩摩藩志士開始逼迫島津久光釋放已被流放至沖永良部島約兩年之久的西鄉隆盛。如果薩摩藩在「尊王攘夷」和「佐幕開國」的對立中被邊緣化，那麼就必須恢復西鄉隆盛的職權，擱置「攘夷─開國」問題，將各派勢力集結在「尊王倒幕」的旗號之下。

前文述及，西鄉在攘夷派和開國派中都結交有強力志士或知己。他既是「雙重合縱連橫」的主張者，也是實踐者。

但是，西鄉的主張卻因藩主代行島津久光的任性而兩度遇挫。1864年（元治元年）2月底，西鄉結束流放後歸藩。此時他所需要的不僅是人脈與設想，還有可供實現設想的實力。在此意義上，西鄉在歸藩後被任命為「軍賦役」一職，具有重要意味。勝田彌孫在《西鄉隆盛傳》中如是描述歸藩後的西鄉：

> 最初，久光之所以流放隆盛，無疑是因為對隆盛冒犯之舉的憤怒……但是，以久光的慧眼，自然能看出隆盛是智勇絕倫的人傑。因此，久光在勤王黨人激昂情緒之下召喚西鄉，並將國事託付於他。
>
> 在久光回到薩摩藩時，公子島津圖書（即島津久治）、家老小松帶刀、軍賦役西鄉隆盛、軍役奉行伊地知正治、御小納戶頭取吉井友實及其他志士留在京都，率兵擔任禁闕警衛的重任。其中，實際擔任統轄指揮的正是西鄉隆盛。大久保利通則隨久光返回鹿兒島，致力於藩政，並平息俗論，以求內外一致。由此，薩摩的國論終於為之一變，維新大業的基因可以說正在其中。[2]

第一段暗示，久光是「在勤王黨人的激昂之情」之中才召回西鄉的。久光之所以在兩年前流放西鄉，是因為反對後者提出的「合縱連橫」之策。

---

2 《西鄉隆盛傳》，第二卷，頁93-94。

但是，在流放西鄉之後，無論是 1862 年率兵上京，還是後來建立強力藩主組成的參預制度，久光都未能獲得甚麼像樣的成果。而且，在「尊攘派」與「佐幕派」對立的計劃中，薩摩藩的影響力也在衰退。在此背景下，久光才迫於勤王黨人的推動，召喚西鄉並予以要職。

　　作為所謂的「凱旋將軍」，西鄉從沖永良部島返回鹿兒島，進而前往位於京都的薩摩藩邸，掌握了薩摩藩的均勢力量。正如勝田所述，「薩摩的國論終於為之一變，維新大業的基因可以說正在其中」。此後一直到王政復古的四年間，前述小松帶刀、伊地知正治、吉井友實及大久保利通等人團結於西鄉之下，未再發生混亂。明治維新常被稱為「下級武士的革命」。在薩摩藩，「下級武士的革命」是在 1864 年初西鄉隆盛重返權力中心後開始的。

二 公議會

禁門之變

在薩摩藩實現「下級武士的革命」之後，西鄉隆盛接下來的目標應是按照他的理論，與別藩的下級武士進行橫向聯合。但是，由於在西鄉流放期間發生的文久三年「8月18日政變」，長州藩的下級武士仍對薩摩藩持敵視態度。即使以西鄉的才能，當時要與高杉晉作、木戶孝允和久阪玄瑞等人進行合作也是不可能的。

就此，勝田在《西鄉隆盛傳》裏曾有過一段評註，這是在寫到長州藩兵在禁門之變時向京都郊外集結時所注的：

> 當時，久阪通五（即久阪玄瑞）、真木和泉（尊攘論的鼓吹者）等人在天龍寺。鳥取藩士松田道真前往面陳西鄉出京之事。真木等人議論，如果西鄉獲召，則薩摩的國論必將一變。但是，從薩摩形勢依然未變來看，西鄉獲召一事仍然難辨真偽。他們大多懷疑西鄉出京一事。[3]

雖只是一段評註，但從中可以看出，即使是長州藩的尊攘派也對西鄉頗為信賴。

---

3 《西鄉隆盛傳》，第二卷，頁104。

但是，西鄉所力推的橫向聯合，必須是在強力大名和變革志士的兩個層面上進行。長州藩的直接行動意味着，在第一層面亦即強力大名層面，橫向聯合還缺乏關鍵性的因素。即使是西鄉，也無法僅靠長州藩志士們的期待來將薩摩藩論轉向支持長州的傾向。

在幕府與長州藩的對立日益激化之際，西鄉所能做的，也就是在「勤王」大義尚未清晰之前，靜待其變。

在禁門之變前，1,800 名長州藩兵之所以從伏見、嵯峨和山崎等地前往京都御所，其直接原因是此前六月發生的「池田屋騷動」。在這一年的 1 月至 3 月，強力大名參與朝政和幕政的「參預制」無果而終。此後，作為將軍後見職的一橋慶喜依託有 28 萬石的會津藩和 11 萬石的桑名藩，再加上近藤勇率領的新選組，試圖單獨以幕府之力維持京都治安。在長州藩木戶孝允等 20 餘人潛入京都，策劃挽回局勢之際，新選組的 77 人襲擊了他們所在的京都三條旅館池田屋，這就是「池田屋騷動」。長州藩兵 7 月上京之舉，也就是對此事的報復。對於西鄉率領的薩摩藩兵來說，兩件事都只是「私鬥」。

但是，1,800 名長州藩兵前往京都御所之後，天皇親自下達了「追討令」。由此，薩摩藩不得不將與長州尊攘派修復關係一事暫時擱置，而先參加討伐長州的行動。兵力增至數百人的薩摩藩兵與會津、桑名和其他在京各藩士兵聯合行動，擊敗了襲擊御所的長州藩兵。

從本質上看，這樣的舉動與前一年西鄉流放期間的薩摩藩並無兩樣。如果不能在短時間內與長州尊攘派和解，西鄉就無法達成志士之間的合作，更無法實現強力大名之間的聯合。元治元年（1864 年）七月「禁門之變」後，西鄉與薩摩藩由此面臨困境。

西鄉・勝海舟會談與公議會論

打開這一局面的契機之一，就是同年 9 月 11 日西鄉與勝海舟的會談。

如前所述，從次年 3 月到 7 月，西鄉作為軍賦役一職，掌管着薩摩藩京都藩邸的權柄。但由於前後被流放五年之久，他已經失去了過去在幕府內開明派的人脈。例如，他與前海軍奉行勝海舟之間甚至沒有一面之緣。在此方面，他已經落後於家老小松帶刀和小納戶頭取吉井友實。9 月 11 日，在吉井友實的帶領下，他前往大阪拜訪勝海舟。

關於這一天的會談，勝海舟並沒有對西鄉留下甚麼特別的印象。[4] 但西鄉卻完全不同，在致大久保利通的書信中，他這樣描述此次會談：

> 首次面會勝氏，其實屬驚人之人物。從最初相談開始，余即不斷點頭深感贊同其意。其心思之周到，令人感歎其智略之深。論其英雄之才，可超越佐久間（象山）。若論學問見識，佐久間已屬出類拔萃，而今之勝先生，亦屬如此。[5]

這封信並未詳述勝海舟為何如此令西鄉折服。實際上，西鄉從勝海舟處聽到了與自己多年「合縱連橫」主張不謀而合的見解——將「與賢明諸侯四五人會盟」作為「國是」。不過有一點值得注意的是，西鄉將勝海舟的觀點理解為一種常態的體制論，亦即「一旦用此之策，未來某時可期建成共和政治」。[6]

---

4 參見《勝海舟全集》，第十八卷，頁 216。
5 《大久保利通相關檔》，第三卷，頁 312。
6 同前段出處，重點符號為筆者所加。

「未來某時」無疑是在謀求「共和政治」的制度化，但「共和政治」到底所指為何，並不明確。從西鄉此前幾年的主張來看，他並未將「與賢明諸侯四五人會盟」稱為「共和政治」。如果是「與賢明諸侯四五人會盟」這種程度，那用他一直使用的「合縱連橫」的說法便已足夠。

西鄉所說的共和政治到底是何內容，從將他引薦給勝海舟並在會面時同席的吉井友實當日寫給大久保利通的信中可窺一斑：

> 大久保越州（即大久保一翁，前幕府陸軍奉行）、橫井（即橫井小楠）、勝（即勝海舟）等人的討論是，征伐長州，顯幕吏之罪，舉天下人才設立公議會，即使是各藩諸生，願參與其中者亦可參加，以公論定國是。當下之時，捨此之外別無挽回局面之途。前述大島兄（西鄉隆盛）亦有此詳論。由此向先生一述。[7]

着重號標出的首句「征伐長州，顯幕吏之罪」一語，可以看出是打算用「雙方互有過錯」來為第一次長州戰爭做出結論，然後與信任西鄉的高杉晉作等長州志士重啟談判。

接下來的「公議會」和「諸生」言論，與西鄉一貫主張的大名與志士雙重「合縱連橫」論一致。這也是為甚麼在另一處着重號標出之處，吉井寫到「前述大島兄（西鄉隆盛）亦有此詳論」的原因。

另外，這裏提及的大久保一翁、勝海舟、橫井小楠三人都是幕府內開明派的代表人物。橫井以身為熊本藩士卻是越前藩前藩主松平慶永的智囊

7　同前書，第五卷，頁342，重點符號為筆者所加。

而著稱。不應忽視的是，松平慶永並非單純的越前藩藩主，還在幕府擔任政事總裁之職，在幕府內擁有巨大影響力。如果閱讀勝海舟從 1862 年（文久二年）到 1864 年（元治元年）的日記，就會知道他對松平慶永的評價何其之高。從同一時期的日記還可以看出，勝對慶永介紹給他的薩摩藩家老小松帶刀也有很高期待。

綜上言之，在各藩下層武士之中人望頗高的西鄉加入了幕府政事總裁松平慶永、薩摩藩家老小松帶刀與三名幕府開明派官僚橫井、勝、大久保長期以來的信賴關係之中。

可以說，勝與西鄉在當日的會談中達成了兩點共識：一是在幕府與長州之戰中，兩方互有過失；二是設立大名會議和家臣會議（上院和下院）。從「互有過失」一點可以明顯看出，建立於 1866 年舊曆一月的薩長同盟，是基於迫使長州從攘夷派轉向的基礎之上。

長州藩放棄「攘夷」

眾所周知，第一次長州討伐以幕府方的勝利告終，但此後薩摩藩迅速與長州藩接近。作為這一動向的開端，兩藩同意長州藩經由土佐脫藩浪士阪本龍馬的介紹，以薩摩藩名義從英國商人葛洛佛（Thomas Blake Glover）處購買槍支。1865 年（慶應元年）8 月，身在鹿兒島的大久保利通寫信給留學英國的薩摩藩士，信中明確提及強力大名反對幕府謀劃第二次討伐長州，以及長州藩從「攘夷」向「開國」路線的轉變。

（第一次）長州戰爭以來，過去暴論過激之徒，大多已眼界豁然開朗，明瞭攘夷之不可為，並轉而倡議開國。明智之各

藩（佐賀、越前、土佐及宇和島等）據説將斷然實施商法（對外貿易）。[8]

只要長州停止「攘夷」，薩、長兩藩即可就「倒幕」達成一致。如果肥前、越前、土佐及宇和島等大藩進一步推進「開國」，並專注於「商法（貿易）」，包括薩摩藩在內的強力大名即可就「富國強兵」達成一致。在此情況下，如果幕府第二次征討長州未能成功，就會迅速失去作為全國統治者的權威和實力。

對於一貫主張在大名和家臣層面進行雙重「合縱連橫」的西鄉而言，這種局面應是建立新體制的良機。而且，西鄉和吉井還從大久保一翁、橫井小楠、勝海舟等幕府開明派那裏學到了將「合縱連橫」提升為「公議會」的智慧。對於西鄉來說，1866 年（慶應二年）的「薩長同盟」和 1867 年（慶應三年）的「薩土盟約」，可以說是完成了「合縱連橫」。

---

8 《大久保利通傳》，第一卷，頁 646。

三 薩長同盟

形成同盟的過程

　　無論強力大名及其家臣如何「合縱連橫」，若將高舉「尊王攘夷」旗幟並與幕府正面衝突的長州藩（36 萬石）排除在外，就無法打倒幕府，而只能如幕末常用的「公武合體」一詞所描繪的那樣，由幕府和諸藩共同支撐朝廷而已。從這一意義上說，1866 年（慶應二年）1 月結成的「薩長同盟」是突破這一局限的劃時代「同盟」。

　　但是，人們並不清楚薩摩藩當時對此同盟的態度。在很長時間裏，小松帶刀、西鄉隆盛和大久保利通三人分處鹿兒島、京都和江戶，相互之間以書信聯繫。但在此期間，他們恰好都前往京都藩邸迎接木戶孝允一行，所以並未留下書信。

　　以長州藩一方留下的文獻來看，「薩長同盟」結成的過程和結果，大致是以下情形。

　　1865 年（慶應元年）末，在京都的薩摩藩家老小松帶刀與負責軍賦的西鄉隆盛派遣黑田清隆作為密使前往長州藩，說服該藩「倒幕派」領導人派木戶孝允上京，以改善兩藩關係。恰巧，土佐脫藩浪士坂本龍馬當時也在下關，並與黑田一同勸說木戶，他還深為薩摩藩所信賴。不過，木戶遲遲未能應允。這是因為在當時的長州藩內，高杉晉作的奇兵隊等「諸隊」（遊擊隊、集義隊、義勇隊等非正規軍）在與幕府的戰爭中壯大了實力。這些隊伍不僅對會津藩反感，對薩摩藩也頗為反感。

不過，大概是因為西鄉隆盛在這些隊伍中的評價很高，高杉等奇兵隊和遊擊隊人士對木戶拜訪西鄉一事態度積極。其結果是，奇兵隊的三好軍太郎和品川彌二郎兩人，以及遊擊隊的早川渡等與木戶一同前往京都。

次年，也就是 1866 年（慶應二年）1 月，木戶一行抵達京都的薩摩藩邸（小松宅），並獲得了薩摩藩的極力款待。薩摩藩重臣島津久寬、家老桂右衛門，以及小松、西鄉、大久保、吉井友實等均參與接待並與木戶一行共商國是。

但是，雙方都沒有主動開口提及「薩長同盟」。當時，長州藩因將面臨幕府的第二次長州討伐而陷於苦境。因此，薩摩藩沒有理由主動開口尋求結盟。基於同樣理由，如果長州藩先開口陳述困境，要求結盟，對木戶而言又將是一種屈辱。

木戶孝允的六條

將自視甚高、看不起對方的兩藩拉在一起的關鍵人物，似乎是充當中間人的坂本龍馬。這是因為，正是龍馬後來應木戶孝允的要求，將薩摩藩沒有存底的〈長薩兩藩提攜協約六條〉謄寫了一份複本。在 2010 年的 NHK 大河劇也提到了這一點。木戶孝允的「正本」和坂本龍馬的「複本」是現存關於「長薩同盟」的史料之一。

這一眾所周知的史料似無引用必要，但鑒於筆者一直在回溯西鄉聯合志士「尊王倒幕」（而非尊王攘夷）的過程，在這裏仍難以省略。

木戶孝允「正本」中的六條如下：

一，（與幕府）一戰時，（薩摩藩）速派兵兩千與駐京兵士合流，並留千人於浪華（今大阪），以固京、阪兩處；

二，若有一戰，自然我方可獲勝勢，此時（薩摩）將盡力向朝廷進言；

三，如萬一（長州）戰局不利，則（長州）亦不會在一年或半年內潰滅，在此期間（薩藩）亦必盡力相助；

四，幕府東歸之時，薩摩必盡力向朝廷奏報，以使朝廷洗清（長州）冤罪；

五，兵士上京之時，橋、會、桑等藩必將慫恿朝廷、抗拒大義。如再三周旋盡力亦無作用，則最終（薩摩藩與幕府）亦必將決戰；

六，冤罪獲免後，雙方誠心相待，為皇國獻身盡力。無論過去如何，自今日起，雙方均應為皇國皇威竭盡誠心，盡忠努力。[9]

讀者觀後即可了解，這與其說是「盟約書」，不如說是來自長州一方的「確認書」。[10]。這是薩摩藩的小松帶刀和西鄉隆盛在對長州藩的木戶孝允複述承諾上述內容。

「薩長同盟」因是 1868 年 1 月（慶應三年舊曆十二月）的「王政復古」之起點而廣為人知。如果重讀上述六條，會發現幾乎所有內容都是關於長州藩被視為朝敵這一「冤罪」的。第二條的「此時（薩摩）將盡力向朝廷進言」和第三條的「在此期間（薩藩）亦必盡力相助」都與此相關。第四條和第六條則是直接要求洗雪冤罪的條款。從與這四條的關係考慮，第五條的「決戰」內容，是指若幕府和會津、桑名兩藩等將長州視為「朝敵」，則薩、

---

9 《松菊木戶公傳》上卷，頁 598-599，着重號為作者所加。

10 佐佐木克：《幕末政治與薩摩藩》，頁 324-325。

長兩藩將行使武力。[11]

這一問題的焦點是：是朝廷先行洗清長州藩的「冤罪」，還是幕府和會津、桑名兩藩首先打倒薩、長。如果在 1876 年（慶應三年）10 月的「大政奉還」時，長州藩的名譽得以恢復，可能也就沒有兩個月後「王政復古」這樣的政變了。

雖然檔中並無記載，但西鄉隆盛確實為了實現這六條而四處奔走。他一直堅持自己的變革構想，希望通過強力大名及其家臣的雙重「合縱連橫」挽回長州藩的名譽。

強力大名的會議

薩長同盟的出現，使 1866 年（慶應二年）第二次長州討伐的局面向有利於長州藩的方向傾斜。不過，這並沒有給幕府一方以毀滅性打擊。在第十四代將軍德川家茂病逝後，一橋慶喜停止對長州藩出兵，但他仍將長州視為朝敵。

而且，慶喜在停戰後還主動要求朝廷召開薩摩、越前、土佐及宇和島等各藩呼籲已久的強力大名會議。西鄉長期主張的「合縱連橫」被其對手實現了。

強力大名們措手不及，只能稱病不出，而由代表前去上京。薩摩藩的島津久光等也未赴京，僅派小松帶刀和西鄉隆盛作為代表前往（兩人於 1866 年 10 月 28 日抵達京都）。

但是，進入 1867 年（慶應三年）後，西鄉開始反擊。2 月中旬，他親

---

11 關於薩長同盟的先行研究，參見家近良樹：《西鄉隆盛與幕末維新之政局》，頁 107-109。

自前往土佐，與前藩主山內容堂、宇和島藩主伊達宗城等人商議對抗之策。在這次拜訪中，西鄉不僅重視此前一直強調的藩主們，也重視與其重要家臣開展協商。例如，他與土佐藩重臣福岡孝弟也討論了對策意見。

基於上述準備，在前一年10月稱病拒絕赴京的島津久光與西鄉隆盛集結了700餘兵力前往京都。這支部隊於3月25日從鹿兒島出發，4月2日抵達大阪，同月12日進入京都。通過西鄉事先的遊說，越前、土佐及宇和島幾個支持改革的藩主也趕赴京都。

1867年（慶應三年）5月的強力大名會議上，以幕府為一方，以薩摩藩等四藩為一方，雙方的對立點極為明確。

幕府一方舉行大名會議的主要目的很清楚：對歐美列強開放兵庫港一事長期懸而未決，為了解決這一問題，需在舉國一致體制下「儘早平定」長州藩。對此，四藩認為首要任務不是平定長州藩，而是恢復其名譽，兵庫開港問題可在納入長州藩的舉國一致體制下決定。其中西鄉隆盛始終忠實遵循一年前約定的「薩長同盟」六條，主張應最先洗清「長州之冤罪」。[12]

1866年（慶應二年）2月之後的一年多裏，是否解脫「長州之冤罪」始終是討論的中心。初看起來，這讓人頗為費解。但應該注意到，「冤罪」一詞被不斷重複。如果朝廷和強力大名認為長州之罪為「冤罪」，作為結果，他們就必須追究幕府討伐長州的不法之罪。

薩土盟約

1867年（慶應三年）5月前後，「四侯會議」（薩、越、土、宇）繼續

12《西鄉隆盛傳》，第三卷，頁119。

討論了「冤罪」問題。在此背景下，「薩土盟約」於 6 月 26 日正式締結，使幕府與長州藩之間的力量對比明顯向後者一方傾斜。也即盟約第四條中宣稱的「以將軍一職掌管天下萬機，原屬無理。今起應辭職歸於諸侯之列，政權必歸於朝廷。」[13]

無疑，薩土盟約的另一個核心自然是關於上院和下院的兩院制內容，亦即「議事院分為上下兩院，上以公卿、下以陪臣庶民之中遴選正義純粹之士出任議事官。諸侯因其執掌，充任上院。」

土佐藩代表、該藩重臣（任職參政）後藤象二郎擬定這一盟約草案時，參考了與其從長崎至兵庫同船的坂本龍馬之〈船中八策〉，這一點廣為人知。此外，代表薩摩藩出席會議的小松帶刀、西鄉隆盛和大久保利通三人已經熟知幕臣大久保一翁（忠寬）的「公議會」論。西鄉是在 1864 年（元治元年）與勝海舟初次會面時接觸到這一觀點，家老小松帶刀則是在 1866 年（慶應二年）2 月在京都薩摩藩邸從越前藩重臣中根雪江處聽到這一論述的。

無論如何，1867 年（慶應三年）6 月，當土佐的坂本龍馬與後藤象二郎提出兩院制議會論時，薩摩的小松、西鄉和大久保等人已經做好了充分的思想準備。

眾所周知，6 月的「薩土盟約」與 10 月初土佐藩向幕府提出的〈大政奉還建白書〉內容相似。那麼，薩摩藩與長州藩為何還要聯合舉兵上京，發動「王政復古」政變呢？

這一疑問並不是筆者這樣一四四年後的研究者才獨有的。在薩摩藩

---

13 前述佐佐木克著作，頁 370。

擔任軍賦役一職的伊地知正治一直輔助擔任軍役奉行的的西鄉，伊地知在
10 月政變之後曾向大久保利通提出過同樣疑問。他在 1867 年 (慶應三年)
舊曆十一月致後者的意見書中這樣論述云：

> 前日德川悔悟重罪，察悟時勢嚴峻，奉還政權於朝廷，辭
> 退將軍之職，是否應招德川內大臣於諸侯上席相待？……揣測
> 其應有邪念，對其施以狹隘之舉，決不合王道之體。……先行
> 減少德川所屬石高一事，又如何考慮？……余以為，應保留其
> 過去領地，根據治亂之情、歲入變化再行具體考察。畢竟，再
> 興王道之基本在於體察人情、勉勵公平，在此之上，再以武力
> 膺懲相備。[14]

文中雖然有「再興王道之基本」，但這並不是一份王政復古後的意見
書。正如結尾「慶應丁卯十一月」所示，對於伊地知而言，「大政奉還」本
身就是「王政復古」。

如此可知，德川慶喜辭去內大臣之職和返還領地 (所謂「辭官納地」)
的討論並非是 12 月 9 日王政復古政變之後才出現的。為了避免 10 月的
「大政奉還」成為終點，薩摩藩內部的強硬派為進一步逼迫德川慶喜而提
出「辭官納地」。大久保利通就是這一強硬派的中心人物。

伊地知是西鄉的左膀右臂。他所不理解的事情 (為何不滿足於大政奉
還)，140 餘年後的筆者也不可能理解。但有一點可能的推測：此前所述
恢復長州藩名譽的條款，可能是西鄉和大久保兩人採取強硬態度的原因。

14《大久保利通關係文書》，第一卷，頁 60-61。

即使如「大政奉還」上表，德川慶喜辭去將軍之職，降為大名，並根據薩土盟約，以包括慶喜在內的公卿、大名及其家臣設立兩院制議會，長州藩的「朝敵」地位也並未改變。只要將長州藩定為「朝敵」的現行體制不根本改變，1866 年（慶應二年）1 月的「薩長同盟六條」就無法實現。形勢很清楚，如果薩、長兩藩及支持兩藩的朝廷內勢力不以武力發動宮中政變，長州藩的名譽就無法恢復。

四 「公議會」或「武力倒幕」?

「官軍」的形成

從慶應三年舊曆十二月九日（1868 年 1 月 3 日）「王政復古」大號令，到次年明治元年舊曆正月三日（1868 年 1 月 27 日）的鳥羽・伏見之戰之間，總計相隔了 24 天。在此期間的 12 月 27 日，薩摩、長州、土佐、安芸（廣島）四藩於御所建春門前舉行了一場天皇親臨的閱兵式。從這場閱兵式的場景入手，有助於理解從「大政奉還」，到「王政復古」，再到鳥羽・伏見之戰的政局。當天率領土佐藩兵行進的谷幹城在其日記中如此記述：

> （十二月）二十七日，上於日御門（建春門）天覽薩、長、土、安四藩之閱兵式。薩兵服裝衣帽皆統一，仿英式行列，置大太鼓、小太鼓、笛等樂隊於隊首，堂堂正正於御前行進，其場景著實勇壯，令佐幕者膽寒。長州隊伍繼薩之後，安芸隊伍繼長州之後。竊觀此兩小隊，服裝未統一，兵式為舊荷蘭式。我輩軍人觀之遺憾難抑……各藩隊伍均為步兵，唯薩兵令一隊炮兵跟進隊尾。如此盛大之閱兵尚屬首見。我土佐藩政府對此事態度頗為冷淡，無人知大戰已近在眼前。[15]

15《谷幹城遺稿》，上卷，頁 59。

作為土佐藩軍的領導人，谷幹城的這一記述在解釋大政奉還路線和王政復古路線的差異時具有重要意義。

其一，這一天皇親臨的閱兵式可謂是一次「官軍」組建的示威，也是對大阪城的德川慶喜部隊的挑釁。用谷幹城的話說，目的就是「令佐幕者膽寒」。

其二，1857年（安政四年）以來西鄉隆盛一貫提倡的雙重「合縱連橫」，在1867年（慶應三年）「薩土盟約」後已經出現了明顯變化。由強力大名組成「上院」的構想在王政復古的小御所會議（舊曆十二月九日）上得到維持，但在下級武士「連橫」方面，則已非組建「下院」，而是轉變為倒幕各藩的藩兵結合。而且，在官軍與幕府之間以鳥羽・伏見之戰為發端的戊辰戰爭中，各藩軍隊對強力大名的發言權迅速擴大。

從這一角度看，在「王政復古」大號令發佈當晚舉行的小御所會議上，圍繞德川慶喜是否出席一事，土佐藩前藩主山內容堂與倒幕軍代表薩摩藩大久保利通之間的爭論極為重要。

和平路線抑或武力路線？

如近年佐佐木克的研究（《幕末政治與薩摩藩》）所示，從1867年（慶應三年）6月的薩土盟約，經10月的大政奉還，再到舊曆十二月九日的王政復古之間，在約半年的時間裏，形勢發展並非沿直線軌跡前行，而是非常複雜的。在朝廷內部、幕府內部和薩摩藩內部均分為強硬派和穩健派，內部一致支持武力倒幕的僅有背負「朝敵」污名的長州藩。

和平路線與武力路線的對立並不僅存在於上層保守派和下級激進派之間。正如第三節伊地知正治書信所示，伊地知本人雖屬和平路線，但他

也是作為西鄉心腹的下級武士，這其中路線對立的複雜性可見一斑。由於這一點較為重要，筆者在此作簡要重述。

為實現薩、長兩藩的武力倒幕，薩摩藩激進派小松帶刀、西鄉隆盛和大久保利通三人於 10 月一起從京都出發，經由長州前往薩摩。代他們三人照看京都薩摩藩邸的是吉井友實和伊地知正治。伊地知 11 月曾在意見書中向大久保利通表示全面支持德川慶喜的「大政奉還」。如前所述，伊地知認為可以維持慶喜的內大臣地位及號稱 800 萬石的領地，並任命其為公卿和強力大名組成的「上院」議長。對伊地知而言，「王政復古」不過如此。

西鄉等三人一起返回薩摩之際，不可能沒有告知吉井和伊地知兩人此行的目的，亦即聯同安芸藩和長州藩實現三藩出兵。換句話說，對伊地知而言，無論是王政復古，還是三藩出兵，都是為建立由德川慶喜為議長的「上院」和以有力藩士構成之「下院」所組成的新政治體制。

不過，關於這一新政治體制的內容，當事者似乎並沒有了解清楚。在文字上，1867 年（慶應三年）6 月的薩土盟約明確提出了兩院制，但並未明確規定藩主階層在上議院的範圍，亦即家臣階層在下議院的範圍。如果約 300 位大名均成為上議院議員，所有藩的家臣代表均成為下議院議員，那麼就與 1890 年（明治二十三年）開設的貴族院與眾議院十分相似。兩者差異就是後者的眾議院議員中包括農村地主，而在選民之中，農村地主反而佔多數。

當然，僅限於全國各藩家臣階層的「下院」與包括農村地主在內的「眾議院」有很大區別。但筆者此處陳述之意在於，即使是兩院制的提倡者也並非真心希望所有藩主均成為上院議員，其家臣代表成為下院議員。

1867 年舊曆十一月下旬,薩摩、長州、安芸三藩的兵力集結至京都和大阪,土佐藩和越前藩此前就是大政奉還的主角。讓這五藩以外的約 300 位大名及其家臣代表成為上下院議員,並與這五藩擁有平等的發言權,恐怕連空想也說不上。

對於了解 1863 年(文久三年)末實施參預制以後的歷史的人來說,很容易想像議會格局是「上院」僅限於強力公卿及大名(或其父),「下院」僅限於強藩家臣。小御所會議所定的總裁、議定、參與三職制中,「議定」為上院、「參與」為下院。「議定」中除公卿以外者來自尾張、越前、安芸、土佐、薩摩五藩,均為藩主、前藩主或藩主之父(後來又納入長州藩主)。「參與」中除公卿外者共 15 人,來自上述五藩,每藩三人(後來納入三名長州藩士)。這與其說是議會,不如說是「政府」更為合適,這就是幕末「公議會」主張的實際情況。

問題在於,「三職」中最下一級的「參與」們,也正是本節開頭所述建春門前閱兵式上四藩兵指揮者的同僚們。如今,手握軍隊的薩、長、土三藩藩士在政府中成為「參與」。那麼,掌握「軍隊」的「參與」們掌握三職體制的實權也是理所當然的。至少在 1873 年(明治六年)10 月發生「征韓論分裂」之前,「官軍」與「參與(後來為參議)」成為一體,共同推進維新改革。

幕府的軍力

但在軍力這一點上,以大阪城為據點的德川家相對薩長軍隊有壓倒性的優勢。如果德川家根據朝廷之命「辭官納地」並擔任「議定」首席,薩長「參與」們以軍事實力為後盾在政府中執掌牛耳的劇本就將被徹底打亂。

其結果是，如果不經過一場戰爭，幕府一方與薩長一方就無法確定新的政治體制。

正如本節前述建春門閱兵式所示，薩、長、土、芸四藩已經做好與德川一方發生武力衝突的準備，而德川一方亦如是。

朝廷希望避免武力衝突，因此才在舊曆十二月十六日決定放寬九日小御所會議的內容，變更為：如果德川返還內大臣職務（辭官），則領地（納地）只需與別藩一樣返還「政府御用」部分，且「政府御用」部分之具體額度由包括德川慶喜及其家臣代表在內的議定和參與通過「公論」決定。朝廷以敕命向慶喜傳達了這一決定。

但是，德川方面拒絕了這一妥協方案。面對受朝廷委託、以越前藩主代理身份前往大阪城傳達這一妥協方案的中根雪江（擔任「參與」），幕府擔任「若年寄」重職的永井尚志予以如下嚴詞拒絕，由於其史料對於了解幕府方斷然挑起鳥羽・伏見之戰的背景非常重要，所以此處援引了較長的篇幅：

　　　　這一文書無理至極，文書欲要除去（內大臣）這一將軍素有之官位，但辭去將軍之職與辭去官位完全無關。此外，關於領地事宜，雖朝廷尚未下令，但（將軍）亦未僅作旁觀。（將軍）盡心竭力，所思無非是奉還政權，由朝廷與諸侯同心協力維持皇國，奉戴詔命。然而，如此排斥（將軍）之態度無非是比降官削地之說法略微委婉，未寫明有罪而已……伊賀（指老中板倉勝靜）及在下將先予拒絕……若朝廷悔悟，恢復（十二月）九日之前局面，局勢或可有解決之道。如確為兩賊謀劃出此等無理

之案，則除此兩賊將為當今之急務……（幕府）足具攻入薩邸之軍力，事態稍有激化即會爆發……[16]

這段史料充分體現出幕府首腦對王政復古的反對，但其中略有費解之處，筆者在此簡單概括：

幕府若年寄永井尚志的第一點主張是，為大政奉還而歸還的「將軍」之職與朝廷官位「內大臣」完全無關，因此沒有必要辭去該官位（拒絕「辭官」）。同時，幕府與其他各藩同樣承擔「政府御用」地的方案，正是幕方在大政奉還時提出的，沒有道理再次下命（拒絕「納地」）。這一方案偽裝為朝廷讓步的形式，但實際上是對德川家「降官削地」，幕府無論如何也難以接受。

第二點主張是，幕府已做好征討薩、長兩賊的心理準備和軍事準備。其中最重要的是表明，即使德川慶喜傾向於溫和路線，老中板倉勝靜和自己（永井尚志）也不會答應。其中，「足具攻入薩邸之軍力」一語也是極為具體的表現。

將永井的強硬姿態與本節開頭所述四藩閱兵式結合起來，便知道要和平實現王政復古，只不過是中間派的幻想而已。王政復古前後在京都掌管幕府軍艦的榎本武揚曾向勝海舟這樣報告幕府方與薩長方的實力對比：

我德川氏無疑將得會、桑支持，此外井伊、紀州、藤堂、大垣、加賀等亦將傾其國力奮勵助我。土州、越前據稱將持中立。因、尾、備無疑將為薩長所用。嗚呼，計入前述可信之

16 《西鄉隆盛傳》，第四卷，頁 14-15。

藩，我德川之兵可為薩、長、土、芸兵力（此四藩兵力總計僅約六千）之大凡三倍。[17]

這正是幕府若年寄永井尚志之強硬表態的後盾。

17《勝海舟全集》，第十八卷，頁446。

五 革命的結束

改革派與保守派

從 1867 年（慶應三年）舊曆六月「薩土盟約」簽署，至舊曆十月的大政奉還，再到舊曆十二月（1868 年 1 月）的王政復古，在這半年期間，改革派和保守派是在同一框架下的兩極活動。天皇位居權力頂點，其下以公卿和包括德川慶喜在內的強力大名（或其代理）構成上院，其家臣亦即改革的實踐者構成下院，這是新體制構想的總體框架。

在這一框架的最右端，是前文已經介紹過的 1863 年（文久三年）末實施的「參預制」。實施參預制時，將軍仍是將軍，但其尊重強力大名的意見，這與「大政奉還」存在制度上的重大差異。不過，在「大政奉還」之後的「王政復古」提出了由總裁、議定、參與組成的「三職制」，如果德川慶喜擔任其中的二號人物（比如「副總裁」或首席「議定」），則其實質與過去的「參預制」幾乎沒有區別。作為號稱「德川八百萬石」、「旗本八千騎」的德川家之家長，慶喜如果在新政府內佔據首席「議定」之位，則僅為「參與」的薩長下級武士就沒有任何辦法與之對抗。如果這一體制實現，幕末時期「改革派」強力大名所宣導的「公武合體」就將得以實現。

另一方面，對於在中央政府只能佔據「參與」這一最低地位（或者在「薩土盟約」階段只能擔任「下院」議員）的薩、長、土三藩下層武士而言，則要將這一框架推至最左端，那就是由「參與」或「下院」掌握實權。在西鄉隆盛於 1864 年結束流放歸藩後，強藩的「下級武士」就成為「軍部」的

同義語。1864 年後，西鄉隆盛擔任薩摩藩軍賦役，伊地知正治擔任該藩軍役奉行，從兩人在鳥羽‧伏見戰役後的活躍度來看，讀者自然能夠明白這一點。

與此相同，在長州藩，品川彌二郎和大村益次郎在 1866 年（慶應二年）初薩長結成同盟以後也更為活躍。從這一角度看，「下院」已經升格為「參與」，並進一步成為「軍部」。此外，即使是在一向支持「公武合體」路線的土佐藩，雖然其核心人物——前藩主山內容堂和參政後藤象二郎是慶喜「公武合體」路線的支持者，但其「軍部」板垣退助和谷幹城等人則致力於與薩長兩藩「軍部」合作，並與藩主路線抗衡。

從「下院」到「參與」，再發展為「軍部」，薩、長、土各藩下級武士在前文介紹的建春門閱兵式後，從各藩「軍部」一躍成為新政府「官軍」。

慶應四年，亦即後來的明治元年一月，明治新政府成立後，就在上述兩大勢力對立中「左右搖擺」。

在把將軍一職歸還天皇之後，德川氏有各種稱謂。本書將 1868 年（明治元年）1 月 7 日天皇頒佈〈慶喜追討令〉之前的德川稱為「幕府方」，之後稱為「舊幕府方」。此外，由於王政復古政權內部在上述兩極端之間搖擺不定，所以也要對新政府和薩、長兩藩立場加以區別。

薩、長兩藩的要求是幕府方「辭官納地」，即慶喜歸還「內大臣」官位，幕府將所謂「八百萬石」領地歸還朝廷。但按照幕府方的說法，決定「辭官納地」的主體是王政復古建立的新政府，但慶喜和支持幕府的兩藩——會津‧桑名均未參加新政府。因此，「辭官納地」是薩長兩藩憑藉武力強加給 17 歲的新天皇的意見（即所謂「私意」），全無正當性可言。圍繞「辭官納地」是否「薩長之私意」，新政府內的兩極發生了正面對立。

倒幕的戰術與戰略

前文提到，返回大阪城的幕府軍規模為新政府內薩、長、土、芸四藩軍隊的約三倍，所以他們不可能忍受「辭官納地」之條件加入新政府。幕府方堅持認為，應由天皇召集包括慶喜在內的全國大名會議，並在會議上確定由各藩按照俸祿高低按比例承擔新政府所需費用。

如果天皇接受幕府的這一主張，主持召開大名會議，那麼薩長兩藩在新政權中的影響力就將顯著下降。這不僅是德川、會津、桑名等幕府勢力加入進來的問題，也不僅是中間派越前、土佐等藩發言權增強的問題，而是在新政權內部，「議定」（上院）力量將會壓倒「參與」（下院）力量。一言以蔽之，這意味着薩長倒幕派的失勢。

從慶應三年舊曆十二月九日（1868 年 1 月 3 日）的王政復古開始，到次年明治元年舊曆一月三日（1868 年 1 月 27 日）的鳥羽・伏見之戰，在三周多的時間裏，新政府在表面上被幕府的強硬姿態逼得節節敗退。面對前來斡旋幕府與薩長雙方關係的越前藩重臣中根雪江，幕府方堅持表示要使局勢回到王政復古以前，即使發生戰爭成為「朝敵」亦無關係，因為只要獲勝，自然即可成為「官軍」。[18]

薩長兩藩軍隊在舊曆十二月九日不惜發動政變實現王政復古，但此時卻耐心觀望着強硬的幕府與軟弱的越前藩之間的交涉。即便是處在武力倒幕論中心的西鄉隆盛，也表示同意只要慶喜答應「辭官納地」，就「任命其為議定，請其參與大政」。[19]

18《戊辰日記》，頁 18。
19《西鄉隆盛傳》，第四卷，頁 9。

但是，西鄉等人的真實意圖，是讓幕府軍因為新政府的軟弱態度而自感優勢，誘使其發起軍事行動。果然，在受到薩摩藩的挑釁後，幕府軍於舊曆十二月二十三日對薩摩藩江戶駐地縱火。西鄉當即告知駐京都土佐藩兵指揮者谷幹城：「已經開始。火速通知乾君（板垣退助）。」[20] 隨着幕府軍發起行動，薩、長兩藩掌握了新政府的主導權。

正如被誘入西鄉隆盛、伊地知正治（其亦被稱為「薩摩的大村益次郎」）的陷阱一般，舊曆一月二日，大阪城的幕府軍展開行動。本來是慶喜就「辭官納地」一事進京上奏天皇，但其隨行兵力超過了 1.5 萬人。而在鳥羽・伏見迎戰的薩長兩藩軍隊僅有約 4 千人，前者擁有近四倍的優勢。[21] 不過，即便如此，次日開始的鳥羽・伏見之戰還是在兩天之內就以薩、長兩藩獲勝而告終。

正如此前各種研究所指出的那樣，火槍等熱兵器的優劣決定了戰鬥勝敗。但也有研究指出，兵力佔絕對優勢的幕府軍未能將兵力展開至其他方向，而集中於鳥羽、伏見兩條道路，這亦屬戰術上的失誤。[22]

縱觀由此戰揭幕的戊辰戰爭全過程，筆者感到，西鄉、伊地知率領的薩摩軍和大村、品川率領的長州軍之戰略考量是，在充分準備的基礎上等待時機，並在若干節點集中全力。這一戰略的背後是某種一貫性，那就是將對幕府方的毀滅性打擊作為首要任務，刻意忽視其餘細微之處。兩藩從王政復古到舊曆一月三日之間等待了三周多，但實質是為了鳥羽・伏見之戰的集中全力，這正是這一戰略的第一階段。

20《谷幹城遺稿》，上卷，頁 58。
21 佐佐木克《戊辰戰爭》，頁 22。
22 同前書，頁 28。

江戶「無血開城」

勝海舟與西鄉隆盛會談並實現江戶「無血開城」（舊曆三月十四日）一事，也可以看出同樣特點。薩長軍並未在「無血開城」的同時一舉解除幕府軍的武裝並征討會津藩，而是默許幕府官兵攜軍艦、武器和彈藥逃往關東及東北地區。

當時，土佐藩軍從中山道直取甲府，後經府中前往位於市谷的尾張藩邸佈陣。土佐藩軍對西鄉隆盛所率東海道鎮撫總督府的寬容遲緩之處置頗為不滿。谷干城當時擔任「大目付」輔佐中山道總督府參謀板垣退助，他對後者表達不滿說：

> 為歡迎（東）海道先鋒總督接收江（戶）城及入城，各藩軍隊在城牆外牆各門迎候……當日總督入城時守備極為簡單，同行僅有參謀西鄉吉之助等三、四十人。舊幕官員執務者為勝安房（海舟）、大久保一翁、山岡鐵太郎，其等表面恭順，背後卻放縱激進之徒出逃，旨在造成四方起事……但東海（道鎮撫總督府）並不用心，卻聽信勝安房等人所言，萬事照循舊例。賊徒對此心知肚明，從城內取大小槍支等乘船逃走，與會津藩勾結在東北起事……參謀（西鄉隆盛）等因循無為，坐視賊徒散走四方。[23]

土佐藩士谷干城身為中山道鎮撫總督府屬下，他將幕府軍攜帶江戶城武器彈藥逃往關東、東北的責任完全歸咎於東海道總督府，尤其是其參

23《谷干城遺稿》，上卷，頁 90–91。

謀西鄉隆盛的「因循無為」。這一指責還暗示，西鄉在舊曆三月十五日停止了對江戶城的總攻擊，而此後長達半年的、原本不必要的東北戰爭之責任也由此完全歸於西鄉。「若按計劃於十五日攻入，則彼等尚無準備，且意見不一，並無死守之心，取城不難。如能一鼓作氣以軍力奪取該城，則不義之徒將落魂喪膽，亦無後來野州、奧州之事，更無至上野戰爭，真遺憾也。」[24]

谷幹城對西鄉的批判乍看之下似乎極為中肯。如果江戶「無血開城」的代價是此後長達半年的東北戰爭、會津戰爭，那確實是頗不合算的。

但如果按照谷幹城所述，以總攻江戶城之舉，使幕府大本營至會津藩等全部幕府勢力降服，又當如何？如果那樣，對於放棄武力抵抗、宣誓「恭順」的關東、東北的幕方各藩，西鄉隆盛將難以找出沒收其領地的理由。即使獲取江戶，表面上官軍取得勝利，但新政府對關東、東北幕方各藩的統治也僅是有名無實而已。

對西鄉「無所作為」的批評還涉及他對於據守在上野山中彰義隊的應對。這些批評認為，由於大總督府參謀將鎮撫旗本等舊幕府軍隊的任務完全交給勝海舟等前幕府領導人，使這些人得以欺瞞官軍，最終導致約 3 千名舊幕府軍集結至上野。據說，閏四月底，京都新政府任命長州軍事家大村益次郎作為軍防事務局判事前往江戶，三條實美自流放時就很重視的肥前藩江藤新平也作為三條代表前往江戶視察，這都是源於對西鄉「優柔寡斷」的批評。

但是，在江戶開城兩個月後的舊曆五月十五日，當官軍決定發起總

---

24 同前書，頁 92。

攻時，江戶城下的舊幕府勢力除前往會津謀求再舉者之外，均已集結在上野。在敵人集結完畢之前「無所作為」，待其集結完畢之後即一網打盡，這與鳥羽・伏見之戰的戰略相同。實際上，由薩摩、長州、熊本、備前、久留米及佐土原等藩兵組成的官軍在一天之內就擊敗了 1 千多人的舊幕府軍。

東北戰爭

筆者之所以花費如此筆墨詳述西鄉的戰略考量，是因為感到西鄉有一種「目的」意識，即希望從根本上清除支持幕府的勢力。留存幕府勢力的「王政復古」，與在內戰中消滅幕府勢力基礎上推行「王政復古」的差異，可謂不言自明。

在戊辰戰爭最大戰事東北戰爭中，西鄉的這一戰略仍一以貫之。在上野及宇都宮戰敗後，舊幕府軍集結至其最大的據點會津藩。

從「戰術」層面說，西鄉在這場戰爭中的應對可謂拙劣。他認為，只要讓薩、長兩藩的參謀輔佐一名皇室成員，帶上小規模的「官軍」前往東北，就可以依靠仙台、米澤、佐竹（秋田）、南部（盛岡）等東北諸藩征討會津藩。[25]

正如佐佐木克在《戊辰戰爭》中詳述，事態發展並非如西鄉預期之樂觀。

一方面，本應成為征討會津主力的仙台藩與米澤藩一起，努力在朝廷與會津之間調停。

25《西鄉隆盛傳》，第四卷，頁 142-143。

另一方面，與舊曆三月江戶城總攻時薩長土三藩為中心的鎮撫總督府軍相比，征討會津的參謀力量和作為主力的薩長兵力都過於貧弱。最初預定由薩摩藩派遣黑田清隆、長州藩派遣品川彌二郎擔任參謀，這兩人是1866 年（慶應二年）薩、長結盟的主要功臣，朝廷亦對其青眼有加。但不知何故，此兩人最終並未擔任參謀，而是由幕末政局中名不見經傳的大山綱良（薩摩）和世良修藏（長州）前往就任。[26] 而且，以薩長軍為主力的奧羽鎮撫使部隊總規模只有 400 餘人，而此前在鳥羽‧伏見之戰時，迎擊約 1.5 萬幕府軍的薩長土芸官軍共有 4,000 人，如今派遣的部隊只有約十分之一。西鄉打算餘下的部隊從仙台、米澤等藩現行徵調。

在這種情況下，東北諸藩不由得輕視官軍，支持會津。舊曆五月三日，以仙台、米澤、盛岡、二本松（福島）、秋田為首的東北 25 個藩成立同盟，其領地共計約 143 萬石。[27]

這一同盟的表面目標是要求總督府寬大公正處理會津、桑名兩藩，但很明顯，其實質目標是，如果總督府拒絕這一要求，則 25 個藩將一致保護會津藩。據說，大山綱良率領的 200 餘薩摩藩官兵，在轉戰新莊、秋田、津輕之後僅餘 50 多人。即使是勝田孫彌撰寫之詳述西鄉隆盛偉業的傳記，也不得不承認西鄉戰術上的失敗。

　　奧羽列藩結成同盟，與會、桑、幕之兵聯合抗擊官軍，並進逼北越及白川口，情況至急。這一消息傳至江戶時，（隆盛）卻剛剛判斷已可班師返回，因其認為已基本完成對德川氏的處

26《戊辰戰爭》，頁 71–72。
27 同前書，頁 121–122。

置，鎮壓了上野幕軍，整個關東近於平定。隆盛起初欲「以奧羽平定奧羽」，故而只選定參謀，命少數薩、長兵隨行。因此，隆盛應對大山等人的危難承擔最大責任。[28]

而且，面對這一危機，西鄉的做法不是親率京都薩摩藩兵前往白川、秋田援救，而是與藩主島津忠義同船自大阪返回鹿兒島。

是「官軍」還是「藩兵」？

如果僅以筆者此前一直強調的「西鄉戰略」，即給敵人以集結時間，待其集結後再一網打盡的設想，是難以解釋薩摩藩這一奇怪舉動的。當然，若是從結果而論，「西鄉戰略」論可以成立——為保護會津而集結的奧羽25個藩，又加上北越各藩組建了奧羽越列藩同盟。但新增兵的薩、長、土三藩軍隊將其逐個擊破，最終在舊曆九月二十二日迫使會津藩投降。此時，以三藩為中心的王政復古政府已經成為名實相副的「中央政府」。

前文述及建春門前薩、長、土、芸四藩閱兵式一節時曾提到「官軍」的成立。但實際上，這只是就形式而言。這四藩官兵的費用並非由朝廷承擔，而是由四藩各自支付。

在江戶「無血開城」之後，這一局面並未改變。隨着對德川家的處置，其700萬石的領地中有630萬石上交新政府，但這仍然無法支撐以四藩官兵為中心之「官軍」的費用。新政府雖然代替了過去幕府的地位，但全國四分之三的地區仍有近300家封建領主（大名）掌握。各藩手中不僅擁有

28《西鄉隆盛傳》，第四卷，頁146–147。

年貢，還握有將兵（武士）。自鳥羽・伏見之戰（舊曆一月）至鎮壓上野彰義隊（舊曆五月）的幾個月時間裏，大部分軍費都是由倒幕各藩分擔的。

目前尚未見到直接史料，能夠證明西鄉隨島津忠義返回鹿兒島的原因是為了調動各藩財政，重新動員藩兵。但是，土佐藩軍事領導人谷幹城的日記裏卻有一段內容，能夠間接暗示西鄉和薩摩藩主歸藩的原因：

> （六月）三十日……內命我軍應北上，但因財政不敷未能成行。余竊思，薩、長不僅將進軍奧羽，還將前往越後。我藩如今進軍奧州一方，將至為遺憾。由此訴說同僚，均有同感，但軍資確頗為困難。[29]

此後，谷幹城前往京都，從岩倉具視處獲得「提供軍費」的承諾後，他又返回土佐，編成前往北越的部隊。舊曆七月初，他率領土佐藩的五小隊官兵前往越後。

谷幹城日記所記土佐藩兵重組的時間，與此前所述西鄉隆盛返回鹿兒島的時間大致相符。作為「官軍」的主力，薩、長、土三藩均在幾個月的時間裏消耗了頗多兵力與財力。要進行實質性的東北戰爭，各藩領導人需要歸藩協調財力，並重新動員各自的「官軍」。

重組後的土佐藩兵於舊曆七月中旬從江戶出發，月底到達白川。另一方面，返回鹿兒島的西鄉在八月初完成藩兵重組，率部隊前往秋田和新潟，並於舊曆八月十一日到達。官軍至此完成了對東北越同盟總攻的態勢準備。

29《谷幹城遺稿》，上卷，頁 133。

由以上可知，新政府平定東北的動作之所以遲緩，正是由於「官軍」徒具其名，實質上其兵力與軍費均需薩、長、土三藩負擔。新政府尚沒有自己真正的「官軍」。

六「官軍」的解散與重編

「官軍」的返鄉

八月二十日總攻會津的「官軍」是由薩摩和土佐藩兵重編組成的。在指揮官級別、官兵規模和攜帶火器數量上都遠勝於此前「官軍」。指揮官是與長州藩大村益次郎並稱的薩摩藩軍事家伊地知正治，以及土佐藩軍部最高指揮者板垣退助。必須注意的是，後來以「自由民權」運動知名的板垣在當時是與西鄉隆盛、伊地知正治齊名的軍事領導人。

總攻擊開始時，薩、長、土等六藩兵力約為 2,000 人，即使與鳥羽・伏見戰役相比亦未遜色多少。由於在首戰中落敗的會津藩採取據守不出的戰略，薩摩藩贏得了調集阿姆斯壯炮等重武器的時間。

在會津藩守城期間，「官軍」成功勸降了米澤藩和仙台藩，兩藩部隊加入「官軍」，使攻打會津的兵力達到約 30,000 人。[30] 孤立的會津藩在據守約一個月之後正式投降。除北海道外，日本全國都為新政權所控制。

不過，接下來可謂在「一瞬間」，「官軍」們就解散並各自返回本藩。土佐藩兵的核心人物之一谷幹城九月二十三日見證了會津城投降，並於十月二十四日返回江戶。在此後三天的日記中，谷幹城寫道：「舊兵借英船各自歸國。」[31]「舊兵」指的是三月進軍江戶的土佐藩兵，而其餘參加會津

---

30 佐佐木克：《戊辰戰爭》，頁 159。
31《谷幹城遺稿》，上卷，頁 172。

征討的土佐藩兵則在十一月二日乘船出發歸藩。在十一月五日當天到達土佐後，谷幹城在日記中記錄了「官軍」的情形，其內容十分重要：

> （十一月）二日，歸兵乘坐「夕顏丸」船從江戶出發。五日歸國。公赴致道館接見各隊，表達慰勞之意。各隊後即解散，諸人雀躍歸家。今日謁余老親，一時喜極無語。今夕酒味殊美。[32]

「官軍」如此簡單地解散，各自歸鄉，而鄉里依然為藩主或前藩主控制。薩摩藩兵也是同樣情況。確實，全國範圍內，已經沒有任何勢力能夠反抗在戊辰戰爭中獲勝的明治新政府，但明治政府的兵力和財力與幕府相比也幾乎沒有變化。同樣，長州藩也在為「官軍」造成的財政負擔苦惱。長州藩曾兩次面對幕府的進攻，因此其軍隊是由下級武士和上層農民等組成的半自立部隊，與薩摩藩、土佐藩相比組成更加複雜。對薩摩藩和土佐藩而言，雖然「官軍」負擔較大，但也只是需要動員武士階層，而武士階層原本就有俸祿（家祿）。但對將半民半官的「諸隊」（奇兵隊、遊擊隊、整武隊、振武隊、鎮武隊、健武隊等）重編為「官軍」的長州藩來說，戊辰戰爭勝利後歸藩的「官軍」俸祿成為該藩新的財政負擔。

戊辰戰爭勝利一年後，長州藩提出方針（1869 年 11 月），計劃解散這些隊伍，並整編其人員，將四大隊併入藩兵。對此，各隊施以激烈抵抗，直至長州藩在 1870 年（明治三年）3 月徹底鎮壓各隊為止，該藩一直處於某種內戰狀態。當然，即使是通過上述過程將各隊重新編入正規軍的長州

---

32 同前書，頁 172。

藩，其藩兵歸根結底也仍是藩兵，而非明治政府的「官軍」。無疑，薩摩藩和土佐藩的情況更是如此。

脆弱的中央集權政府

為成為名副其實中央集權政府，新政權首先必須將各藩分別掌握的「年貢」收歸中央。但傾向於文久年間（1861年–1863年）以來「公武合體」路線的各藩藩主和重臣等能夠將各自徵稅權交給新政權嗎？在鳥羽・伏見之戰中擊破幕府軍、在東北戰爭中攻下會津藩的「官軍」如果就此歸入新政權麾下，那麼新政權或許可以憑藉武力後盾逼迫各藩交出年貢徵收權。但實際情況是，「官軍」主力已經又回歸薩摩藩軍、長州藩軍、土佐藩軍，各自服從藩主命令。

新政府面前只有一條路可走，那就是命令曾經的「官軍」從各藩分離，組成正規「官軍」，依靠這支軍隊迫使各藩上交年貢徵收權。1871年（明治四年）舊曆二月，薩、長、土三藩向中央「獻兵」組成「御親兵」，實現了前一目的；同年舊曆七月的「廢藩置縣」則實現了後一目的。

在「官軍」各歸各藩，徵稅權依然由各藩掌握的情況下，「王政復古」有名無實，這在1869年（明治二年）7月新政府成立後實施的「八省制」上也可窺見一斑。

所謂「八省」由右大臣、四名參議和外務、民部、大藏、兵部、刑部五省大臣（卿）構成，五省大臣人選僅限於皇室成員、公卿和大藩的藩主，完全不能擔當實務。另外，在1869年和1870年就任的共計八名參議中，除了大久保和木戶之外，其餘六人都是幕末不太為人所知的人物。

自「王政復古」至戊辰戰爭期間，岩倉具視一直在朝廷內部支持薩、

長、土三藩，他對這一體制非常不滿。1870年（明治三年），他在致大久保利通的信中表示：「為平息『任何時候唯薩長是用』之公論，致今日之舉。」也就是說，對新政府從「王政復古」到征討會津內戰都重用薩、長的做法，來自別藩的批評越來越多，岩倉被迫從薩、長兩藩之外挑選人員擔任參議和公卿。戊辰戰爭之後確立的「八省制」重視在公卿、強力大名和非薩、長的強力人士之間取得平衡，這是一個缺乏有能力人物的中央政府。

舊官軍的不滿與「三藩獻兵」

對上述體制的不滿之聲，是由歸藩後薩摩軍團的領導人西鄉隆盛帶頭發起的。1870年（明治三年）9月底，土佐藩出身的參議齋藤利行向同為土佐藩出身的參議佐佐木高行透露：「鹿兒島內議論紛紛，認為當今朝廷政事條理不清，西鄉將不得不率大兵上京，一洗政事，近日即將啟程。」[33]10月以後，上述消息也傳到了木戶孝允、大久保利通和岩倉具視耳中。

對於西鄉的這一動向，中央政府中代表薩、長兩藩意向的岩倉具視、大久保利通、木戶孝允等人做出迅速反應。他們試圖避免西鄉率兵上京造成「第二次戊辰戰爭」，同時又希望利用這一動向推動薩、長、土三藩重組「官軍」。1871年（明治四年）1月的三藩獻兵就是其結果。

1870年12月，大納言岩倉具視作為天皇敕使前往薩摩藩和長州藩，遊說兩藩向朝廷獻兵。薩摩的大久保利通和川村純義（海軍少輔）、長州

33《佐佐木高行》，第四卷，頁434。

的山縣有朋（陸軍少輔）隨同敕使前往。在迎接敕使後，薩摩藩的島津久光稱病，委託西鄉隆盛隨同敕使前往長州。此外，敕使原本僅打算要求薩、長兩藩獻兵，但西鄉隆盛建議對土佐藩也做相應遊說。[34] 畢竟，無論是戊辰戰爭之時，還是三藩獻兵之時，西鄉都非常重視土佐藩的板垣退助。

作為結果，敕使僅完成了對薩、長的遊說，而說服土佐藩的使命由西鄉、大久保、木戶三人代行。由此，1871 年 1 月薩、長、土三藩向朝廷獻兵（設「御親兵」）一事得以確定。

「三藩獻兵」在財政方面也與廢藩置縣相關。如果用三藩的年貢來負擔三藩獻出的兵力，則沒有必要廢藩，但同時也無法成為天皇直屬的軍隊。如果不用中央政府財政收入承擔御親兵費用，那麼御親兵就徒有虛名。為了建立名副其實的「御親兵」，政府財政收入必須有飛躍性的增加。

果斷實施廢藩置縣

在御親兵建立之前，僅靠舊幕府 700 萬石維繫中央政府財政的大藏省就已經為財政收入不足而深感苦惱。為此，大藏大輔大隈重信和大藏少輔伊藤博文提出除既定財政支出外所有支出都必須經過該省同意，並逼迫長州藩頭領木戶孝允接受這一大藏省職能制度的改革。這種構想可謂是大藏省獨裁體制。

這一構想引發了從幕府手中接過直轄地統治權的縣知事的反對。但大藏省與縣知事的對立也不過是圍繞着舊幕府 700 萬石的「杯中之爭」。只要諸藩還掌握着年貢徵收權，無論是讓大藏省獨裁，還是要重視地方實

34《西鄉隆盛傳》，第五卷，頁 42。

情，都無法解決根本問題。通過「三藩獻兵」，中央政府已經成功掌握足以向諸藩施壓的軍事力量。憑此將各藩年貢徵收權收歸中央政府，可以說是順理成章的。

痛感要實現中央集權就必須廢藩置縣的人士，並非僅來自大藏省。戊辰軍團返鄉後，在負責新政府軍務的薩長兩藩藩士中，西鄉從道（薩摩）和山縣有朋（長州）受命於 1869 年（明治二年）3 月前往俄羅斯、法國和英國考察兵制，1870 年剛剛回國。

在他們看來，不足 7 千人的「御親兵」過於貧弱。即使「御親兵」能夠保護朝廷，要維護日本全國的治安，還需要在要害地區設置「鎮台」。此外，即使靠「御親兵」和「鎮台」能夠平定內亂，也無法對外維護日本的安全。他們建議引入「徵兵制」強化國防軍，其建議雖是在廢藩置縣之後，但兩人完成歐洲考察回國時就已有此構想。

由此，在木戶孝允手下的大藏省負責人（大隈重信、井上馨、伊藤博文）等與從歐洲歸來的兵部負責人之間，將「三藩獻兵」發展為廢藩置縣的聲音愈加強烈。前者希望將財權收歸中央，後者希望由中央政府掌握兵權。

1871 年（明治四年）7 月斷然實施的「廢藩置縣」標誌着從 1864 年（元治元年）前後開始的「革命時代」宣告結束。在當初的議會構想中組成上院的藩主層發言權逐漸下降，最終就連「藩」本身也告解體。在打倒幕府、終結藩體制之後，以下級武士為領導者的幕末維新革命終於結束。

但是，這僅僅是革命的完成，而非新體制的建立。時代已從「革命」轉向「建設」，而革命時期領導人的資質要求與建設時期領導人的資質要求也完全不同。由此，西鄉隆盛的時代也即將落幕。

第三章

建設的時代
(1871–1880)

● 尋找「建設」的藍圖──岩倉使節團赴歐美考察

殖產興業的再認識

1871 年（明治四年）11 月 12 日，由 48 名成員和 6 名男女留學生組成的大使節團從橫濱出發，前往三藩市。使節團以岩倉具視為大使，大久保利通、木戶孝允、伊藤博文（時任工部大輔）、山口尚芳（時任外務少輔）等四人為副使，各省次官級官員為理事。此前僅僅四個月，明治政府剛剛果斷進行了日本近代史上最大的變革──廢藩置縣。

在這一革命性的行動之後，馬上就讓新政府將近半數核心人物到歐美考察，而且為期一年有餘，這可以說不止是「大膽」，而更像是「無謀」了。那麼，他們為甚麼要做這樣乍看上去「無謀」的事情呢？可以想像，存在這樣的可能性──等他們回國時，政府已經完全變了模樣，他們也無法再重返政權。從 1868 年 1 月（舊曆慶應三年十二月）的「王政復古」到廢藩置縣剛剛過去三年多，而站在這場大改革先鋒的大久保利通和木戶孝允同樣選擇了這次為期一年多的歐美考察。

在討論他們真實意圖和決斷之前，我們先看看他們從歐美學到了甚麼？

1872 年（明治五年）7 月 14 日，作為副使的大久保利通從波士頓來到了英國的利物浦。三個月後，他於 10 月 15 日給留在國內的西鄉隆盛和吉井友實各寫了一封信。從書信內容看，他到英國的目的是考察近代工廠。也就是說，考察的目的正是所謂「殖產興業」。

在 8 月 29 日–10 月 9 日的考察中，有很多寶貴的見聞。每一處地方首府都有工廠，其中較大的有利物浦的造船廠、曼徹斯特的棉紡機械廠、格拉斯哥的製鐵所、格林諾克的製糖機械廠、愛丁堡的造紙機械廠、紐卡斯爾的製鐵所（這家製鐵所是阿姆斯壯所建，阿氏亦為槍炮發明家，他帶領我參觀了工廠）、布拉德福德的絲織機械廠和毛紡織機械廠、謝菲爾德的製鐵所（這裏生產火車車輪及相關一切器具）和銀器製作所、伯明罕的啤酒廠（這家企業方圓 12 英里）和玻璃廠、賈斯特城，以及諾斯維奇的鹽礦。所到之處，廠礦規模宏大，器械精工至極。除此之外，還有大小機械工廠不勝枚舉，由此可知英國之所以富強。最令人有感觸的是，無論到何種偏遠地方，都已建好道路橋樑，馬車自不必説，火車也是各處莫不可達。[1]

這其中的大部分產業，都與大久保在回國後建立的內務省官營事業和公共事業直接相關，最後一部分則涉及已於 1870 年設立的工部省事業的「再重視」問題。設立官營工廠，製造能夠與歐美進口商品相對抗的國產商品（「進口替代工業化」），並且建設基礎設施，這些正是大久保利通在英國實地考察的目的。

在大久保之前，已經有日本赴歐美考察者注意到了機械製造工業、道路和鐵路的重要性。但是，大久保是明治政府中最有權力的人，他可以將考察的心得付諸實行。而且，大久保對於近代化工廠的痴迷非比尋常。在

---

1 勝田孫彌：《大久保利通傳》，下卷，頁 48–49。

前往蘇格蘭方向約 40 天的考察中，他參觀了 13 座工廠。與 21 世紀日本大臣的海外考察相比，其熱情是完全不同的。

正如大野健一和筆者共著的《明治維新》一書所述，在幕末開港以後，強藩為了籌集購買軍艦和武器的財源（亦即「強兵」），紛紛發展傳統產業。其中具有代表性的有肥前藩的陶器、生蠟、茶，越前藩的絹織物、紙，土佐藩的樟腦、紙和熏乾鰹魚等。

是發展這樣以出口為導向的傳統產業，還是開展大久保在回國後着手建立的進口商品國產化（進口替代工業化）？大久保的內務省應當將重點放在哪一方面？這是日本經濟史專家之間也在討論的問題。不過，暫且不論實體經濟的問題，僅就重新設定國家目標這一點而言，大久保是在英國重點考察了近代化工廠和基礎設施後才回到日本，這是毋庸置疑的。「殖產興業」（富國）被設定為與「強兵」和「公議輿論」同等高度的國家目標。

年表 3

年代	事件
1871 年（明治四年）	廢藩置縣；派遣岩倉使節團。
1872 年（明治五年）	御親兵與近衛兵的再編；土地永久買賣解禁；公佈學制；新橋・橫濱之間的鐵路開通；採用太陽曆；《國立銀行條例》。
1873 年（明治六年）	公佈徵兵令；《地租改正條例》；征韓論分裂（西鄉隆盛等五參議辭任）；設立內務省。

1874 年（明治七年）	民選議院設立建白；大久保利通決定出兵台灣；大阪・神戶之間的鐵路開通；西鄉在鹿兒島設立私學校；日清兩國互換條款。
1875 年（明治八年）	大阪會議（大久保、板垣、木戶孝允）；創立愛國社；設立元老院；樹立漸次立憲政治之詔敕；樺太・千島交換條約；江華島事件。
1876 年（明治九年）	江華島條約（日朝修好條規）；廢刀令；大久保提出有關國本培育之建議書；秩祿處分；神風連・秋月・荻之亂；三重縣農民起事。
1877 年（明治十年）	減輕地租（地領 2.5%）；西南戰爭；立志社建白。
1878 年（明治十一年）	大久保被暗殺；制定地方三新法。
1879 年（明治十二年）	廢止琉球藩；設置沖繩縣；教育令。
1880 年（明治十三年）	國會期成同盟；集會條例；地價五年不變動。

憲法優先於議會

在明治政權中，與舊薩摩藩的大久保相同，舊長州藩的木戶孝允也居於政權核心地位。那麼，他從歐美考察中學到了甚麼呢——是認識到國家統治基本法「憲法」的重要性。

正如第一章和第二章所述，在日本，關於設立議會的討論出現之早，頗讓人意外。在 1863 年至 1864 年，這是很多改革和革命領導人的共同目標。1874 年 1 月提出的《民選議院設立建白書》雖然因板垣退助而有名，但它並不是最早的此類設想。

但是，幕末時期關於議會的討論，都是以幕府作為中央政權存在為前提的。這些討論認為，中央政治的決策不僅應由幕府確定，還應反映各大名（上院）及其家臣（下院）的意向。

然而在王政復古之後，幕府已經消亡，廢藩置縣又取消了藩的存在。新政府被掌握於薩摩、長州、土佐等舊強藩的家臣手中，但其基礎卻遠比幕末時期為弱，僅僅是擁立了天皇而已。如果根據幕末時期的議會討論稍作調整，設立新議會，則這一議會是否能夠代表「民意」，或者說中央政府本身的正統性根據，將是很薄弱的。

稻田正次所著的《明治憲法成立史》是日本憲法史經典中的經典之作。在這本書中，他這樣記述木戶孝允考察歐美的目的：

> 作為副使，木戶參議與岩倉大使一起遊歷了美歐諸國。他在同行者中對憲法問題最為熱心。在到達華盛頓的第二天，亦即明治五年（1872年）1月22日的日記中，他寫道：「余主兵部、文部之事。何（禮之）[2] 書記官此次跟從我。在一新之年，倉卒之際，余等建言五條誓約，遍告天下諸侯、華族、有司，稍定億兆之方向。但時至今日，應當制定關乎根本的律法。故此，余在此行之中，欲多關注各國根本律法，以及政府組織等事務。余已將此意告知何（禮之）。」[3]

上文着重之處，其實就是指「憲法」和「內閣制度」。

當時駐德公使館員青木周藏是木戶在長州藩士時代的後輩。根據青

2　何禮之（1840-1923），長崎華僑子弟，通曉漢語和英語等語言，自幕末起進入政府擔任翻譯及外事官員，後在明治政府中先後擔任內務權大丞、內務大書記官等要職，並被封為「錦雞間祗侯」，1884年擔任元老院議官，1891年起擔任貴族院議員直至逝世。譯著有《論法的精神》等。——譯註。

3　《明治憲法成立史》，頁 195。重點符號為筆者所加。

木的建議，木戶的憲法考察着重研究普魯士憲法。關於這一點，稻田在《明治憲法成立史》中提到了如下值得注意的事實：

> 3月9日，木戶一行來到柏林，青木等人前往迎接……最應注意的是木戶4月23日的日記：「三時，青木帶我拜訪格奈斯特，[4] 相談獲益良多。」……在1882年（明治十五年）伊藤博文受教於格奈斯特的九年前，木戶已就憲法問題與格奈斯特相談，並感觸甚多，這其中頗讓人思考。[5]

正如稻田所說，通常認為，普魯士風格的《大日本帝國憲法》是基於伊藤博文1882年至1883年在德國和奧地利考察憲法的成果而制定的。這種看法本身當然沒有錯誤。但是，伊藤之所以選擇德國作為憲法考察的目標國，是有前因的。此外，正如很多人所知，在明治時期的日本，倡議引入德國式憲法的是太政官大書記官井上毅，這是在伊藤博文訪歐之前一年——即1881年的事情。而井上的提議也是有前因的。

木戶在考察期間對德國式憲法感觸良多。在1873年7月回國後，他提出，開設議會是未來的課題，而首先應當制定憲法，這部憲法一方面是要向國民保證，政府的施政不會恣意而行，而是將遵循一定的規則；另一方面則是要明確政府內部各機構之間的相互許可權。木戶在1873年9月的手記中這樣寫道：

> 關於君民同治的憲法，應有人民協商在內，才可認為是「同

4　格奈斯特：Heinrich Rudolf Hermann Friedrich von Gneist，德國法學家。
5　《明治憲法成立史》，頁196。

治」憲法。今我天皇勵精圖治,而維新日淺,人民智識增長並設立會議尚需歲時……因此,由天皇陛下順應民意、英明決斷,規劃國務,裁判司法,並遏制有司隨意之舉。至於一國公事,今日雖可謂是獨裁憲法,但他日若有人民之協商,則將成為同治憲法之源,必將為人民幸福之基。[6]

「富國強兵」和「公議輿論」是幕末改革和革命時期的口號。如果將前者分為「富國」和「強兵」,後者分為「公議」與「輿論」,則在經過一年多的歐美考察後,將精力傾注於考察近代工廠的大久保帶回了「富國」之策,得出「獨裁憲法」結論的木戶則帶回了「公議」。那麼,對於餘下兩項——「強兵」和「輿論」,大久保和木戶是如何對待歐美做法的呢?

6 《明治憲法成立史》,頁 198。

二 「強兵」與「輿論」——征韓論分裂與設立民選議院建議

「強兵」含義的變化與外征論

如前所述,如果將大久保的「富國」與「強兵」分離,「強兵」的含義已不同於幕末時期。

上一節提到,幕末時所謂的「富國強兵」,是指各藩向歐美出口特產,然後購入軍艦、大炮和步槍等。「富國」不過是「強兵」的手段。而大久保利通在歐美視察期間,已經完全改變了「富國」的定位。

但是,岩倉使節團於 1872 年–1873 年考察歐美時,就在日本國內,「強兵」的含義也在同時發生變化。幕末「富國強兵」所購入的軍艦、大炮和步槍,對於「富國」並沒有太大作用,但對於「強兵」則確實有效。而且,此時國內政府考慮的「強兵」,是為了尊重「革命軍」的意向,因為正是「革命軍」自戊辰戰爭到廢藩置縣期間一直用實力支持改革。

與幕末相比,日本整體的軍事力量並沒有明顯加強。但在國內,「軍隊」的發言權卻遠超過幕末時期。其中一個表現是,在岩倉使節團出訪時期,留守國內政府的是西鄉隆盛和板垣退助這樣戊辰戰爭和廢藩置縣的「英雄」。

在這兩名留守政府的核心人物中,板垣出身於土佐藩,與「幕末議會論」的中心人物後藤象二郎關係親近。另外,稻田的《明治憲法成立論》中認為,至 1872 年左右,在開設議會這個問題上,西鄉隆盛與板垣的立

場是一致的。

　　總而言之，此時板垣與西鄉這兩名核心人物，一方面要考慮如今已成為「近衛兵」的戊辰軍團的意向，一方面又有為幕末以來「議會論」代言的立場。岩倉使節團學到了「富國」（殖產興業）和「憲法」，而留守政府則重視「強兵」與「議會」。

「外征論」的快速升溫

　　在岩倉使節團中，大久保利通於 1873 年（明治六年）5 月回國，木戶在同年 7 月回國，而率領全團的岩倉則於 9 月 13 日回國。自此之後，在留守政府與歸國使節團成員之間，對於國家目標的分歧轉化為權力鬥爭。

　　如前所述，明治初年的「強兵」，並非是要切實加強軍事力量的前瞻型政策，而是一種尊重廢藩置縣功勞者意向的善後型政策。但是，這種意向具體是甚麼呢？在完全平定日本國內之後，「革命軍」如今可以立即發揮作用的地方，只能是出兵台灣、朝鮮和樺太。

　　1872 年 3 月，此前用軍事力量確保廢藩置縣的「御親兵」改變為「近衛兵」，而其最高司令官就是被任命為近衛都督的參議兼陸軍上將西鄉隆盛。而曾在西鄉指揮下致力於廢藩置縣和戊辰戰爭的黑田清隆與桐野利秋則各有任命——前者擔任北海道開拓使，作為地方長官與大國俄國對峙；後者則擔任熊本鎮台司令長官，與琉球、台灣與亞洲大國——清朝統治下的中國相對。直至本書寫作時的 21 世紀初，日俄、日中與日韓之間的領土問題仍未解決。而這些問題正是在 1873 年以後，根據維新革命的武力執行者的要求而突然出現的。

　　眾所周知，「尊王攘夷」與「富國強兵」、「公議輿論」並列為幕末政治

的中心口號。但是，當時的「攘夷」是要對抗歐美列強的炮艦外交，並不包括與近鄰諸國的領土問題。

進入 1873 年後，領土問題的急劇升溫，正是由舊薩摩藩和舊土佐藩出身的軍事領導人所推動。出身舊薩摩藩的黑田青隆熱心於樺太問題，同樣出身於舊薩摩藩的桐野利秋則重視台灣問題，而出身舊土佐藩的板垣退助對於朝鮮問題十分積極。在將近 40 年之後，板垣退助親自監修了一部《自由黨史》（1910 年出版），其中簡要記述了當時的情況：

> 征韓論爆發之際，黑田青隆作為開拓使，執掌北方鎖鑰門戶；桐野利秋身為熊本鎮台司令長官，衛戍西陲。黑田期望借我漁民在樺太被俄兵槍殺一事，促成國際問題；桐野則希望以轄區內琉球人被台灣生番虐殺一事，興兵征台。兩人共同進京，與當局者謀劃。但兩人正是抵達東京之後，方才知道朝議征韓一事。看到自己的主張難以貫徹，兩人均意氣難平。[7]

下文還會提到，黑田不僅熱心樺太，也強烈贊成桐野的台灣出兵論，但兩人確實並非「征韓論者」。

西鄉的「征韓論」

但是，西鄉本人更重視向朝鮮派遣全權使節的作法。在樺太問題上，日本的對手是列強之一俄國；在台灣問題上，台灣並不是中國的屬國（宗屬關係），而是中國領土的一部分。即使是西鄉這樣的人，在岩倉使節團

---

7 《自由黨史》，岩波文庫版，上卷，第 62 頁。

回國之前，也並沒有任意採取強硬手段。

　　不過，雖然這麼說，西鄉卻並不會選擇無所作為。不僅是黑田和桐野，當年的戊辰軍團——今天的近衛兵們，在日本全國已經找不到可以「平定」的事情。御親兵在成為近衛兵後，雖然駐紮於東京，但卻並沒有像樣的事可做。他們的最高指揮官是戊辰戰爭的英雄西鄉隆盛，因此無論是他們的不滿，還是他們的期待，最終都會落在西鄉身上。按照西鄉自己的話來說，局面已經到了如下狀況：「（新政權）名分條理之所以得正，或者說討幕的道義之本，是在『一新』。但如今，有人卻不顧這一道理，以有違討幕宗旨之說來詰問於我，讓人無可奈何。」（1873 年 8 月 3 日，西鄉致板垣退助書信。）[8]

　　因此，西鄉開始重視與俄國和清國並無直接關係的朝鮮問題。當時，朝鮮雖然是清國的屬國，但這種體現宗屬關係的「屬國」只是形式上的東西，既非同盟國，亦非殖民地。日韓之間即使出現紛爭，清國介入的可能性也不大。

　　當時在朝鮮，針對日本迫使朝鮮簽訂通商條約之舉，反對之勢以各種形式噴發出來。1873 年（明治六年）5 月底，日本外務省駐朝鮮七等書記官廣津弘信向日本政府報告，朝鮮方面因日本商社的走私行為而公開稱日本為「無法之國」。在日本國內，代理外務卿的上野景範在當年 6 月中旬向太正大臣三條實美報告，指出朝鮮官民對於日本通商行為的妨害極為嚴重，他請求三條指示應對之策。在此情況下，8 月 3 日，參議兼近衛都督西鄉要求三條派遣自己作為全權使節前往朝鮮。所謂「征韓論」由此在留

8 《自由黨史》，上卷，頁 65。

守政府中開始生根。

西鄉的真意究竟如何？對此，有兩種極端論點。第一種觀點認為，與 1894 年日清戰爭及 1904 年日俄戰爭相關聯，西鄉是「大陸雄飛」論的先驅者。實際上，出乎通常預料的是，這種傳說早在日清戰爭之前就已經出現。1893 年，出身於國民協會[9]的眾議員佐佐友房前往朝鮮考察，他在漢城與清國駐韓公使袁世凱有過對話。在交談時，兩人談到了兩國關於「大陸雄飛」的設想。佐佐友房當時說：「我國的西鄉隆盛是東洋第一流的豪傑。如果他沒有死於非命，我們日本國不僅會征服這朝鮮，還會進一步侵略亞細亞大陸。」[10]

在 1877 年的西南戰爭中，佐佐率領熊本的有志者，參加了西鄉的軍隊，後來因此入獄。他所描繪的西鄉，很難讓人簡單地否定。

另一方面，1979 年出版的話題書籍——毛利敏彥的《明治六年政變》卻描繪了與佐佐所述完全對立的西鄉。這本書用大量史料證明，西鄉既非「征韓論者」，也不是「亞洲侵略論者」。

西鄉反對板垣退助等人關於立即出兵朝鮮的主張，要求派遣不帶軍艦的赴韓使節，並要將大任求全權委託於自己，這確是事實。同時，如前所述，西鄉下屬的黑田清隆和桐野利秋更加重視出兵樺太和台灣，而非朝鮮問題。因此，毛利的觀點具有相當的說服力——西鄉的對韓使節派遣論，正是為了遏制這些「出兵論」。

關於征韓論，上述完全對立的兩種觀點，都各有一定說服力。這說

9　國民協會是明治時期的國粹主義政治團體，成立於 1892 年，解散於 1899 年。
10《克堂佐佐先生遺稿》，頁 128-129。

明在岩倉使節團回國之前，從某種意義上來說，西鄉已經在調整戊辰軍團的目標了，因為戊辰軍團正在背離西鄉的意圖，要求在東亞開展戰爭。在幕末時期，西鄉曾經致力將「倒幕」與「封建議會論」相結合，但他並非攘夷論者。然而，在幕府和藩均已消失之際，如今成為近衛兵中心的舊薩摩軍，已經不再關心「議會論」了。

舊土佐藩的民選議院論

與舊薩摩軍團一併成為近衛兵支柱的力量，是舊土佐藩的板垣退助等人。雖然他們同意了派遣西鄉作為使節前往朝鮮（即所謂「征韓論」），但僅憑此並不能挽回相對於西鄉所率舊薩摩勢力的劣勢。而且，與西鄉在舊薩摩勢力中分庭抗禮的大久保利通已於 1873 年 5 月歸國，並從歐美學到了重視「富國」的思想。此外，自王政復古以來，舊長州藩一直與舊薩摩藩共同支撐着明治政府，而其代表人物木戶孝允也已經開始主張制定「獨裁憲法」作為國家基本法。板垣退助在「強兵」方面不如西鄉隆盛，在「富國」和「憲法」兩方面則比薩、長兩藩為遲。

舊土佐藩的勢力處於劣勢，而其推出的對抗之策，就是 1874 年 1 月建議設立「民選議院」之舉。這是板垣與同屬舊土佐藩的後藤象二郎一貫主張的「封建議會論」的延長線，但其特色在於「民選議院」。在 1874 年 1 月 17 日提交左院（明治政府內的立法機關）的〈民選議院設立建白書〉開頭部分，寫有如下內容：「人民，即對政府負有繳納租稅義務者，也就有參與知會政府事務的權利。」[11]

11《自由黨史》，上卷，第 90 頁。

在這份〈民選議院設立建白書〉上署名的是以板垣退助為首的八位名士，分別來自土佐、越前和肥前等地，他們都是士族（舊武士），因此都不具有「繳納租稅義務」。正因如此，他們在此檔中所寫的內容，究竟在何種程度上體現了他們的真意，是有一定質疑餘地的。戰後的歷史學家用「士族民權」來形容他們的這一舉動，並投以懷疑的眼光，是有一定道理的。

但是，一旦宣言發表，其影響就會超越提出者的本意。在 1874 年，幕府和藩均已消失，「士農工商」的身份制度則已簡化為「士族」與「平民」，這使得該篇產生了極大的效果。這是因為，在「士族」和「平民」二者之中，具有「繳納租稅義務」者，正是平民（主要是農村土地所有者）。

留守政府確定派遣西鄉作為全權大臣前往朝鮮，但岩倉使節團的回國卻顛覆了這一決定。1873 年 10 月 23 日，西鄉、板垣、副島種臣（舊肥前藩士）、江藤新平（舊肥前藩士）、後藤象二郎（舊土佐藩士）辭去參議職務。除了西鄉之外，餘下四人都在翌年 1 月提交的〈民選議院設立建白書〉上署名。

在這其中不足三個月的時間裏，在「征韓論爭」中失敗的板垣退助卻突然轉向了完全另一個方向，提出了「民選議院論」。日本近代史研究者內部對此評價不佳。這是一種從「國權論」到「民權論」的投機主義的轉換。

但是，正式起草〈民選議院設立建白書〉頗費時間。經過後藤象二郎居間介紹，板垣認識了從英國歸來的小室信夫和古澤滋，後兩人對議會制十分了解，而後藤象二郎又是自幕末時期以來的議會論者。小室和古澤兩人起草了〈民選議院設立建白書〉的第一份草案。作為漢學者，副島種臣又對其進行了潤飾和修改，這才有了 1 月 17 日提交的最終版本。如果不

是板垣在前一年 10 月 23 日辭任參議後很快就開始思考此事，很可能來不及在翌年 1 月便將文件提交左院。

正如此前所述，後藤象二郎曾是「幕末議會論」的首倡者。有觀點認為，作為後藤的同僚，管理留守政府的板垣退助在 1872 年左右也成為「議會制」論者。也許可以認為，與西鄉同為留守政府核心參議的板垣，同時關注着「征韓論」和「民選議院論」兩個主題。

綜上所述，自 1873 年 10 月「征韓論分裂」到 1874 年 1 月提交《民選議院設立建白書》之間的三個月，從歐美歸來的大久保和木戶重視「富國」和「憲法」並開展合作，而管理留守政府的西鄉和板垣，則分別提出「強兵」和「議會」，用以對抗使節團勢力。

❸「富國強兵」與「公議輿論」

大久保與西鄉的和解——出兵台灣

但是，主張「富國論」的大久保利通並未與主張「強兵論」的西鄉隆盛長期對立。在「征韓論」問題上，吉井友實、黑田清隆、西鄉從道等人支持西鄉的對立面——大久保利通一方。在幕末時期，他們一直都是隨同西鄉倒幕的追隨者。而且，他們只是反對「征韓論」，在台灣問題和樺太問題上比西鄉更為強硬。在西鄉因「征韓爭論」失敗而辭職回到縣裏時，跟隨他的篠原國幹、桐野利秋兩位少將以及數十名近衛兵都是強硬的「外征論」者。大久保利通重視殖產興業，並為此設立了內務省。但無論是在政府內外，他都被同為薩摩藩出身的「外征論」所包圍。大久保為致力於「富國」而阻止了「征韓」，但局面並不允許他再用其他方式拒絕「強兵」。

台灣出兵論有兩個理由：其一，1871 年 11 月，54 名琉球島民在台灣被殺；其二，1873 年 3 月，小田縣（岡山縣）的四名日本漁民漂流至台灣後被搶劫。作為派遣大軍的根據，後一個理由過於單薄，因此前者才是真正的根據。也就是說，台灣出兵論的目的是將琉球島民視為日本人，並履行其主權政府的責任。

但是，當時的琉球與清國之間存在宗屬關係，清國並未將琉球人視為日本人。清國政府當時反駁稱，其知道在「我國領土台灣」，屬國琉球人被殺害，但從未聽說過日本人被殺害的消息。

這件事情說明，出兵台灣的目的是將琉球置於日本主權之下，這其中

蘊含着與清國發生正面衝突的危險性，因為後者將琉球視為屬國。可以認為，對於尋求在東亞發生軍事衝突的日本「強兵論」者而言，這正是積極出兵台灣的目的。

　　1874 年 5 月，日本出兵台灣，這一決斷正是由大久保利通作出的。此次出兵動用了 6 艘軍艦，以及約 3,600 名官兵。值得注意的是，在這 3,600 人中，有很多是西鄉在「征韓論分裂」後回到鹿兒島組織的義勇兵。根據《西南記傳》的記載 [12]，這些義勇兵與谷幹城率領的熊本鎮台兵一同成為赴台「征討軍」的主力。他們大概想不到，大約三年以後，在西南戰爭熊本城攻防戰中，他們將互相成為戰場的敵手。

　　綜上所述，「台灣出兵」有三項要點：

　　第一，1873 年 10 月，「富國」與「強兵」曾經一度發生衝突，而到 1874 年，它們卻融合為「富國強兵」。對於主張「富國」路線的大久保利通而言，這次融合是被迫作出的妥協，其原因是為避免與西鄉的正面衝突。正是因為這次「富國」與「強兵」的融合，在短時間內，出現了很多學者稱為「大久保獨裁」的強力體制。

大久保與木戶之矛盾

　　第二，在「征韓論爭」中，大久保和木戶曾經一度合作宣導「內治優先」，但由於台灣出兵，兩人關係再度破裂。

　　木戶反對出兵台灣的第一個理由是：在歸國使節團成員共同反對「征韓論」時，正是大久保曾經說過：「停止征韓之議，興內務省。」木戶批評

12《西南記傳》，上卷第一章，頁 600。

大久保是由「富國」轉向了「強兵」。[13]

　　第二個理由是：明治維新剛剛開始七年，日本的國力和財力都不堪參與東亞紛爭。木戶就此說：「而今若再舉兵，行軍之資、滯陣之費，均難以籌措計劃。」[14]

　　針對大久保等人對琉球「兩屬」之事缺乏認識，木戶也予以批評。他曾說：「琉球雖內附於我，但其意又半在清國。余曾聽聞，琉球人對我稱『事日本如父，事清國如母』，但對清國則並非如此，而是稱『事清如父，事日本如母』。兼顧兩端，本是弱國之常情，但我應將其人與內地之民分出緩急。內國為本，外屬為末，捨本逐末，絕非善策。」[15]

　　正是出於上述觀點，1874 年 4 月，在明治政府內代表舊長州藩勢力的木戶孝允辭去參議職務。歸國使節團的分裂，是「富國派」與「憲法派」的分裂，也是共同推進明治維新的薩摩藩與長州藩的分裂。

大久保屬下的「對清開戰論」

　　台灣出兵的第三個值得關注之處，在於強硬派的「對清開戰論」。實際上，早在 1874 年，政府內部就已有強烈的聲音，要求發動實際上 21 年後才於 1894 年爆發的日清戰爭。其中強硬派包括在「征韓論分裂」後留在政府內輔佐大久保的黑田清隆（開拓長官，出身自薩摩藩），以及事實上的海軍大臣——海軍大輔川村純義。1874 年 9 月，正當大久保作為全權大使前往北京交涉解決台灣問題之際，黑田曾向太政大臣三條實美提出如

13《西南記傳》，上卷，頁 590。
14《西南記傳》，上卷，頁 587。
15《西南記傳》，上卷，頁 588。

下的「對清開戰」論調：

> 一旦和戰之議已決，獲大久保大臣飛報，即應立即彰明清
> 國政府之無理，宣揚其罪，一體告知內外，並應基於《萬國公
> 法》，參照交戰條規，定其處分，速發王師猛攻急擊，不容其有
> 防禦之暇。[16]

這是以宣戰為前提的、真正的「對清開戰論」。

關於對清開戰所需的戰爭指導體制，黑田在建議書中也有細緻周到的
論述：

> 宜由天皇陛下親自統御軍務根本（大元帥），速下親征之
> 詔，促國民方向歸一。奉戴聖旨、統轄軍務，為元帥之務，三
> 條大臣應親任此職。

> 輔翼元帥、部署全軍、謀劃攻擊之任最為緊要。故如和戰
> 決議之日到來，應速遣敕使，召集西鄉陸軍大將、木戶從三位
> 大臣、板垣正四位大臣，以及山縣（有朋）與伊地知（正治）兩
> 參議、山田（顯義）陸軍少將、海軍省四等出仕伊集院兼寬等
> 共赴此任。另應開設一局（所謂參謀局），專事謀議戰略。[17]

在大元帥、元帥之下，網羅薩、長、土的軍事領導人，設置參謀局，
建設對清戰爭的作戰本部，這些都是關於體制建設的具體建議。

16《三條家文書》，五十之十一。
17《三條家文書》，五十之十一。

其中應當注意的是，在意圖與亞洲大國清國一戰之際，上述建議已經完全忘記了是否贊成征韓論、民選議院論和台灣出兵等問題，而是打算實現戊辰戰爭英雄的「總動員」。雖然西鄉隆盛、木戶孝允和板垣退助已經因各種各樣的原因辭職，但上述建議仍將其視為明治政府的重鎮。

在黑田的建議中共計提到七人，除了西鄉等三人之外，另有山縣有朋、伊地知正治、山田顯義和伊集院兼寬等四人。作為長州和薩摩的軍事指揮官，山田和伊集院在戊辰戰爭中都獲有勳功。除了板垣之外，在七人中的另外六人都是出身長州和薩摩的功臣，這是必須留意的。1874 年的政府，完全是薩、長藩閥的政府。

在宣導對清開戰時，黑田也充分認識到日本海軍力量的脆弱。如前所述，幕末時期的「強兵」，是通過出口特產而進口軍艦、大炮和步槍，而明治初年的「強兵」，則是依靠既有的軍事力量，與近鄰諸國開啟戰端。但是，黑田也注意到，要與大國清國開戰，明治初年的「強兵」仍有弱點。他的論點如下：

> 攻戰開始之要，在於盡海軍之精銳，以我艦隊擊破其海軍，襲略其要港，為陸軍打開通路……如今軍艦不足十艘，為行此大舉，必須設立預備艦隊。計國內現有汽船，諸省使（各省及開拓使）所轄及人民所有共計百餘艘。精選其中最為堅實者，可得約五分之一。[18]

可能是由於在戊辰戰爭的內戰中積累了陸軍實戰經驗，黑田並沒有流

18《三條家文書》，五十之十一。

露出別的不安。不過在海軍方面，與各藩努力採購軍艦的幕末時期相比，此時的日本海軍可能反而狀態更為不佳。

與黑田一樣，海軍次官（大輔）川村純義也主張「對清開戰論」，但他更是一個西鄉崇拜者。他向三條太政大臣建議說，應當召回已經返回鹿兒島的西鄉隆盛，任命其為統轄陸海兩軍的「元帥」。川村在 1874 年秋天對於西鄉的崇拜，成為兩年半後西鄉舉兵之際判斷失措的因素之一。

與舊薩摩藩出身的將領們不同，出身於舊長州藩的陸軍大臣（卿）山縣有朋不願意讓陸軍為無謀的戰爭承擔後果。他對三條太政大臣表明了這一點。[19] 在台灣出兵問題上，大久保與木戶之間的對立，也伴隨着軍隊內部薩長勢力之間的對立。

在這 1874 年，包括退至鹿兒島的西鄉隆盛在內，舊薩摩藩的軍人們確實真心要與清國一戰。對此，無論是持「憲法制定論」的木戶孝允，還是持「民選議院論」的板垣退助，都沒有出手牽制。一言以蔽之，「公議」與「輿論」被置於無人問津之地。

木戶與板垣的接近

經過大久保在北京五次交涉的結果，1874 年 10 月末，日清兩國簽署互換條款，避免了戰爭，這使得局勢為之一變。「富國」與「強兵」的結合出現罅隙，而「公議」與「輿論」卻開始接近。

這其中，長州派的井上馨體察到木戶孝允的意向，開始接近板垣退助的側近人士。井上馨因幾件事情而知名：幕末時燒燬英國公使館、偷渡赴

19《大隈文書》，第一卷，頁 75。

英國，以及在明治初年成為大藏省的實權人物。對於他究竟何時開始關心憲法和議會，目前暫無定論。但自 1874 年秋天謀劃與民選議院派合作之後，他終其一生都是一位漸進的「立憲論」者。

1874 年 10 月 28 日，也就是大久保從北京談判勝利歸來並返抵橫濱的第二天，井上馨與小室信夫、古澤滋在駛向大阪的船中進行了懇談，後者兩人正是〈民選議院設立建白書〉的起草者。也就是說，就在「富國派」的大久保慶祝歸國之際，井上卻正在與「議會派」的小室等人在船中會談。在井上致木戶的書信中，詳細記述了會談的情況。

他首先懇請木戶做一件事情：盡力使「台灣出兵」成為日本與近鄰各國衝突的結束。他這樣說道：「之所以致書於公，是欲請公多多提醒伊藤、山縣等人，今後不要熱衷在朝鮮或其他地方興戰，而應關注富強之術、開明之手段及削減靡費等事。」[20]

當時，伊藤博文是工部卿，山縣有朋是陸軍卿。井上此舉是在拜託木戶統一政府內部的長州派，遏制薩摩派的「外征論」。

另一個用於遏制薩摩派的手段，就是與提倡「民選議院論」的土佐派開展合作。幕末以來，薩摩與長州、薩摩與土佐之間有過合作（薩長同盟、薩土盟約），但長州派與土佐派的聯合還是第一次。這種合作的政策依據源於木戶的「憲法論」與板垣的「議會論」之間的近似性，用井上所述即為：「以公（即木戶）之論與板垣等人之論相折衷，如能採取與我國國體相應之形式，建立從政府分權而來的議院，則可與板垣等人找到協和共進之道。」[21]

20《世外井上公傳》，第二卷，頁 614-615。
21 同上，頁 618-619。

據井上在書信中所述，在橫濱駛向大阪的船上，井上、小室、古澤三人的會談有如下內容：

　　當時，與小室、古澤同赴大阪。同行者認為應以一掃沉痾之勢，振興政府事業。板垣亦將隨後赴阪。（中略）小室、古澤兩人提議，應由生（井上馨）從速邀請老台（木戶孝允）前來大阪，並邀板垣，一併商談大計。[22]

在這段文字中，「一掃沉痾」的意思應當很容易推測。

兩次「大阪會議」

三人「船中會談」的結果，就是 1875 年 1 月 22 日的「五人會談」。參加者分別為木戶孝允、板垣退助、井上馨、小室信夫和古澤滋。木戶在當天的日記中有如下記述：

　　十一時，井上馨到訪。下午一時過後，與余一併造訪板垣退助。小室、古澤亦在板垣住所。向眾人陳述余等之民選議院設想，並聽取板垣等三人意見。晚八時許，返回井上住所續談。十一時許返歸住處。[23]

基於 1 月 22 日「五人會談」的結果，2 月 9 日，木戶孝允與大久保利通會面，促使後者同意「出台定律（憲法），發起民會，逐步奠定國會基

22 同上，頁 614–615，着重號為著者所加。
23 《木戶孝允日記》，第三卷，頁 144。

礎」。[24] 在此基礎上，2 月 11 日，大久保利通邀請木戶和板垣會談，三者達成一致，並成為此後 4 月 14 日天皇詔敕「漸次施行國家立憲，建立政體」的構想來源。

日本近代史上有名的「大阪會議」是指 2 月 11 日的三人會談。如果沒有作為當時政府中樞的大久保的同意，木戶和板垣就不可能在 3 月重新擔任參議職務，4 月的天皇詔敕也不可能實現。從這一點來說，將 2 月此次會談稱為「大阪會議」，筆者並無異議。但這可能會給讀者的歷史觀帶來一種誤導：走向立憲制的第一步，是由「富國（殖產興業）派」的大久保所主導的。

實際上，大久保在終於避免對清開戰並回國後，失去了期待開戰的薩摩系陸海軍的支持。而在大久保處於孤立局面時，木戶和板垣（也就是憲法派和議會派）促使其同意走向立憲制，這才是歷史的真相。從這一角度而言，我們不能忘記另一個「大阪會議」——1 月 22 日「五人會談」——的重要性。

---

24 同上，頁 151。

㈣「公議輿論派」的分裂與「富國派」的全盛期

　　無論在甚麼時代，激進派與漸進派的合作都不會長久，1875 年 (明治八年) 亦是如此。8 月，板垣等激進派提出「應履行 2 月大阪盟約……確定組建真正國會的目標及時間」，試圖迫使木戶和井上接受。[25] 對此，木戶提出反論，強調天皇詔敕是要「漸次施行國家立憲，建立政體」。他在 9 月 1 日給井上馨的信件中也提到：「應緩緩而進，切莫過急。」[26]

　　此事招致雙方合作在 9 月底最終破裂。木戶認為，自己在「浪華之事 (指大阪會議) 為一生中之大失策，恐致罪過」，全面否定了大阪會議的內容。[27]

江華島事件

　　1875 年 9 月，就在激進派與漸進派因轉向立憲制問題而瀕於關係破裂之際，發生了江華島事件。如今，這一事件的真相在史料方面已經基本清晰。

　　1874 年 10 月，明治政府為日中之間關於台灣問題的對立劃上終止符。次年 2 月，明治政府又欲開闢日朝關係，派遣 10 名外務官員前往朝鮮。用今天的話說，就是要進行事務層級會談。但是，這一交涉進展困

25《古澤滋關係文書》，第三十一號。
26《世外井上公傳》，第二卷，頁 664。
27《伊藤博文關係文書》，第四卷，頁 270。

難。5 月，代表團副代表廣津弘信（外務省六等出仕）要求本國政府進行軍事示威，並發回如下電報：

> 我宜派遣一、二艘軍艦，在對州（對馬）與彼國之間往來出沒，測量海路。使彼方不知我意圖所在。[28]

至 7 月，日朝交涉陷於停滯，日本代表團大部分人員回國。日本海軍隨即開始實施廣津的提案，派遣以井上良馨為艦長的「雲揚」號測量艦前往朝鮮海域。9 月 20 日，「雲揚」號在江華島附近拋錨停泊，艦長等人乘坐小艇上岸前往當地草芝鎮，此時受到附近炮台的攻擊。井上立即回到艦上，在次日指揮攻擊江華島並登陸，22 日佔領永宗城。

直到今天，對於南北朝鮮國民的記憶而言，江華島事件與 35 年後日本吞併韓國之舉直接相關，是日本侵略朝鮮的第一步。[29] 即使對於了解此後歷史的日本人而言，也無法否認此中過程的前後淵源。此外，如今日本的史料亦可具體證明，江華島炮台攻擊「雲揚」號，完全是因為日方挑釁而引發的。

但如前所述，木戶孝允雖然已經在大阪會議後重返政權，但此前無論是在 1873 年「征韓論」討論時，還是在 1874 年出兵台灣時，他均曾持反對立場。同時，井上馨之所以努力促成木戶重返政權，其動機之一就是「今後不再有出兵朝鮮或與他國開戰之願」。包括木戶和井上馨在內的明治政府，卻一致推動江華島事件的發生，這其中有難以理解之處。

28《日本外交文書》，第八卷，頁 72。
29《日本與朝鮮半島 2000 年》，下卷，第 10 章。

而且，在事件發生之後，木戶的立場轉換為「對韓強硬論」。對於這種變化，木戶本人是這樣解釋的：

> （1873 年）征韓論起之時，臣深憂內治未洽，主張以內為先，以外為後。且（當時）朝鮮並無可伐之罪。如今其攻擊我軍艦，公然為敵。值此之際，雖我內治依然未為完備，但卻不可棄置外事於不顧，而僅視國內之事。臣之想法由此一變。[30]

木戶轉變的原因之一，是前述與民選議院派的決裂削弱了其權力基礎。此外，此前一年（1874 年）在台灣出兵之際未能對清開戰，讓鹿兒島的西鄉派和中央政府的軍部至為失落。在江華島事件發生後，他們的不滿再度高漲，這也推動了木戶的變化。

而且，此次不僅是西鄉隆盛率領的舊近衛兵，前藩主、左大臣島津久光也支持征韓論。這意味着，不僅是在中央政府中擔任要職的大久保利通等薩摩出身者，舊薩摩藩的上級、下級等士族也大多站在征韓論一邊。

江華島條約

大久保失去了舊薩摩藩的支持，陷於孤立；舊長州藩出身的木戶則失去了民選議院派的支持。對他們兩人而言，幾乎沒有甚麼可選擇的政策餘地。為了將正規軍從鹿兒島和各地不滿的士族手中剝離出來，只能採取對

30《日本外交文書》，第八卷，頁 125。

韓強硬政策，並在此前提下避免對韓戰爭。這也就是大久保和木戶所選擇的道路。

具體而言，為了與朝鮮政府交涉條約事宜，日本派遣了兼具軟硬兩面的使節團赴朝，全權代表是作為「鷹派」的薩摩軍人、人望深厚的黑田清隆，全權副使則是出身長州、作為「鴿派」且長期支持木戶的井上馨。在使節團中，將近半數隨員都是陸軍軍官。

這種人員搭配的動機，並非是筆者的揣測，而是源自大久保自身的初衷。1875 年（明治八年）12 月，他在給伊藤博文的書信中提及此事，只需看這段話，即可明白他的想法：

> 余至為關注井上（馨）之事……毋庸贅言，此番政府派遣使節之際，其意主在和平……祈望同氏奮力相助，盡力相輔……余亦與黑田深談，相信其不至以粗暴舉動貽誤大事，但人不免有長短之處，需以可資互補之人相助，此為政府應加注意之處。[31]

文中「人不免有長短之處」一段，體現了大久保的設想：黑田的「長處」一旦過度即成「粗暴」，極易將通商條約談判化為一場戰爭，由此才以井上馨作為副使相隨。

由此，總人數約 30 人的使節團以黑田為代表，以井上為副代表，分乘六艘軍艦，在 260 名士兵的保護下前往江華島。

以強大的軍事力量為基礎，談判簽署通商條約，這無疑是一種典型的

31《伊藤博文關係文書》，第三卷，頁 233。

「炮艦外交」。而且，此次談判締結的《江華島條約》（《日朝修好條約》）規定朝方主要港口開放，並允許日本人在當地自由居住。這曾是幕末時代歐美列強強加於日本的，而今日本又將其強加於韓國。當美國駐日公使抗議這一「炮艦外交」時，日本外務卿寺島宗則的回應是：「正如貴國培理提督到達下田後一樣，日本是出於和平之意簽署條約的。」[32]

不過，《江華島條約》中還有一處條款，不僅僅停留在「炮艦外交」的層面。該條約第一款提到：「朝鮮國自主之邦，保有與日本國平等之權。」在此處，日方的意圖並非強調「朝鮮國……保有與日本國平等之權」，而着重於「朝鮮國是自主之邦」。長期以來，朝鮮與中國清朝政府保持宗屬關係。在這一條約中強調朝鮮是「自主之邦」，為此後日中兩國之間關於朝鮮的矛盾埋下了伏筆。

1876 年（明治九年）3 月，《江華島條約》正式簽訂。雖然這一條約將在不久之後造成日清韓三國關係的新火種，但就日本國內而言，此舉為 1873 年以來「舊革命軍」主張的「外征論」劃上了句號——1874 年《日清兩國互換條款》消除了當面與清國衝突的因素，而 1876 年的《江華島條約》則解決了日韓兩國之間的爭端。

對於以西鄉隆盛為中心的「舊革命軍」而言，繼國內之「敵」以後，近鄰各國需要「征伐」之「敵」也不復存在。作為這一局面的明證，身為西鄉心腹的桐野利秋曾在 1877 年初批評道：「大先生（西鄉）等待外患以為機會之設想，已經過時。」[33]

32《日本外交文書》，第八卷，頁 153。
33《大久保利通關係文書》，第七卷，頁 496–497。

「外征派」與「憲法派」遇挫

對於與板垣退助等民選議院派分裂，轉而與大久保利通保持合作的木戶孝允等人而言，《江華島條約》也使其失去了存在的意義。確實，正如木戶期待的那樣，江華島事件沒有發展至「征韓論」的程度。對於曾在1873年反對西鄉「征韓」，1874年又反對大久保等人出兵台灣的木戶而言，這是沒有問題的。

但是，由於與「議會派」的分裂，木戶等人的「憲法制定論」已不再有1875年大阪會議時期的影響力。正如桐野利秋對「大先生」的批判那樣，在《江華島條約》締結之後，長期支持木戶並推動大阪會議成功的井上馨也有強烈的挫折感。

條約締結後，井上於4月2日致信木戶：「欲以真摯和平為第一目的，故揣不安之心境，身為黑田副官赴朝，以己之名譽為賭注，力求『平均論』而已。」[34] 這段文字體現了井上的複雜心境。書信之間，往往以寫信者與收信者有共通心境為前提，筆者作為第三方的解釋也許並不準確。但在筆者看來，井上「以己之名譽為賭注」擔任黑田的「副官」，正是要在好戰論與和平論之間做一「平衡」。

對於井上而言，就任全權副使可謂是「最後的奉公」。3月締約回國後，井上於4月受命考察歐洲各國財政金融情況，從此開始為期三年的出洋之行。這當然是井上強烈要求的結果。

此次外訪明顯是對井上「以己之名譽為賭注」的補償。但是，他之所以願意出洋三年，最重要的原因可以說來自一種挫折感：大阪會議前後

34《世外井上公傳》，第二卷，頁618。

「憲法派」與「議會派」的全盛時代已經結束。當桐野利秋因《江華島條約》而感到「外征派」陷入困境時，「憲法派」的井上馨也放棄了挽回局面的期望，踏上考察歐美之路。

大久保利通的時代

由於板垣退助等民選議院派在江華島事件爆發前脫離政權，此時政府核心為大久保利通所率「富國派」所掌握。就在「憲法派」井上奉命出洋的 4 月，身為參議兼內務卿的大久保向大政大臣提出建議，這就是著名的〈關於國本培養之建議書〉，可稱得上是「富國派」的綱領。

在建議書中，大久保強調，當時世界「有獨立之權、有自主之體，並立宇內，可稱帝國」的國家中，共通之處在於「實力」。他斷言，這一「實力」的本質並不在於「政令、法律、軍備、教育」，而在於「中外進出口的統計」。也就是說，產業力、經濟力才是「獨立」的「帝國」之基礎。

但是，在剛剛開始近代化的日本，要將產業發展完全託付給民間企業，顯然是不現實的。大久保認為，應當一方面承認以政府之手培育產業並非「政理正則」，一方面採取「時勢之變法」。[35] 如前所述，大久保曾於1872 年考察過英國工廠，這裏且引用他自己的話，說明其觀點：

> 如考察（日本）國務之形態，實力之多少，則維新以來改革之際，承積弱之基，民智未開，民業未進，故物力難稱殷盛，貿易往有失衡，財源未得開通，產量月漸減耗……誠宜開推民

---

35 佐藤誠三郎：《超越「死之跳躍」》，頁 184。

業，獎勵貿易，其間需巧用機會，厚養理財根基，廣拓營商利益。若政府不務此業，而全任之以民眾，則即使歷經數歲，亦難止衰勢，而陷於窮極之境。[36]

這一構想與二戰後亞洲很多國家出現的「獨裁型發展」極為類似。

不過，從 1873 年到 1876 年初的約兩年半時間裏，大久保並未能實踐其從歐美帶回的構想。這是因為在征韓論爭、出兵台灣及江華島事件等一連串對外爭端中，他未能抑制西鄉隆盛等「舊革命軍」宣導的「外征論」。大久保等人確實最為重視「發展」，但其權力基礎卻還遠達不到「獨裁」的程度。

對於大久保利通而言，1876 年 3 月的《江華島條約》是一個絕佳機會。在「外征派」與「憲法派」失意之際，只有「富國派」正當其時。

西南戰爭

但是，「富國派」的全盛期也不長久。這是因為西鄉隆盛等「外征派」最終並未「外征」，而是與日本政府進行了一場內戰。

對於西鄉隆盛等人的團體，本書曾有多種稱呼，如「戊辰軍團」、「舊近衛兵」、「舊革命軍」、「強兵派」及「外征派」等。筆者知道，如果對其用統一稱呼，將更為方便讀者的理解。但筆者想以這種遣詞方式，說明西鄉等人在各種時期的不同特點。

同時，筆者在表達上的不統一，也從另一方面說明了西鄉的人氣。戊

36《大久保利通文書》，第七卷，頁 79-80。

辰戰爭的經歷者、御親兵（近衛兵）的成員、認同征韓論的「不平士族」、台灣出兵的參與者、江華島事件的支持者，以及 1874 年〈民選議院設立建白書〉的共鳴者……當時對明治政府不滿的人，大多數都期待着西鄉隆盛的崛起。在「民選議院派」中居於最左翼的《評論新聞》曾於 1876 年1 月刊登過如下社論：

> 而今舉國之間，與政府方向相異者，或建黨結社，或提倡封建，或主張民權，如此隱然抗爭政府者不知千百萬人。然而，其力貧弱，其勢衰微，故常思與鹿兒島聯手從事，或問鹿兒島形勢如何，或詢西鄉近況如何。上述人等各自思論全然不同，但因不能抵抗政府勢力，故心意依賴於西鄉公。由此，當今天下不滿政府者已有結建鹿兒島黨之勢。

如前所述，因不滿政府對韓、對清外交軟弱而發生叛亂的可能性，在 1876 年時已不復存在。不過散佈於全國的不滿分子，確在期待西鄉的動作。

而且，在因征韓論爭落敗而回到鹿兒島後，西鄉還組織了強勁的私兵，這就是 1874 年 6 月創立的私學校。雖稱為「學校」，但實際分為槍隊學校和炮隊學校，前者由前近衛局長官筱原國幹率領，後者由舊薩摩藩炮兵隊負責人村田新八統率。此外，西鄉捐出了因戊辰戰功而獲得的賞賜典祿，建立了士官學校（幼年學校）。如果比較 1877 年西南戰爭時雙方的動員力（政府軍四萬六千人，西鄉軍三萬人），西鄉軍的劣勢明顯。但作為鹿兒島一縣的兵力，其規模是相當可觀的。

不僅如此，在政府軍內部，也存在西鄉的支持者。在島津久光身邊目

睹西鄉軍從鹿兒島「出征」的市來四郎曾在其《丁丑擾亂記》中記述道：

> （明治十年）二月十一（西鄉軍出征四天前），日出後雨，寒冷……西鄉曰：川村（純義）十之四五將在我方，熊本則有樺山資紀（鎮台參謀長）。我軍進軍肥境（熊本縣境）後，一、二大隊之鎮台兵將歸附於我。

> 淵邊（羣平）曰：除此之外，熊本士族（歸附者）亦可有三、四千人。佐賀、福岡、秋月、久留米之外，土佐、長州、鳥取、近江四地，甚或莊內、若松、石川縣等以應後繼蜂起……

> 大山（綱良，鹿兒島縣令）又曰：熊本應有盛宴料理相待；馬關（下關）將有川村等人迎接之汽船，可登乘詠花。[37]

這種樂觀預期之中，有些存在根據，但有些則全無憑據。例如，對「莊內、若松」士族即將支持的判斷就幼稚到了可笑的程度。對於戊辰戰爭之仇，兩藩士族所恨的對象，並非是政府一方的大久保和木戶，而正是西鄉及薩摩軍團。

不過，就在兩年多前出兵台灣時，海軍大輔（次官）川村純義曾是熱烈的西鄉崇拜者。而在出兵台灣之後，樺山資紀作為大久保全權代表隨員前往北京。西鄉等人當時曾期待樺山破壞談判、成為日清戰爭的導火線。如果是回到兩年多之前，那麼如下場景確屬可能：樺山拋棄谷幹城司令官，轉投西鄉軍；西鄉軍佔領熊本城後一舉抵達關門海峽，海軍大輔川村則率軍艦在此等候。

37《鹿兒島縣史料　西南戰爭》，第一卷，頁895。

然而，由於日清、日韓條約的締結，陸海軍正規部隊已無加入反叛軍隊的大義名分。無論是樺山還是川村，最終均未叛離政府軍。

叛亂的終結

　　西鄉軍對熊本城的進攻，是一場與時間的競賽。當時，為運送各地鎮台兵前往福岡，政府方面耗費了過多時間。在西鄉舉兵一周後，從神戶港到達博多的政府部隊，九個旅團中僅有兩個旅團抵達，總兵力不過約四千人而已。

　　但至 4 月初，熊本城已經堅持了 40 多天，政府部隊逐漸加強。熊本城中的官兵每天只吃兩餐粟米飯、一餐粥食，文官及其他人員只吃一餐粟米飯和一餐粥食，其守城作戰終於奏效。4 月 15 日，政府軍側翼增援部隊從八代口方向進入熊本城。隨後，已在博多至熊本途中阻滯政府軍正面部隊長達 40 餘天的西鄉軍全體向熊本以東的木山撤退。

　　自此時起，這場反亂就不再有勝利的可能性。不過，政府軍要完全擊敗西鄉軍，還需要五個多月時間。9 月 24 日，西鄉軍的最後成員全部自盡或投降，此時距其從鹿兒島出征已過去了七個多月。

　　雖然勝負局面已定，但全面勝利所需時間仍需五個多月，其中最重要的原因就是西鄉軍的「剽悍」——這支軍隊有五分之一的成員是戊辰戰爭老兵。

　　實際上，政府首腦們原本就對 1873 年（明治六年）1 月開始的徵兵制效果缺乏自信。政府雖然實現了三年徵召訓練三萬農民出身士兵的目標，但從未想過要在隨後與曾有過十個月內戰經歷的薩摩軍團交戰。1877 年 3 月 13 日，就在熊本城攻防戰持續之際，右大臣岩倉具視不安地寫道：

> 小生深知西陸之賊彪悍奮勇，無懼生死。今之上策，當依城柵而以器械拒之。觀目下戰況，散兵、射擊、刀術、接戰等均為彼之長處。我軍將校士官之能力勝過彼之十倍，但徵募士兵之力，難敵彼所之長。[38]

換句話說，徵兵制徵召而來的農民士兵，如果在熊本城外與西鄉軍團作戰，絕非其對手。因此只能在城內依託工事以槍炮防禦。

正是由於這種作戰能力的差距，此後與西鄉軍的戰爭又持續了五個多月。在最後一戰——進攻城山時，西鄉軍僅有 372 人，而實施包圍的政府軍有四個旅團、約 12,000 人之眾。如此延續七個月的西南戰爭消耗政府戰費超過 4,100 萬日圓。為籌措資金，政府發行了 4,200 多萬日圓的不兌現紙幣。

「富國派」的勝利

由於西南戰爭的勝利，繼排除「議會派」、「憲法派」之後，以大久保利通為中心的政府又成功壓制了「強兵派」。「富國派」迎來了全盛時代，也迎來了以「殖產興業」為中心的時代。如上提及，戰爭中發行的 4,200 萬日圓不兌現紙幣，造成政府財政惡化。而日本當時依賴於進口工業製成品，作為赤字公債發行不兌現紙幣，又造成國際收支的惡化。這種局面造成「富國派」的全盛期僅能維持有限時間。

在 19 世紀 70 年代後期，「富國派」全盛之勢，可以從陸軍省 1878 年

---

38 《大久保利通關係文書》，第八卷，第 16–17 頁，着重號為著者所加。

（明治十一年）預算要求書中略見一斑：

> 內務、工部二省勸進農工商業，或興電信鐵道事業之際，
> 頗需費用。但如經歷數年，其收益即可補償投費，官民之間亦
> 可獲利。唯獨陸軍之費與此相異，正如擲入水火之中一般，即
> 便有數年之功，亦無分毫之利。是故若僅算賬目，幾乎是無用
> 之物，或有議應解散軍隊者。[39]

當然，這段文字只是針對當時議論的引文，陸軍省接下來就提到：「邦
內雖稍平靜，但察東洋近日形勢，尚非太平無事之時。」但是，陸軍省在
提出預算時如此低聲下氣，並非只是客套。1877 年末，日清、日韓爭端
已經解決，鹿兒島的西鄉軍團已被肅清，此時就連陸軍也不得不承認「殖
產興業」是國家的最優先課題。

「殖產興業」的第一步，就是 1878 年 5 月發行的起業公債，實際收入
為 1,000 萬日圓（票面價格 1,250 萬日圓）。

這 1,000 萬日圓大部分都投入了工部省管轄的鐵道事業，以及內務省
管轄的道路、港灣事業。當時，後來的東海道鐵路線僅僅開通了新橋與橫
濱、大阪與神戶之間的兩段，東京與大阪之間只能以航運相連。因此，流
通網路的擴充，是「殖產興業」的大前提。

內務省還使用常規預算，從英國採購了兩套近代紡織設備，並進一步
發展日本自己的傳統產業。前者意在減少進口棉織品，後者則意在擴大
出口。

39《大隈文書》，第三卷，第 336 頁。

雙赤字

但是，在大久保死後兩年，其「殖產興業」政策卻陷入困境，起因是原本與之並無直接關係的稅收減少。截至 1887 年（明治十年），日本的直接稅只有對土地所有者徵收的「地租」，而且採用固定稅額制度。在 1873 年至 1880 年之間實施的「地租改正」期間，土地所有者獲得標記明確稅額的「地券」。在此制度下，稅金與物價之間關係缺乏彈性。不景氣時，財政相對寬裕，而在景氣向好時，實際租稅反而減少。若是極端描述的話，在此體制下，如果為了財政的收支平衡，毋寧採用通縮政策。

而且，自西南戰爭開始，政府的財政方針都指向了通脹方向，如發行不兌現紙幣、起業公債等。在當時的日本，繳納地租者大多是以稻米為業的地主。一旦米價上漲，則政府受損，地主獲益。在西南戰爭的前一年（1876 年），一石米價格為 5.13 日圓，而到了 1880 年，已經漲至 10.57 日圓，僅僅在四年內就翻了一番多。由於地租稅額未變，地主的實質收入增加了約 50%（相當於實際上的減稅），而政府的實質稅收則減少約 50%。

政府稅收劇減，對外體現於日圓信用下降，進口產品價格暴漲。如果是在廿一世紀，對於依賴於出口的日本而言，「日圓貶值」意味着景氣良好；但在當時，日本依賴進口武器、紡織設備和綿絲製品，日圓貶值就意味着對外收支的惡化。1880 年，日本已經苦惱於財政和國際收支的「雙赤字」。

1878 年（明治十一年）5 月，「富國派」中心人物大久保利通遭到暗殺。此後，「殖產興業」政策的重擔落在了「三駕馬車」身上——大藏卿大限重信、（北海道）開拓長官黑田清隆，以及大阪財界中心人物、薩摩出身的五代友厚。

修改地租的問題點

在三人之中，五代友厚對於地租制度的弱點有痛切認識。1880 年（明治十三年）8 月，應黑田之約，五代友厚起草了題為〈米納論〉的意見書，其中指出：政府財政危機最大的原因，正是 1873 年《地租改正條例》造成地租固定稅化。他在文中提到：

> 以今日之見，地租改正為明治政府財政之大失策。改正之後，唯獨農戶獲益，累積巨富。據今之調查……以目下米價計算，農戶繳納稅金僅為舊額之十分之一，其所得餘裕已出其望，農戶之富已愈鮮明。[40]

要說納稅額僅有舊時額度的十分之一，或許是有些誇張。

但是，就在 1877 年 1 月，也就是在西鄉反亂前夕，由於擔心西南戰爭與反對地租改正的農民運動同時爆發，亦即擔心士族反亂與農民暴動同時發生，明治政府下調了地租率，將其從地價的 3% 降至 2.5%。這使得地租只有此前的六分之五。如果按照前文所述，米價翻一番造成約 50% 的實質減稅，則 1880 年的地租稅負水平大概是地租改正政策實施時的約 42%。而且，國稅中的地租減少，也會帶來地稅中地租部分減少。所以，雖說「十分之一」言過其實，但減至「十分之三」卻是大致實情。

而且，無論是任何時代，國民在富裕之後都會購買過去買不起的進口製品。五代友厚認為，1879 年至 1880 年，日本農民已經開始購買進口的歐美製造高級衣料。「農民獲此收益，衣食趨向奢侈，餘裕錢財用於競購

40《五代友厚傳記資料》，第四卷，頁 159。

進口品……而此又立即導致進出口之失衡。」[41]

由此，黑田清隆（以及五代友厚）認為，1880 年前後貿易赤字的主要原因是實質減稅形成的富裕農村地主羣體開始購買外國產品。對此，當時也有不少反對意見，如認為政府採購的外國產品花費遠多於此，包括西南戰爭時期購買武器彈藥，為殖產興業而採購機械設備等。其中代表就是財政緊縮論者、參議兼工部卿井上馨。

但是，雙方爭論的關鍵並不在此，而是在於：作為明治政府在稅制方面的重大改革，地租改正政策在實際「運用」時成為政府財政困境的原因之一。正如五代友厚起草的意見書所示，當時的時代課題已經從「建設」轉向了「運用」。

「富國派」的挫折

由於為西南戰爭籌措戰費，以及物價上漲帶來地租收入的實質減半，明治政府陷入財政危機。要解決這一問題，最簡單有效的辦法就是增加地租稅收。但是，明治政府治下的國家並非獨裁國家。宣導「強兵」者、重視「富國」者、提倡「憲法」者，以及關注「議會」者，這些力量根據不同時期的情況形成不同組合，進而營運政府，這使得明治政府成為一種「彈性結構」的政府。[42]

不過，根據筆者與比較經濟史學者齋藤修通信討論的結果，即使明治國家是獨裁國家，增加地租稅金恐怕也有困難。地租只是一種直接稅，其

41 同上，同頁。
42 參見阪野潤治、大野健一：《明治維新》。

增稅物件包括從北海道到沖繩的全部有地農戶。在納稅者之間不存在利益對立關係。即使是普通的「獨裁國家」，也難以簡單實施這樣的政策。

誠如五代友厚所說，站在為政者的立場，制定一種完全無法增稅的租稅制度，可能確實是「明治政府財政之大失策」。

面對巨額的不兌現紙幣、物價上漲帶來的實質稅收減少，又難以增稅，這使得「富國派」實際上已難以為繼。1880 年（明治十三年）11 月，政府同時公佈了太政官佈告第 48 號（削減港灣、道路和治水費用）、《工廠出售條例》（將水泥、礦山、紡織、造船等官營事業出售與民間），這象徵着「富國派」的挫折。

「富國派」、「強兵派」、「憲法派」、「議會派」，「建設的時代」以四者路線對立為基軸，而這一時代最終於 1880 年結束。

第四章

運用的時代

(1880–1893)

一 農民參與政治

「士族民權」的不振

在前三章討論的「改革」、「革命」、「建設」三個時代中，主角一直是武士，農民的聲音只在遊行示威等少數情況下能得到反映。

但是從 1880 年（明治十三年）左右開始，無視農民的聲音就無法維持穩定統治了。

原因是在前一章介紹的〈民選議院設立建白書〉中有以下一節所謂「意想不到」的內容。即「對人民，政府負有繳納租稅義務者，對政府之事擁有知情權和批准權。」前一章中已經提到，當時的直接國稅只有地租，因此這裏說的「負有繳納租稅義務者」指的就是自耕農和農村地主，不包括士族。幕末以來提倡「武士議會」的土佐派的領導人，不小心成了否定自身特權的「農民議會」的宣導者。

在 1874 年時尚只停留在書面的「農民議會論」隨着 1880 年前後農民開始漸漸富裕而具有了現實意味。變富了的農民不僅日用品都想要購買外國貨，還希望作為「納稅人」將自身的意見反映於政治。

1874 年〈民選議院設立建白書〉發表之後，板垣退助等土佐派的士族就在老家高知縣設立了民權結社——「立志社」。他們希望同樣的民權結社擴展到全國各地，因此在次年 1875 年成立了全國性領導機構愛國社，但出席愛國社成立大會的僅有少數士族結社。

板垣監修的《自由黨史》對成立大會做了如下記述：

當時與會志士不過數十名。（中略）會盟者，絕非富豪縉紳之人，但乃單槍匹馬、僅以赤誠之心許國的士族之徒。愛國社成立景況如此，未能達甚好結果。即便設總部於東京也未嘗能得維持之資，因此爾後數年或陷於解散命運也是無可奈何。

上述體現的「士族不振」在 1878 年 9 月「愛國社再興大會」在大阪召開時依然如故。參加的僅有士族，且均來自愛知縣以西（高知、佐賀、和歌山、久留米、岡山、松山、鳥取、愛知、熊本、高松），關東以北無一參加者，農民結社更無一名代表參加。

愛國社的性質開始發生變化是從 1879 年 11 月的第三次大會開始。福島縣和福井縣的上層農民結社的代表出席了本次大會，這對愛國社運動的方向產生了影響。

年表 4

年代	事件
1874 年（明治七年）	立志社創立。
1875 年（明治八年）	以立志社為中心的愛國社創立。
1877 年（明治十年）	立志社建白。
1878 年（明治十一年）	立志社；愛國社再興的全國演說；愛國社第一次大會。
1879 年（明治十二年）	愛國社第二次大會；河野廣中訪問土佐；愛國社第三次大會。
1880 年（明治十三年）	交詢社發會式；國會期成同盟第一次大會；片岡健吉和河野廣中等提出國會開設請願書；國會期成同盟第二次大會。
1881 年（明治十四年）	大隈重信憲法制定和設立國會的奏議；交詢社〈私擬憲法〉；井上毅〈憲法意見〉；開拓使官有物變賣問題；植木枝盛〈日本國憲法草案〉；明治十四年政變（大隈下野）；國會開設之勅諭；自由黨組成；松方財政開始（1881–1886）。

河野廣中訪問土佐

河野廣中作為福島縣的農民社團石陽社（1875 年成立，會員約 200 人）和三師社（1877 年成立，會員約 80 名）的代表出席大會，在「農民民權」開始向「士族民權」表達的主張上有重要意義。

石陽社決定派河野前往高知縣與民權運動的魁首土佐立志社聯合是在 1878 年（明治十一年）7 月，但這一計劃實施卻是在整整一年之後的 1879 年 8 月。[1] 同年 6 月石陽社社員總代表交給河野的「委任證」上寫道：「為了履行明治十一年七月二十四日的決議，此次委任河野廣中以左之許可權，全權代表本社與愛國和立志兩社協商，修正明治十一年七月二十四日之決議。」[2]

延期一年的理由不得而知，不過 1879 年 8 月河野前往高知縣時，三師社給予其高達 1,000 日圓的差旅費。從米價飆升的趨勢看，在一年前作此決定時，石陽和三師兩社可能都無法擠出這筆費用。

距今 130 多年前的 1879 年的 1,000 日圓在今天相當於多少錢，實在難以正確折算，但有資料顯示兩年後的 1881 年一份蕎麥麵的價格是 1 錢 2 厘。[3] 今天一份蕎麥麵售價約為 550 日圓，是 1881 年的 46,000 倍，也就是說河野的差旅費 1,000 日圓相當於約 4,600 萬日圓。這一數字令人難以置信，因此河野在日記中記載的「金五十鎰」（一鎰為 20 兩，兩即元）中的「鎰」可能是誤記。

這裏不再深究，總之可以推測河野的差旅費還是相當可觀的，也讓人

1　莊司吉之助：《日本政社政黨發達史》，頁 51–55。
2　同前書，頁 52。
3　加藤秀俊：《明治・大正・昭和世相史》，頁 84。

聯想起上一章結尾介紹的五代友厚的地租修正反省論中「由於地租制度修改，農民受益巨大，財富積累令人吃驚」一節。

不過雖然差旅費豐厚，但在 1879 年通火車的僅有新橋到橫濱，以及神戶到大阪之間，因此從福島前往高知是我們今天難以想像的難事。

河野 8 月 21 日從石川出發，真正的旅途則開始於 24 日。當天早晨 6 點半他從白阪出發，夜晚 8 點抵達鬼怒川的阿久津。30 歲生日當天他在雨中徒步走了 14 個小時。次日坐早晨 5 點啟程的船從鬼怒川順流而下，下午 3 點在久保田下船，馬上僱車於下午 8 點抵達江戶川河畔，並搭上 9 點開的船。在船上休息一夜於次日 26 日正午抵達日本橋小綱町下船。

從 25 日早晨 5 點到 26 日正午，整整 31 個小時的「舟車」勞頓，但還遠未抵達目的地高知，而只是到了中轉地東京。這突顯出東京以北地區的交通是何等不便，同時也折射出參與「民選議院」的農村青年的熱忱。隨着農民漸漸富裕起來，其參政熱情也日益提高。

就交通便利性而言，從東京經大阪到土佐立志社所在的高知去，要簡單得多。河野投宿在東京品川附近的田町，因此從品川坐火車到橫濱，再從橫濱坐汽船到神戶，從神戶坐火車抵達大阪。他在大阪停留三天之後坐火車返回神戶，從神戶搭乘汽船前往高知。往返福島和東京，徒步加火車與坐船有雲泥之差。順便提一句，河野記錄了「僱車」，此處的車指的是甚麼，需要相關領域專家指點。本節的主題是「農民參政」，考慮到東北、北陸是傳統稻米產區，所以河野訪問高知也是交通網未整備的關東和東北地區居民參政的一個側面。

回到主題，於 9 月下旬抵達高知的河野與以板垣退助為首的立志會的要人進行了多輪會談。河野的目的是希望立志社承認福島的兩大農民社團

（石陽社和三師社）在東北、北陸地區農民運動中的領導地位，以及讓立志社同意在預定 11 月舉行的愛國社第三屆大會上，將開設國會作為全國農民社團的統一意見，向天皇請願。立志社對後者持積極態度，但對前者比較消極。

對後者態度積極很容易理解。對於此前在東京以北地區完全沒有地盤的士族社團立志社及其全國性組織愛國社（位於大阪）而言，從福島遠道而來的農民社團代表表示要配合「要求開設國會運動」，沒有理由不歡迎。

但對於前者，立志社持消極態度有兩大原因。第一是這將導致立志社在「要求國會開設運動」中的核心領導地位降低。如果承認福島的河野等人成立的社團為東北、北陸地區各社團的核心，則愛國社將分裂為東西兩部分。

另一大原因是，農民參政意願隨着農村富裕化擴大並不僅僅是福島獨有的現象。立志社副社長西山志澄告知河野，茨城和青森的農民社團已經向愛國社申請加入。立志社希望自己來統攝蓬勃發展的關東、東北地區的農民社團。

9 月河野訪問高知時萌芽的，新加入「國會開設運動」的農民社團與民權正統立志社和愛國社之間的勢力之爭，在 11 月 6 日的愛國社第三屆大會上體現得淋漓盡致。

士族民權與農民民權

第三屆大會最重要的課題是召集儘可能多的社團，於翌年 1880 年（明治十三年）召開會議，以「向天皇陛下請願在我帝國開設國會」。意見分為兩派，一種是將 1880 年的會議作為愛國社的第四屆大會，以愛國

社的名義向天皇請願，一種是與愛國社分開來，專門圍繞請願召開的另一會議。

值得注意的是，與福島的石陽社同為農民社團代表的福井縣的自鄉社（代表為杉田定一）表態說：「請願一事，單以愛國社之名義有失偏頗，將令單打獨鬥的有志者失望。」。[4] 簡單地說，就是新加入的農民社團代表要求與士族社團為中心的愛國社分離開來，單以開設國會請願來團結更多有志者，於次年 3 月召開會議。

這裏省略詳細過程，總之次年 3 月在愛國社大會之外另起爐灶召開了「國會期成同盟大會」，會上聚集的全國 72 個社團的代表聯名簽署了〈請上允可開設國會之請願書〉。72 名代表中有 29 名有明確記載為平民。士族不可能主動放棄代表前武士的士族身份，所以既未標明是平民也未標明是士族的六名也應該是平民，平民加起來佔到約半數的 35 人。以 1883 年 3 月的「國會期成同盟大會」為契機，「士族民權」和「農民民權」將「要求開設國會運動」分成了兩股勢力。

「農民民權」崛起使幕末以來的「議會論」和 1872 年（明治五年）以來的「憲法論」不得不從根本上進行修改。

即使是日本視為近代國家範本的歐美發達國家，引入普選制也是在二十世紀以後，也就是日本成立「國會期成同盟」以後很久。何況在剛致力於進入近代國家行列的明治日本，必然對選民資格嚴格設限。幕末以來的「議會論」不成文地將這一資格限於「武士＝士族」。但 1874 年（明治七年）1 月的〈民選議院設立建白書〉中著名的一節「人民，也即對政府負

4　前述莊司著作，頁 103。

有納稅義務者，有權知曉和批准政府之事」的實現速度大大超過了簽署這一文件的八名士族的預期。

如果不能用「士族」這一身份來圈定選民，那就只能就在納稅額上設限來達成了。這樣選民就可以限於繳納一定地租者。當時除了地租沒有直接國稅，因此選民多為農村地主也就是必然了。

自覺到這一事實的瞬間，明治政府內部的要求制定憲法者和要求開設議會者都不得不做出重大的方向轉變。因為如果開設國會，農村地主就會成為主要選民，在國會的首要要求必然是減輕他們的專屬負擔「地租」。只要議會不是完全不負責任，就必須會在減輕地租之前要求政府削減財政支出。為了制衡立憲過度者（自上而下的民主化）的訴求，明治政府內部有共識，認為須建立一種議會無法減輕地租和削減財政支出的體制。

從江戶時代到明治初年，農村地主除了極為偶然的情況以外沒有參政途徑，因此農村地主要求開設國會的運動乍看之下不應屬於「運用時代」，而應包含在建設時代「之中」。但「建設」時代主要是「士族議會」的建設，「農民議會」是這一時代預想之外的。明治政府不得不從「運用」的觀點重新考慮尚未出台的「憲法」和「議會」的性格。西南戰爭之後的物價飛漲令「殖產興業」政策受挫，政府財政不得不轉攻為守。與此相同，農民參政也令明治政府對「憲法」和「議會」的態度變得保守、重視「運用」。

㊁「富國」路線之挫折及立憲政體構想之分化

財政論與憲法論的關係

　　如果在日益富裕的農村地主風風火火開展國會開設運動時增徵地租，可能會導致明治政府崩潰。參議兼大藏卿大隈重信 1880 年（明治十三年）5 月提出替代方案——發行 5,000 萬日圓的外債。但在當時的地租制度下，稅收隨物價上漲而減少，政府收入明顯下降，無望償還外債。同年 8 月天皇的親信反對該方案時並未發現地租、景氣與政府財政的相關性，但總之反對的結果是正確的。

　　在景氣良好則稅收減少的地租制度下，健全財政的唯一途徑就是通過政府之手造成不景氣。那就是 1882 年（明治十五年）開始，1886 年（明治十九年）結束的長達四年多的「松方通縮」。

　　大久保利通遭暗殺後繼承其「殖產興業」路線的大隈重信，與因「松方通縮」廣為人知的松方正義內閣的緊縮政策之間，如果詳細追究也不是完全沒有共通之處。比如在消化西南戰爭期間發行的 4,000 餘萬日圓不兌現紙幣的問題上，大隈財政下也消化了其中的四分之一以上，和松方財政時期的消化規模差不多。

　　不過根據財政學者室山義正的《松方財政研究》，兩者的根本差異在於通過消化不兌現紙幣獲得的財源是再投入「殖產興業」，還是作為一般財政收入，將剩餘部分以黃金或白銀貨幣積攢下來。根據室山的研究，大隈財政下沒有減少紙幣流通量，這也是大隈財政期間物價停漲之後也沒有

下降的原因。

　　相反，在將消化不兌現幣的收入作為一般財政收入的松方財政下，紙幣流通量減少，其結果是物價下跌。[5] 從對政府的實際收入和農村地主的收入有直接影響的米價來看，松方執掌財政以前的 1880 年的東京批發米價為一石 10.59 日圓，松方執掌財政三年之後的 1884 年下降到一石 5.29 日圓。米價在三年間下降了一半。

自上而下設立國會

　　從大隈財政到松方財政的轉變，使政府財政和農民生活發生了急劇變化，但這一轉變本身卻花費了一年以上的時間。從 1880 年 8 月天皇否決大隈提議的發行 5,000 萬日圓外債的方案，到次年 1881 年（明治十三年）8 月發生政變大隈被罷免參議的 17 個月之間，大隈一直是明治政府的核心領導者。

　　由於無法發行外債，大隈財政之下不會進一步發生通脹，但物價卻居高不下。農民地主因此得以保持富裕，在 1880 年 3 月到 1881 年 10 月之間的一年半之中一直要求開設國會。

　　為了使通脹狀態和農民地主開設國會的要求都繼續存在，大隈提議「自上而下」開設國會。如果在松方那樣的緊縮政策下開設國會，農民就會要求減輕地租來填補米價下跌造成的實際稅金增加，也會在新開設的國會上持續提出這一要求。政府和國會將年年圍繞稅制對立，向憲政制過渡將使內政的混亂制度化。因此松方的緊縮政策與開設國會是無法並存的。

5　同前書，頁 188-189。

與此相反，在地租實際減半的大隈財政之下，農村地主不會進一步要求減稅。阪垣退助等「士族民權」派對地租問題當然漠不關心，「農民民權」派也在松方通縮之前也沒有要求減輕地租。因河野廣中而著名的福島縣的農民社團（三師社）的國會開設白皮書（1880年）證實了這一點。其中有如下一段話：

當前人民基本休養生息，與列藩橫斂之時相比綽綽有餘力。（中略）已可謂之富，而非謂之貧。因此政府如果政法得宜，即便是增加租稅，民眾也會欣然同意。而何謂政法得宜？即設國會讓廣大人民諮議大政。[6]

1880年的「農民民權」派也認同了前章介紹的明治政府一方的五代友厚的農民富裕化論。

找不到資料證明其他農民結社也同意三師社關於只要開設國會，農民就會同意增徵地租的主張。但有很多資料證明農民結社的要求並非減輕地租稅，而是參政。

這樣一來，作為在維持通脹的同時推進殖產興業政策的代價，儘早開設國會這一「自上而下開設國會路線」就成為明治政府的一大可行選項。1881年3月大隈重信經由左大臣向天皇上奏如下：

第一，應公佈開設國議院的具體年月；
第二，政府的重要官職任命應考慮國人的意向；

---

6 《明治建白書集成》，第六卷，頁341。

第三，應區分政黨官和永久官；

第四，應根據天皇的裁斷來制定憲法；

第五，應在明治十五年底舉行議員選舉，十六年初開設國議院；

第六，應確定施政方針。

無需概括，大隈的主張就是用一至二年在天皇的名義下制定憲法（欽定憲法），用二至三年開設議會，同時提出議會內閣制構想，即內閣由在國會佔多數的政黨來組建。

大隈重信對憲法之意見

話雖如此，但當時的明治政府沒有組建政黨，如果依照這一提議，則政府自身不得不建立一個執政黨。從這一點上來說，第六條的「應確定施政方針」具有重要意義。大隈對此作了如下說明：

> 如前所述，立憲政體既定，則應察國人之輿論願望任用政府官員，也即應該成立政黨。欲成立政黨之時，必須確定其施政方針。因此若現今要成立一派政黨組建內閣，則最為緊要之事乃確定施政方針。因此切望公佈國議院設立年月之後，立即確定現任內閣之施政方針。此為重信關於施政方針之見解。[7]

「欲成立政黨之時，必須確定其施政方針。」這一論述在 130 多年後

---

7 同前書，頁 135。

的今天仍然令言論界沸騰。「政治」這一事物的進步是非常緩慢的。但此處的問題不在於此。大隈重信要求天皇明示開設國會的時間和制定欽定憲法時，是希望組建政黨和內閣的。

大隈與慶應義塾的創立者福澤諭吉私交甚深，大隈的這一奏議的起草者就是福澤的高弟太政官權大書記官矢野文雄。並且福澤和矢野都是交詢社的中心人物。該社是由 1,600 多名從慶應義塾畢業，在官界、財界、言論界活躍的精英結成的。交詢社呼應大隈的奏議，在《交詢雜誌》上發表了〈私擬憲法案〉，將大隈作為目標的「欽定憲法」的內容對一般民眾公開。

但即便在政府內部和財界、言論界擁有影響力，並且已經有制定好的憲法草案，也還是無法成立政府政黨。於是大隈、福澤寄望於「農民民權」派的支持。

前面已經提到，1880 年（明治十三年）3 月的民權派大會不是作為「士族民權」派的愛國社的第四屆大會，而是作為「國會期成同盟會」的第一屆大會召開的。在大會通過的國會開設請願書上署名者的約一半都是「平民」，也即農村地主，他們在經濟上已經非常滿足，也完全沒有通過開設國會要求減輕地租的想法。這一「國會期成同盟」於 1880 年 11 月召開第二次大會以後，決定在一年後召開第三屆大會之前由各社起草憲法草案，並在第三屆大會上進行匯總。

雖然第二屆大會上聚集的全國的農民社團代表都熱心要求開設國會，但憲法草案不是誰都能起草的。正當這時，福澤諭吉派起草的憲法草案在《交詢雜誌》、《郵便報知新聞》（5 月）上發表。當然不能完全照抄，但可以作為參照，第一章〈皇權〉、第二章〈內閣〉、第三章〈元老院〉（上院）、第四章〈國會院〉（下院）、第五章〈審判〉（司法權獨立）、第六章〈民

權〉（信教、言論自由）、第七章〈憲法修改〉，這是一部多達 79 條、結構完整的憲法草案。九年後的 1889 年（明治二十二年）2 月頒佈的《大日本帝國憲法》雖然在精神上與這一草案完全相反，但體裁原型卻來自於此，可見該草案形式之井然有條。

對大隈路線的批判

從「士族民權」分離出來的「農民民權」與福澤的《交詢社私擬憲法》之間的聯繫，令保守派的法制官僚井上毅（太政官權大書記官）感到強烈警惕。1881 年（明治十四年）7 月井上在致參議伊藤博文的信中論述道：

> 去年國會請願之徒決未安靜回歸原地，據各地方報告，均變為憲法考究支持者，其憲法考究即以福澤之私擬憲法為主幹，因此福澤之交詢社得以籠絡今日全國之多數，成為其約定組建政黨之最大武器，其勢力於無形間發生影響，冥冥中潛入人之腦海發酵。其主倡者如同率十萬精兵行於無人之野。[8]

參議大隈重信的國會開設論不僅得到 1,600 多名交詢社成員支持，還可能與集結在「國會期成同盟」之下的全國「農民民權」社團扯上關係。

井上的這封寫於 1881 年 7 月的書信具有重大意義。前面已經提到，同一時期大隈在財政政策方面也受到松方正義的挑戰。但還不至於形成松方與井上一邊交換意見，一邊用財政論和憲法論夾擊大隈的局面。前面已經多次指出，松方的緊縮政策與農民民權無法並存。如果政府採用松方將

---

8 《井上毅傳・史料篇第四》，頁 47。

農民的租稅負擔增加一倍的主張，則在國會論和憲法論上都需要有相應的政策。於是，與大隈同為明治政府核心領導人的伊藤博文在財政上受到松方正義的逼迫，在憲法論上受到井上毅的逼迫，必須與大隈路線訣別。

太政官權大書記官井上毅批評大隈重信和福澤諭吉的議院內閣制論並開始籌劃對抗方案，是在 1881 年 6 月。之前介紹過的大隈奏議是提交給左大臣有棲川宮熾仁的，因此除了太政大臣三條實美之外，右大臣岩倉具視也是到了 6 月初才知道其內容。大隈的同僚伊藤博文知曉其內容是在 6 月 27 日，伊藤親自抄寫了奏議內容，並在結尾記錄道：「明治十四年六月二十七日乞三條太政大臣自陛下處借來，一讀之後抄錄如上。」[9] 大隈重信的奏議經左大臣呈交給天皇，但右大臣岩倉具視和參議伊藤博文都是直到同年 6 月才知道奏議內容。

岩倉知道奏議內容的具體時間不得而知，但在井上毅 6 月 14 日致岩倉的書信中寫有「前日賜秘書後，潛心熟考」，因此可知岩倉大概在 6 月初得到了奏議內容，並向井上展示尋求意見。

不論如何，從 1881 年 6 月初開始，岩倉等人已經開始着手制定應對大隈的憲法和國會論的方案。當時，井上將兩年前刊發的福澤諭吉的《民情一新》送給岩倉，提醒岩倉注意大隈背後是福澤諭吉，這一點也很重要。

井上毅對憲法之意見

以上是在日本近代史研究者中眾所周知的內容，這裏再次敍述是希望強調日本近代史從「建設時代」轉向「運用時代」是在 1881 年（明治十四

9　《伊藤博文傳》，中卷，頁 994。

年）中期，其核心人物財政方面是松方正義，憲法論方面是井上毅。

政府內部為大隈派官僚，政府外部是福澤諭吉的交詢社，和與這兩者有聯繫的「農民民權」相對抗的井上毅的憲法和議會論；一邊贊成將內閣放在政黨之外，一邊贊成將內閣置於政黨之上。無需多言，這與松方的緊縮政策是一對一的對應關係。

1881 年 6 月，井上向右大臣岩倉提交了分為三部分的《憲法意見》，它成為八年後公佈的《大日本帝國憲法》的骨架。

《憲法意見（第一）》中提倡採取皇帝和行政政府許可權高於議會的德國型君主立憲，而不是大隈、福澤提倡的英國型議會內閣制。前面已經提到，這種德國型君主立憲構想是由 1872 年到 1873 年岩倉使節團訪問歐洲時，木戶孝允提出的構想的發展，但比木戶的構想要詳細很多。它首先批評大隈、福澤提出的英國型君主立憲實際上是架空君主的議會內閣制：

> 國王首先會受到議會多數派的制約，只能聽憑政黨之勝敗，宣佈勝利一方之成說，時左時右如風中之旗。因此名義上行政權專屬於國王，但實際則在議會政黨把握之中。名義上國王與議會分掌主權，實際則主權皆屬於議會，國王徒有虛器。[10]

接下來井上論述道，德國型的君主立憲中君主與議會的關係正相反：

> 與之相反，普魯士之類君主立憲則是國王不僅統率國民，還理國政，立法權雖與議會分掌，但行政權完全在國王一手掌

10《井上毅傳・史料篇第一》，頁 226。

握。不拘議會政黨多少，國王都擁有任用宰相執政之許可權。[11]

為了便於理解，筆者採用了「德國型」君主立憲的說法，但很明顯井上作為範本的是德國最大州普魯士的君主立憲。

井上的《憲法意見（二）》對為了實現「不拘議會政黨多少，國王都擁有任用宰相執政之許可權」應制定哪些必要憲法條款做了論述：

第一，在憲法中明文記載天子對大臣以下諸官吏有任免及升遷之許可權。[12]

八年後公佈的《大日本帝國憲法》（以下簡稱為明治憲法）的第 10 條完全採用了井上的主張，明確寫入「天皇規定行政各部官制及文武官之俸祿，進行文武官員任免」。以伊藤博文名義刊發（實際為井上自身執筆）的《大日本帝國憲法義解》中明確提到，此處的「文武官」包括總理大臣以下閣僚。

第二，於憲法中規定宰相之責任，有連帶之情況應明確各個分擔場合。[13]

井上的這一主張也被明治憲法照搬，成為臭名昭著的「國務大臣單獨責任制（無責任體制）」，也即第 55 條的「賦予國務各大臣輔弼之責任」。[14]

---

11 同前書，頁 226。
12 同前書，頁 228。
13《井上毅傳・史料篇第一》，頁 229。
14《憲法義解》，頁 84。

維持現行稅制論

第三點有井上自身的草稿和修正案,而採用哪一方意義將完全不同。下面首先引用修正的正文:

> 在憲法上必須效仿左記的普國憲法一條(普國憲法第百九條規定現行租稅在將來依舊有效)。[15]

明治憲法中沒有這一條。明治政府的權力基礎沒有強大到能夠在憲法中明確寫入「即使制定憲法召開議會,也不准變更租稅制度」,反而言之也就是說 1880 到 1881 的國會期成同盟下集結的納稅者的力量沒有弱小到允許制定這樣的條款。

但對於以呼應松方的緊縮政策的形式登場的憲法學者井上毅而言,這才是其真實想法。其預期如果召開議會,就會湧入一批農村地主,他們苦於米價下跌,必然要求「減輕租稅」,也就是「現行租稅」。

八年後公佈的明治憲法確實沒有明文寫入井上這一露骨的主張。但這一主張還是改頭換面出現了。

那就是第 33 條「帝國議會應同時成立貴族院和眾議院兩院」和第 37 條「所有法律必經帝國議會之協贊方成立」。這兩條加在一起,無論國民代表(有納稅門檻)多少次通過減稅法案,只要貴族院予以否決,就無法成為「法律」。並且貴族院由幕末以來的公卿、大大名和小大名,以及維新元勳和退職官吏(敕選議員)組成,所以在吸取政府意見的立法府階段,減輕地租法案就會被否決。1881 年前後井上露骨的強權維持現行租稅論

15《井上毅傳・史料篇第一》,頁 229。

在八年後經由井上本人之手，巧妙地將之體系化。

另一方面，修改前的井上的草稿試圖在財政支出，而不是租稅（財政收入）方面限制議會許可權。也即「如果國會對財政預算與政府持不同意見，則因襲上一年預算」。這一點成為明治憲法的第 71 條「前年度預算施行權」，並不知為何經常遭到歷史學者詬病。關於這一點，將在後文予以探討，但四年前美國的日本史專家 George Akita 已經明確指出，允許沿襲前一年度預算的該條款對於政府相關人士而言實在是沒甚好處的。[16] 在 21 世紀初的今天，也極少出現預算低於上年預算的情況。

植木繁盛的議會主權論

在岩倉具視、伊藤博文、井上毅以德國型專制憲法對抗大隈重信、福澤諭吉的英國型議會內閣制時，國會期成同盟中「士族民權」也開始進行理論武裝，以對抗「農民民權」，那就是以植木枝盛為中心成立的雜誌《愛國志林》——《愛國新志》團體。

這一團體的最大特徵就是與大隈、福澤等人不同，不以執政為目的。可以稱其為「否決權議會主義」，即「萬年在野黨主義」。但與戰後的日本社會黨的萬年在野黨主義不同，植木等人的目標是成為在眾議院掌握過半數議席的在野黨。換句話說就是，行政政府可以獨立於政黨之外，但議會要由政黨掌握。植木等人的《愛國新志》就這一點如此論述道：

> 宗旨就是區別治者與被治者，不使人民帶有治者的高傲，

---

16 George Akita; 荒井孝太郎、坂野潤治翻譯：《明治立憲政治與伊藤博文》。

而使人民保持人民之氣象、精神的主要認知為人民。這是人民對國家的第三階段的精神。

《愛國新志》所代表的「士族民權」派在結成政黨,掌握議會大多數議席上是站在代表制民主主義的立場。在這一點上,他們受到了由中江兆民翻譯過來的法國盧梭的直接民主主義的影響,但又與後者涇渭分明。

但僅讀現在引用的部分,會讓人聯想起盧梭所說的「全人民集會」。在盧梭的《社會契約論》中,全人民雖然是擁有主權者,但政府又完全是另一回事,只是主權者人民通過每年一次的定期集會決定現存政府的形態和政府構成是否合理。[17] 行政權由現任政府掌握,人民的代表(此處與盧梭的主張不同)掌握議會這一《愛國新志》的主張確實受到盧梭的影響。正如將大隈、福澤稱為「英國派」,岩倉、伊藤、井上毅稱為「德國派」一樣,《愛國新志》這樣的國會期成派左派一般被稱為「法國派」,而其原因就在於此。更準確地說,兩者的對立在於被總稱為「自由民權運動」的運動中的領導者和支持者的對立。進一步說,交詢社這一福澤率領的城市知識分子和板垣退助率領的最初的民權結社在爭奪新崛起的「農民民權」的支持,這就是 1881 年(明治十四年)的政治狀況。而新加入這兩個國會開設論派的競爭的就是井上毅等保守派立憲制論者。

保守派與激進派的奇妙共處

設想這三派在競爭,就會知道為何大隈、福澤派會在「明治十四年政

---

17 岩波文庫版,頁 142。

變」（當年 10 月）中敗北。保守派的井上毅與激進派的阪垣退助、植木枝勝之間找到了不要求通過憲法限制行政權這一共同點。

前面已經說過，井上毅為在憲法構想中保持行政府對立法府的優勢費煞苦心。另一方面，植木枝勝的行政府由明治政府出任，立法府由自己一方掌握的構想中，並不是非常重視政黨內閣制和制定憲法草案。其最優先殼體是建立掌握眾議院過半數議席的中央政黨（後來的自由黨）和支持中央政黨的各地方的結社（後來的自由黨的支部）。這裏舉出兩個佐證上述觀點的事例：

第一個事例是，1880 年（明治十三年）11 月舉行的國會期成同盟的第二屆大會。該大會上提出的第五號議案如下：

> 本會應審查議定國憲（憲法）預期書。應公選出前條提到的預期書起草委員五名。[18]

但是，關於在本屆大會上選出委員，制定憲法草案雛形的上述提案被否決了。第一個提出反對意見的是第 49 號議員（福井的杉田定一），其理由是「如果說今日之當務之急應以鞏固地方團結，培養實力為重，則公選出十幾人擬寫憲法草案需要花費太多功夫和時間」。也就是在明確地說「地方團結」也就是穩固政黨的基礎比起草憲法更重要。

利用國會期成會大會的間隙，板垣等地愛國社也召開了會議，杉田在該會議上提議「解散愛國社，另建自由主義一大政黨」。[19]

18《明治文化全集‧雜史篇》，頁 181。
19 同前書，頁 186。

前面已經介紹過，1881 年（明治治十四年）7 月保守派的理論家井上毅認為國會期成同盟熱衷於起草憲法私案，因此福澤諭吉的交詢社取代板垣退助的愛國社成為運動的領導。但是，期成同盟中的愛國社一派在第二屆大會以後開始致力於成立「一大自由主義政黨」，福澤派對運動的控制並未如井上預期的程度。

證明上述觀點的是第二個事例。第二屆大會決定下一屆大會於 1881年 10 月 11 日在東京召開，因此下一屆大會到底是決定憲法草案，還是結成自由主義政黨，這關乎保守派、中間派、激進派的前途明暗。

如果大會決定通過憲法草案，那麼在政府內部，提倡儘早制定憲法和開設議會的參議大隈重信的勢力就會增強，而運動內部則是福澤的交詢社將掌握主導權。而如果大會主旨為成立自由主義政黨，則在政府內部保守派的右大臣岩倉具視、參議伊藤博文、太政官大書記官井上毅等人就會佔優勢，運動內部的主導權將重新回到阪垣退助等原愛國社派手中。兩者一方面處於左和右的對立位置，一方面又在強化行政權和強化立法權這兩塊上相安無事。

明治十四年政變和自由黨結黨

這一左與右的奇妙的相安無事導致大隈、福澤路線敗北。在政府內部，大隈一派的中堅官吏被罷免，運動內部則重視掌握議會而不是制定憲法的板垣退助獲勝。「明治十四年的政變」（10 月 12 日）和自由黨成立（10月 18 日）確立了大隈、福澤的敗局。

1881 年的政變導致大隈、福澤失勢是廣為人知的，但自由黨成立也是大隈派敗北的原因之一卻不太為人所知。這裏簡單介紹一下上面提到的

第二個事例。

　　1881 年 8 月底，土佐立志社的阪垣退助從高知前往神戶，9 月 10 日在神戶聚集了「五千餘眾」的聽眾召開演講大會。接着板垣又從神戶乘船前往橫濱，於 9 月 15 日抵達橫濱，16 日從橫濱坐汽車到達東京新橋。與之前提到的福島的民權運動家河野廣中前往高知時走的同一路線，方向相反。在當時，高知—神戶—橫濱—新橋是比較方便的路線。

　　已經抵達東京準備國會期成會第三屆大會（將於 10 月 1 日召開）的地方結社的代表前往新橋站迎接板垣。不僅如此，贊成「自上而下」制定憲法和開設議會的大隈、福澤派的結社代表，比其左一點的城市知識分子（東京言論界的代表）也都到新橋站迎接板垣。其中較有名的人物和團體包括沼間守一的嚶鳴社，馬場辰豬、大石正巳；末廣重恭的國友會、田口卯吉的《東京新聞雜誌》、福澤直系的交詢社代表等。可以說，自由民權運動發起者的板垣退助名聲依舊。

　　這些城市知識分子希望使政府內部的國會開設派大隈重信和在野的板垣退助聯合起來，一掃伊藤博文、井上毅所代表的保守派政府領導者。但板垣拋開了他們的這種想法，而力主去東北地方進行遊說，以為結成政黨打下基礎。

　　板垣拒絕大隈派的要求是在 10 月 12 日，板垣等舉行自由黨成立大會是在 10 月 18 日。保守派和激進派得以繼續存在，而位於中間的自由派在政府內部一舉喪失了實力。這就是有名的明治十四年政變。

三「強兵」復活與日中對立

韓國國內親日派的培養

以 1880–1881 年為界，財政和憲法兩大領域都從「建設」向「運用」轉變，同時「強兵」領域的「運用時代」也開始了。

前面已經提到，「革命時代」的強兵是出口特產品，用外匯購買軍艦和武器。與此相對，在前一章討論的「建設時代」的強兵則不僅是強化軍事實力，而且要求尊重支撐明治維新的革命軍的聲音。1878 年 (明治 10 年) 的西南戰爭中，革命軍叛亂失敗時，強軍一度從明治政府的口號中消失。「富國強兵」中，僅「富國」得到突出。

並且隨着松方的緊縮政策實施，「富國」也不得不退場。因為為了消化不兌換紙幣，令財政健全，政府已經沒有預算投入「殖產興業」。

在這一時候，「強兵」取代「富國」，換上了與「運用時代」相符的衣服重新登場。

改頭換面的「強兵」確定了當前的假想敵，並準備花費時間來準備能夠與之抗衡的陸海軍力量。「假想敵」一詞可能過強，但比第五章中將分析的 1905 年日俄戰爭之後的「假想敵」則現實得多。

毫無疑問，當時的日本的假想敵是亞洲最大最強的國家清國。在 1876 年簽訂的日韓《江華條約》付諸實行的 1880 年以後，兩國圍繞朝鮮的對立開始加劇。

《江華條約》規定的元山、清津開港的 1880 年 5 月左右開始，韓國政

府內部也開始有人對日本近代化的成果感興趣。日本駐韓公使花房義質在 1881 年 2 月致外務卿（井上馨）的上申書中提到，韓國政府內部的反日派是「除爭取大官高爵之外對同族之外的任何事都一無所知」的保守派，與之相對，親日派是「有學識才力，得不到官位，多少能察知海外形勢（中略）欲改革內政者」。[20]

基於對韓國內政的上述認識，日本外務省的駐外機構申請於 1881 年 6 月厚待來日的韓國非正式訪問團（約 60 人），以鞏固親日派。金山領事近藤真鋤對外務卿井上馨申請道：

> 此一行人未來將成為朝鮮國開化之基礎，應儘量善待，為讓其開闊眼界之手段。

如此，日本的駐韓外交官、福澤諭吉的慶應義塾與韓國的青年官僚和年輕人等加深了關係，這引起了自命為韓國宗主國的清朝中國和韓國國內保守派領導人對日本的警惕，韓國國內的保守派成為清國派，改革派成為親日派。

20《日本外交文書》，第十四卷，頁 332。

年表 5

年代	首相	事件
1880 年（明治十三年）		山縣有朋的清國威脅論（〈隣邦兵備論〉）；陸海軍的擴軍開始。
1882 年（明治十五年）		軍人敕諭；松方通縮開始；伊藤博文為調查憲法赴歐；立憲改新黨組成；王午事變；日銀開業；福島事件。
1884 年（明治十七年）		改正地租條約；制定華族令；加波山事件；自由黨解散；秩父時件；甲申事變。
1885 年（明治十八年）	伊藤	天津條約（日清兩國自朝鮮半島撤兵）；大阪事件；內閣制度開始。
1886 年（明治十九年）		帝國大學令；學校令；第一次條約改正會議；發行海軍公債。
1887 年（明治廿十年）		德富蘇峰創刊《國民之友》；伊藤首相提出井上〈憲法草案〉；三大事件建白運動；後藤象二郎等之大同團結運動；保安條例。
1888 年（明治廿一年）	黑田	市制・町村制公佈；設立樞密院。
1889 年（明治廿二年）	山縣	頒佈《大日本帝國憲法》、《皇室典範》；東海道線全通（新橋・神戶間）；大隈外相受玄洋社社員襲擊受傷；年末恐慌開始。
1890 年（明治廿三年）		大井憲太郎・中江兆民等自由黨結黨；府縣制・郡制公佈；第一次總選舉；立憲自由黨組成；廢除元老院；發佈《教育敕語》；開設帝國議會。
1891 年（明治廿四年）	松方	立憲自由黨；自由黨與改名（總理板垣退助）；大津事件；足尾礦毒事件問題化；樺山海相；蠻勇演說。
1892 年（明治廿五年）	伊藤	第二次總選舉（品川內相指揮下干涉選舉）。
1893 年（明治廿六年）		和協之詔敕（和衷協同之詔）；公佈文官任用令。
1894 年（明治廿七年）		日清戰爭。

山縣有朋的清國威脅論

在日本與清國就對韓國的影響力形成明確的競爭關係以後,日本國內也有人再次意識到清國的強大。幕末以來日本的朝野領導人只將歐美列強視為威脅,而這時清國威脅論開始高漲。最先在明治政府內部宣揚清國威脅的恐怕要數當時的陸軍參謀本部長山縣有朋。1880 年(明治十三年)11月山縣將參謀本部匯總的《鄰邦兵備略》呈遞給天皇時還寫了上奏文,核心意思有兩點,一是清國非常強大,二是鄰國強大並非值得歡迎之事,日本也必須重新致力於「強兵」。

關於第一點,山縣指出 1874 年(明治七年)出兵台灣時的清國與僅僅時隔六年的清國已經不可同日而語。他這樣論述道:

> 現今清國版圖之大,其十八省之幅員大略為本邦之十倍,四億人口亦為本邦之十餘倍。(中略)視兵制改革和邊海防御為今日之急務。(中略)於福州設大造船所建造大小船艦,於廣州、福州、杭州、上海、南京、濟南、天津等各地設造兵局大造槍炮彈藥;於大沽、北塘、芝罘、吳淞、江陰、鎮江、烏龍山、南京、九江、漢口、寧波、廈門、福州、廣州等要衝悉建炮台,另李鴻章之鄉勇兩萬為英式精兵。(中略)明治七年之時,大沽、北塘、福州等之外尚不見炮台膠着,爾後年年增加,(中略)為應對之,應備克虜伯大炮、阿姆斯壯炮等。[21]

對奉行合理主義的軍事指揮者山縣來說,清國日益強大是不值得歡迎

21《山縣有朋意見書》,頁 96–97。

的。比起與更強大的清國攜手抵抗歐美列強侵略亞洲這樣的「夢想」，日清對朝鮮的爭奪更具現實意味，也更重要。

關於這一點，山縣如此論述道：

> 鄰邦兵備之強大，一應喜，一應懼。如以此為亞細亞東方之後援則足喜，如生間隙則應懼、慎。

基於這一認識，山縣對「富國強兵」必須從以「富國」為中心，轉向以「強兵」為中心做了如下論述：

> 富國與強兵自古本末相成。按此歐洲各國兵備之強不足為怪。現今若視富厚為本、強兵為末，則民心日漸趨於私利，不知公利之所在，偷薄之風、萎靡之弊與日俱增，狡詐、虛偽漸成習慣。[22]

「強兵」論的現實主義化

當時統帥陸海兩軍的參謀本部長基於對清國的警惕，主張重新樹立「富國強兵」論。

前面已經提到，從山縣呈遞意見書的次年起，日本政府開始致力於在韓國國內培養親日改革派。這兩者加起來，日清兩國圍繞韓國的統治權展開日益激烈的擴軍競爭就是必然的了。實際上日清之間爆發戰爭是在 10 多年後的 1894 年 (明治二十七年)，但邁出第一步就是在 1880 至 1881 年。

---

22 同前書，頁 91。

以向日清戰爭邁出第一步作為「運用時代」的開始，自有原因。

首先，它與幕末長州藩和薩摩藩之間突發的攘夷戰爭和 1874 年（明治七年）維新革命軍突然提倡對清開戰論都不同，不是突發性的，而是制定了中期計劃——計劃用 10 多年培養能與強大的清國相匹敵的陸海軍，在此之前要避免突發性的日清紛爭擴大。

將 1880 年以後的陸海軍對清軍擴歸入「運用時代」的第二大理由是，它與放棄「富國」路線的松方正義的健全財政主義相配套。

制定了三年固定預算的松方財政最初與擴張陸海軍政策無法並存。但大藏省與陸海軍通過協商同意在不動用財政預算的情況下，以增加酒和煙草的間接稅來籌措軍備擴張費。消化不兌現紙幣花費了三年，這期間陸海軍軍擴雖然不充分，但還是在推進。

但是，從 1882 年的王午事變到兩年後 1884 年 12 月的甲申事變中，援助韓國親日派的金玉均等人發動軍事政變的日本公使館及其守備隊遭到袁世凱率領的清國軍隊攻擊，敗逃回本國，令日本顏面掃地。這一事變以後陸海軍的對清擴軍要求增強，以至於單靠增加間接稅已經無法滿足。

幸運的是，長達三年的不兌現紙幣整理終於使日圓的國際評價得到恢復，能夠發行低息的海軍公債。1886 年到 1889 年之間日本四次發行海軍公債，實際規模達到 1,700 萬日圓。通過增加間接稅籌得的 750 萬日圓規模的陸海軍費得到大幅增加。王午事變之時構成對立關係的松方財政和陸海軍擴軍在甲申事變之時已經變得可以共存。從陸海軍擴軍的延長線上看 1894 至 1895 年的日清戰爭就非常清晰了。[23]

---

23 前述室山著作，頁 191-209。

第三，從 1880 年參謀本部擬定《鄰邦兵備》到 1886 年發行海軍公債，海軍的要求是與以井上毅為中心推進的保守性憲法制定相配套的。

如果按照大隈重信的主張從 1883 年開始實施議院內閣制，那麼不論爆發壬午事變也好甲申事變也好，議會都會否決擴軍預算。需要到真正爆發危機的關頭，日本國民才會對外團結一致。如果只是日本的駐韓公使館遭到韓國民眾放火和衝擊（壬午事變），或者日本駐韓公使及其守備隊擅自支持親日派的軍事政變失敗（甲申事變）這種程度，日本的議會不會輕易允許增加陸海軍預算。這一點在下一節討論的議會開設後（1890 年）的政治中顯而易見。因此，1894 年的日清戰爭爆發之前，眾議院一直否決擴軍預算。

如此想來，前面提到的井上毅的《憲法意見》中的「上年度預算執行權」還是有重要意義的。如果在 1890 年（明治二十三年）議會開設之前完成陸海軍擴軍，那麼即將制定的井上型憲法就可以保障擴軍預算不被削減。

如上所述，始於 1880 年，基本結束於 1889 年的陸海軍擴張計劃在財政方面（松方財政）和憲法方面 [24]，都與「運用時代」相配套。

---

24 參井上毅：《憲法意見》。

㈣ 頒佈憲法與開設議會

官僚的時代

「運用時代」是「官僚的時代」。1889 年（明治二十二年）頒佈國家基本大法——大日本帝國憲法以後，就已經不再需要在野知識分子的「大義論」，而根據憲法和各法規的詳細規定來立案，實施種種政策的官僚的作用越來越大。正如後面即將論述的，在行政府處於優勢地位的明治憲法之下，這種傾向將更加明顯。用今天的話說，就是從政治主導轉向官僚主導。憲法頒佈三年以後，時任內務官僚都築馨六執筆的〈超然主義〉和〈民政論〉兩篇論文展現了官僚在「運用時代」的自信姿態。

「超然主義」一詞來自於憲法頒佈初期的社會流行語，首相黑田清隆宣稱政府將不受議會和政黨意向約束，「超然」奉行自身信奉的政策。都築的論文就是為進一步正確地說明這種主義而寫。都築在文中這樣論述道：

> 立憲國之大臣在內治上應恆常以國是為施政目的（中略），致力於貫徹自身信奉為國是之事，對於自身所信不可變更之事，無論與議會或輿論之意見如何相悖，也應不屈不撓將其意旨上奏（天皇）（中略）要求解散、重組議會直至其同意自身意見。
>
> 不按照政黨之希望，也不按照議會之意旨和人民之輿論，

而僅依據自身對於國家目的之堅定所信來制定、奏請政策，如此則百官有司、萬事有專，可達成國家目的。[25]

筆者 40 多年前承蒙都築馨六公子之美意造訪其鐮倉宅邸時在庫房中發現了這篇文論，其內容之專制令人吃驚。但在現今不時為政黨政治之優柔寡斷感歎之時重讀，感到該論文雖反民主主義，但卻堅持己見貫徹到底。

都築所說的大臣可以無視議會、無視輿論，是基於這些大臣對國家目的的確信，和自負其施政有專門研究支撐，能做到「百官有司」；由專門官僚調查立案的政策優於只有淺薄知識的議會和輿論的要求。關於這一點，都築進一步論述道：

> 在民主政體之國家，輿論萬能，任何道理也難敵輿論之無理，且所謂輿論時時刻刻因事而異，因此民主國家之政治家必須朝夕勞心、孜孜辨別應讓民眾看到何種論點，成就何種輿論。
>
> 如此一來，則政治家得平民人望則上位，失平民人望則下野，地位朝不保夕。一國之政治問題不依據專家意見來解決，而聽憑輿論，那就只能是聽天由命。[26]

對輿論政治之下議員缺乏「專門研究」的批判同時也指向媒體人。

25 〈超然主義〉，頁 18–19。
26 〈民政論〉，頁 18–19。

縱觀世之新聞記者，其大半為青年，別無其他生計，因此只得憑新聞顯名露姓，與當世之欲得勢力者無異。其所論述皆為淺近易解之說。專門、深奧之議論極少見諸於報端。[27]

對新聞報道和記者的批判還波及讀者。

　　多數對政治之事缺乏專門教育和經驗。加之各自忙於業務、無暇研究各類時事。有甚者甚至將早飯時在報紙上讀到之觀點視為六韜三略（中國太古之兵書），專門細緻之論絕非商工之輩所能解。如要左右此類人之思想，非淺近易解之論不可。然報紙、演講之所論流於平凡，絕非好事。[28]

　　即使是反對都築的官僚獨善主義的讀者，也可能對今天政治家的演講，新聞記者、電視節目解說員的主張之平凡，以及都築對樂見這種平凡的聽眾和讀者的批判心有戚戚焉吧。

　　順便說一句，對政治家和新聞記者如此蔑視的都築於 1882 年 1 月留學德國柏林，雖身患肺結核仍勤學整整四年，回國後一度出任外務省官僚，1888 年又再赴法國留學。1889 年內務大臣山縣有朋到法國、意大利、英國、德國、俄羅斯、美國、加拿大訪問時為其擔任翻譯的就是時任法國公使館書記的都築，可見其外語學習能力相當之強。「運用時代」是「官僚的時代」，都築正是其象徵性人物。

---

27 同前，頁 22-23。
28 同前，頁 23。

「田舍紳士」的時代

1882 年松方緊縮開始時，農民分為寄生地主、自作地主、自作農、小作農。所謂「寄生地主」，就是自己不進行農作，將土地租給小作農，收取高額地租的大地主。自作地主就是自己耕作，同時將多餘的土地租給小作農收租的中小地主。自作農和小作農就不需要說明了。

實際上，地主與小作農的關係雖然早已發生了實質性變化，但作為制度卻一直存續到 1945 年日本戰敗。

農民的這四種身份在松方的緊縮政策下發生了巨大變化。通縮使米價下降了一半，但地租卻是固定稅，沒有變化，所以自作農不得不放棄土地。放棄土地的農民淪為小作農，大地主則吸收了他們的土地。日本近代史研究中稱這種現象為「農民階層的解體」。如果省略過程敍述只說結果，就是在 1882 年至 1889 年的七年間自作農由約 93 萬戶減至約 65 萬戶，減幅達 30%。[29]

1889 年大日本帝國憲法頒佈以後制定的眾議院議員選舉法規定，繳納地租 15 日圓以上者擁有投票資格。地租為地券上記載的地價的 2.5%，所以繳納地租 15 日圓以上的選民就是擁有價值 600 日圓以上土地的地主。這一羣體在松方緊縮政策下幾乎沒有減少。

自作農的戶數減少了 30%，而大地主的戶數幾乎沒變（從約 88 萬戶減至 81.5 萬戶），所以在松方緊縮下，繳納 15 日圓以上地租的地主擁有的土地增加了。這些大地主（包括部分中地主）成為 1890 年 7 月第一次眾議院選舉的選民，約有 50 萬人。準確地說是 45 萬到 47 萬，但為了便於

---

29 參見拙著《近代日本的出發》，新人物文庫，頁 120–124。

與之後每逢修改選舉法就增加的選民人數作比較，這裏記為 50 萬。

　　順帶提一句，選民人數的變化不妨以下面的大概數字來記憶，這樣比較容易掌握數字的變化：1900 年約 100 萬人，1905 年日俄戰爭中增徵地租以後約為 150 萬人，1919 年修改選舉法後約為 300 萬人，1925 年普通男子選舉制確立以後約為 1,200 萬人。

議院內閣制論的復活

　　1890 年（明治二十三年）召開的眾議院會議將被大中地主選民的意向所左右。如果他們要對松方緊縮政策中的實質增稅進行報復，則都築型的政府和地主議會就會再次陷入看不見出口的正面衝突。相反，由於大地主在松方的緊縮政策下新吸收了部分自作農的土地擴大了勢力，如果這部分大地主要求建立參與型議會而非否決型議會，那麼他們就會更多地要求建立「政黨內閣」，而不是要求減稅。第二節中討論的 1880 至 1881 的國會開設運動期間板垣退助等人的愛國社和福澤諭吉等的交詢社的對立，在憲法頒佈前的國民情緒高漲中再次得到了體現。

　　結果是與 1880 至 1881 年的情況相同，英國式議會內閣制失敗，板垣型（雖然板垣自身也在不斷改變態度）的「否決型議會」論獲勝。但運動的開端卻是由英國式議會內閣制論者開啟。明治二十年前後登上歷史舞台的知識分子是高舉「士族民權已經落後於時代」的旗幟登場的，其代表人物就是刊發《國民之友》的 25 歲青年德富蘇峰。他對「士族民權」做了如下批判：

　　　　此輩為天下奔走並非為切身之屬害，而多不過是為他人代

言。自身不釀一升酒卻為減輕酒稅建言奔走,自身無巴掌之田園卻為減輕地租請願,自身並無國會議員資格卻喋喋不休談論國事,如此為不切身關己之事盡力,實乃設身處地愛同胞、愛天下。對此雖只有敬服,但若和平運動走向暴力,有秩序之活動不再方便,(中略)則其恐將懷疑自由論之價值。[30]

如此批判「士族民權」的德富蘇峰將福澤諭吉等人寄予「農民民權」的期待寄予「鄉紳」。他這樣描述「鄉紳」:

> 雖然他人和自身都未認為其為有力階層,但其政治勢力卻在漸漸膨脹的只有鄉紳。何謂「鄉紳」,即英國之 country gentlemen,即地方之土著紳士。他們多少擁有土地,因此在由農夫和農夫組成的村落中掌握最重要位置。(中略)由一村至一郡,一郡至一縣,一縣至一國。從他們在今日推動開設縣議會時之勢力足以推斷,在開設國會之他日亦將成為有力勢力。

德富蘇峰的這兩大論點刊載於 1888 年 2 月的《國民之友》,這一時間值得注意。在此一個半月前的 1887 年 12 月,明治政府頒佈了保安條例,以維護首都治安之名將蘇峰批判的「士族民權」派的 451 人驅逐出東京。可以說蘇峰的批判是民權運動內部對激進派的批判,與政府鎮壓激進派形成呼應。

30《國民之友》,1888 年 2 月 3 日號,頁 48。

後藤象二郎的大同團結運動

因此，1888 年可謂漸進派的全盛時代。其象徵就是後藤象二郎從當年 7 月到 8 月在北陸和東北地區的遊說。

第二章對幕府末期的分析中，後藤象二郎作為封建兩院制的核心人物多次登場。第三章的明治初年史中，後藤也作為 1874 年〈民選議員設立建白〉的署名者之一露過臉。但是，1880 年至 1885 年的國會開設運動全盛期是板垣退助的時代，後藤的名字需要留心尋找才會看到。不過當政府壓制激進派，運動需要其他核心領導人時，後藤就作為議會制民主運動的領導人梅開二度了。

後藤等人領導的運動在當時就被稱為「大同團結運動」，其特徵大體可以用兩點來理解。

第一是將對象鎖定在蘇峰所說的「鄉紳」。《政論》中記載道，對後藤的東北和北陸遊說感到共鳴的地方人士大部分是「擁有巨萬資產之豪農富商，自命學問知識也在常人之上者」。[31]

第二大特徵是，後藤與大隈重信和福澤諭吉一樣，以奪取政權為目標，要求建立福澤宣導的兩大政黨制，而不是植木枝盛主張的「否決型議會」。

在 7、8 月的遊說中，後藤自己也多次闡述「責任內閣，即議會政治」的觀點。內閣對議會負責是福澤型的議會內閣制論的主張。對此抱有更明確認識的是後藤在言論界的支持者德富蘇峰。

前面引述的蘇峰對士族民權的批判中已經很明顯，蘇峰反對類似

---

31 1888 年 9 月 21 日號，頁 12。

1884 年 9 月的加波山事件（福島自由黨的 16 名激進派以炸彈和刀劍武裝集結於加波山，起草檄文後下山武裝襲擊警員分署），1887 年底的三大建白運動（前自由黨的激進派以反對修改條約，要求言論自由，減輕地租為口號集結於東京，前述的保安條例就是為鎮壓這一運動）那樣的顛覆政府的運動。作為對抗方案，蘇峰提出了英國式的兩大政黨制。他論述道：

> 吾人在現今之在野黨中看到了所謂有秩序的進步黨。（中略）他們之中有人若得到多數國民之贊成，就希望立於政府之上施展平生抱負。（中略）他們的目的是將所謂英國流政治適用於我國，以在朝諸公為一黨派，自家為另一黨派，建立類似於英國政黨間關係的朝野政黨關係，（中略）堂堂正正形成對立。因此有心之農工商（「農工商」之重點記號為筆者所加）人民多願與之共同運動。[32]

值得注意的是，蘇峰將這種英國式兩大政黨制的支持者設想為「有心之農工商人民」。從「士農工商」中排除了以激進運動為目標的「士」，由「鄉紳」來支持政權更迭和兩大政黨制，這就是蘇峰設想的劇本。

「否決權型」議會的勝利

但是，與福澤時代一樣，蘇峰對「鄉紳」的期待也落空了。比起似乎是突然出現的穩健派的大同團結運動，「鄉紳」更尊敬從 1879 年前後就開始運動的愛國社和前自由黨的領導者。簡單來說就是比起後藤象二郎，板

32《國民之友》，1888 年 1 月 20 日號，頁 3-4。

垣退助的知名度要高得多。

國民運動的高潮往往比較短暫，不過如果能抓住時機，也可以將其組織化。而政黨運動需要長期得到全國性的支援，所以必須腳踏實地構建「地盤」。這對於將在第六章中論述的社會主義政黨也是一樣。儘管 1925 年（大正十四年）確立了普選制，但並非從第二天開始社會主義政黨就能在眾議院佔據多數議席。社會主義政黨能佔據一定議席是在普通選舉法通過 12 年之後的 1937 年（昭和十二年）。

同理，蘇峰寄予期待的後藤象二郎等人的大同團結運動無法取代從 1880 年開始近九年一直致力於建立地方基礎的原自由黨。

1899 年（明治二十二年）2 月與大日本帝國憲法同時頒佈的特赦令釋放了被關押的聲望較高的原自由黨員，就充分說明了上面這一點。已宣判和未宣判的 458 名政治犯一同被釋放出獄，重新開始活動。同時被保安條例驅逐的 451 名政治犯也重獲自由。

通過這一特赦令，一直宣導英國式兩大政黨制，反對原自由黨的否決型議會論的德富蘇峰開始意識到自己這一派的失敗。他這樣論述道：

> 因福島事件（1885 年福島縣令三島通庸對福島自由黨的鎮壓事件），大阪事件（1885 年自由黨人刺殺韓國要人未遂事件）以及其他事件被囚禁的原自由黨之諸名士出獄，使之前猶豫不決、未趨赴其麾下的原自由黨人士相繼參與大同團結運動，因此大同團結運動勢力猛增。
>
> 原本參與大同團結運動之大多數人皆為原自由黨人，加上新勢力後就更加如此。至此，主流之水勢（後藤等人的「鄉紳」

工作）被支流水勢蓋過，（中略）大同團結派之君子去年來辛苦經營，結果不過為原自由黨諸士造就了展示伎倆之舞台，為世人私下擔憂之處。[33]

1889 年憲法發佈，次年 1890 年議會開設，此後數年間的政治進展完全正如蘇峰所預料。宣導英國式兩大政黨制的勢力（立憲改進黨）極為諷刺地未能掌握實現這一制度的大前提——在眾議院過半數，而只獲得了 300 席中的 40 席。相反，蘇峰一貫批判的原自由黨卻復活，一直維持着 300 席中的 130 席左右。因此，日本的議會自其成立第一天，就是「否決型議會」。

頒佈憲法

前面已經介紹過，從大日本帝國憲法頒佈前後開始，政府就明確提出將無視眾議院多數派的意見，奉行「超然主義」。另一方面，在日本第一次總選舉中，佔選民大多數的鄉紳階層支持的是主張與政府正面衝突的自由黨。政府與議會的扭曲程度遠非 21 世紀初的今天我們耳熟能詳的「扭曲國會」可比。政府提出的預算案每年都被議會否決，而自由黨等「民黨」在眾議院通過的減輕地租法案也總是被原大名和官僚構成的貴族院變成廢紙。政府無法增加支出，自由黨也無法推動減稅。

導致這一膠着狀態的一大原因就是大日本帝國憲法本身。

明治憲法中最臭名昭著的就是第 11 條的「統帥權獨立」和第 55 條的「國務大臣單獨責任制」。前者是導致 1931 年（昭和六年）滿洲事變以後

33《國民之友》，1889 年 5 月 11 日號，頁 14。

當地軍人不受控制的原因，後者是造成 1941 年（昭和十六年）對英美開戰以及戰爭結束時自首相以下的各大臣互相推諉責任（無責任體制）的原因。

但這是本書第六章以後的問題，議會開設後幾十年內的主要問題是有關預算的條款。

對政府有利的條款是第 67 條和第 39 條。一般被認為很重要的第 71 條「上年度預算執行權」之所以未能成為政府的武器，前面已經論述了原因。如果每年都執行上年度預算，那麼政府的存在意義就會受到質疑。

與此相對，第 67 條對政府非常重要。「基於憲法之大權的既定財政支出，帝國議會不可不經政府同意就廢除或削減。」

「基於憲法之大權的既定財政支出」就是現在的行政費和軍費。只要有這一條款，議會就無法在預算審議中削減行政費。這導致得到農村地主支持，瞄準減輕地租的眾議院多數黨無法通過削減浪費來擠出減稅的財源。

另一成為政府武器的條款第 39 條的內容如下：

> 兩院中一院所否決之法律案不得在同會期中再次提出。

這裏說的「兩院之一院」就是前面提到的貴族院，成員是原大名和明治維新的元勳，以及「下凡」的官僚。並且減輕地租法案也屬於「法律案」範疇。換句話說就是農村地主的減輕地租要求即使在眾議院通過，但只要被貴族院否決就無法實現。

但事物總有兩面，67 條只保護「既定之財政支出」，這使得政府想要增加行政費、軍費或公共事業費也無法如願。同時，如果政府希望增加其主要財源地租稅，39 條也幫不上忙。與減輕地租法案相反，即使貴族院

同意增徵地租，「兩院之一」的眾議院又會否決增稅法案。只要眾議院和政府正面衝突，財政支出和收入就都無法減少，也無法增加。

日本的立憲制從 1890 年（明治二十三年）確立，到 1900 年（明治三十三年）維新元勳伊藤博文和板垣退助率領的自由黨（憲政黨）組成大聯合、結成立憲政友會的十年間，一直在探索憲法體制的着地點。也就是探索將紙上談兵的憲法條款付諸於運用，政府和眾議院雙方都在摸着石頭過河。

議會的抵抗和妥協

直到不久之前，學界還將這十年看成自由黨的墮落史。如果要列舉論據，肯定會提到明治社會主義代表人物幸德秋水的話：「當時誰曾想到（中略）他們的熱淚鮮血他日竟會成為自己的仇敵——專制主義者的唯一裝飾品。」[34]

但事實上直到 1894 年日清戰爭爆發之前的四年間，以「節減政費，修養民力」為口號的自由黨和改進黨在眾議院是非常努力的。自由黨希望迴避在日本的第一屆國會上出現否決預算案、解散眾議院的情況，因而妥協，但在第二屆議會上卻削減了政府的預算案，接受了解散眾議院的挑戰。

解散眾議院舉行總選舉時（1892 年 2 月），政府一方在內務大臣品川彌二郎的領導下，動員全國的警員和保守派壯士干涉了選舉，但自由黨和改進黨也十分善戰。雖然兩黨加起來沒有過半數，但獨立俱樂部和無黨派議員中也有「民黨」支持者，因此「民黨」總體竟然得以維持過半數。

34《幸德秋水全集》，第二卷，頁 424。

自由黨領導層的妥協意向沒有如願，政府與眾議院的對立在審議 1893 年預算案的第四屆國會上達到頂峰。這一正面衝突的背景就是之前介紹過的憲法 67 條的兩面性。

67 條確實規定在政府不同意的情況下，議會無權削減財政預算。但並沒有提到，在眾議院執意擅自削減預算時，政府可以執行原預算。這種情況下政府只能以眾議院違憲為由解散眾議院。解散後舉行總選舉的結果在前一年（1892 年）的總選舉中已經很明確。眾議院削減現行行政費和軍費屬於違憲，這顯而易見，但憲法沒有寫明這種情況下政府可以怎麼做。

因此，政府內的保守派執着於眾議院違憲，而自由黨和改進黨內的原則主義者則堅持可以用舉行總選舉，問信於民來判斷削減 67 條中的行政費和軍費到底對不對。

自由黨轉換方向

但在國會開設後第三次審議預算時，眾議院最大黨自由黨的領導人中也開始有人希望擺脫與政府的這種看不見出口的正面衝突。於是，當第一屆松方正義內閣為干涉選舉負責而下台，在藩閥政府內部以鴿派著稱的伊藤博文繼任時，自由黨內的現實主義派發表了政務調查會的方針：

> 我黨非滿足於消極改革者。也應以經營積極事業為己任。我黨應為斷行積極政略，為我國農工商業謀取改良發展之機，養成民力，殷實國力者。[35]

35《（自由黨）黨報》，1892 年 7 月 25 日，頁 3。

這一主張讓人聯想起第三章「建設的時代」中討論的大久保利通的「富國」路線。

但此處主張的卻是轉變自由黨的方針，保留「消極改革」（節減政費）、放棄「休養民力」。因為要同時實現「消極改革」和「積極事業」，那麼節減政費騰出的空間就不會用於減稅（民力休養）。放棄「減輕地租」的「民力休養」轉向「擴充公共事業」的「民力養成」，可能可以得到選民的理解。因為開設議會時「松方緊縮」已經結束，米價趨於恢復，地主的實際地租負擔也開始減輕。但一夜之間除了減稅之外還要放棄「節減政費」，黨員也好，選民也好，都不會輕易同意。因此，當時自由黨對「消極改革」也即整頓行政的要求還是存在的，並未放棄兩大口號「節減政費和休養民力」中的前者。不論自由黨領導人的真實想法如何，至少方針的措辭反映出是如此。

但「節減政費」也即削減不必要的行政費受到憲法 67 條限制，並且從 1891 年（明治二十四年）年度預算到 1892 年年度預算，政府都堅持不同意削減行政費。歡迎自由黨轉變方向的伊藤博文首相也不能為了在眾議院讓步而不惜犧牲此前的政府顏面。

和協之詔敕

不能令政府內部鷹派顏面掃地的伊藤博文，和希望放下「節減政費」的口號卻苦於得不到黨內理解的星亨等自由黨領導層不約而同地希望天皇從中調停。

關於戰前的日本天皇，有專制君主和純粹擺設這兩種形象。筆者雖不認為明治天皇是實權掌握者，但認為其權威還是要遠遠超過象徵性的天

皇。從這種觀點來看，掌握行政府的伊藤博文首相和代表立法府的星亨眾議院議長向天皇上奏後得到的詔書——1893 年（明治二十六年）2 月頒佈的《和協之詔敕》具有重要意義。

首先上奏的是眾議院議長星亨一方。星亨首先向天皇說明了國會開設以來眾議院關於「節減政費，休養民力」的立場；其次指出政府以憲法第 67 條為盾牌，一味拒絕眾議院的要求，並要求政府就此履行說明義務；第三，作為對抗措施，論述了眾議院削減海軍軍擴費的合法性。在此基礎上，星亨要求天皇介入，以實現「立法行政各部」的「和衷協同」。

這裏值得注意的是明治憲法下的議會的地位。前面已經提到，明治憲法抬高了政府，是非常不民主的憲法。但即便如此，議會確實仍是國家機構之一。也正因如此，當眾議院通過彈劾內閣的上奏案，議長星亨攜上奏案觀見時，天皇同意接見。《明治天皇紀》第八卷頁 199 這樣記錄了星亨 2 月 8 日的觀見：

> 眾議院議長星亨參內，奉呈有關前日眾議院決議之上奏文。天皇於鳳凰間接見亨，接過上奏文，告知亨將之熟讀。

而 9 日則輪到行政府長官伊藤博文觀見，奉呈批判眾議院的上奏文。此處省略其內容敍述，但天皇接受立法府長官與行政府長官的上奏後於 1893 年 2 月 10 日頒佈「和協詔敕」，對於立憲制在日本生根具有重要意義。詔敕內容如下：

> 憲法第 67 條所舉之費目已為憲法正文之保障，因此不應成為紛議之原因。但朕特任閣臣，行政各般之整理應據其必要徐審熟計以無遺算，朕將裁定。

而國家軍防之事，苟一日之鬆懈將遺百年之悔恨。朕茲命省內廷之費用，六年間每年撥付歲出 30 萬日圓，兼命文武官僚除有特別之情實者，同年月間納其俸給十分之一，以資製艦費之補充。

朕任閣臣與議會為立憲之機關，望各自慎其權威，行和協之道。朕將慎重相輔，望成有終之美。[36]

詔敕的意義

這一詔敕在三點上有重要意義。

第一，是它與之前提到的都築馨六的「超然主義」不同，天皇承認議會是與政府並立的「立憲之機構」。1889 年（明治二十二年）頒佈的憲法和 1890 年開設的國會以第四屆會議為契機，終於找到了「運用」的落腳點。該詔敕中使用的「成有終之美」在 23 年後的 1916 年還被大正民主的代表人物吉野造作在論文中引用：「述憲政之本意，論共有終之美之途徑」。

第二，這一詔敕贊成將憲法第 67 條擱置。雖然其在措辭上承認政府的見解正確，但在政策層面則承諾依據天皇之命令實行「行政各般之整理」。這使得下一屆國會上政府也無法「揮舞」67 條，無視議會的意見。

第三，根據憲法必須承認議會擁有削減新增軍費的權利，因此詔敕通過承諾削減宮廷費用和文武官員的俸祿，來要求議會也退一步、不要固守其許可權。與第二點結合起來就是在行政費上勸政府保名讓實，在海軍軍擴費上則勸議會也保名讓實。

36《明治天皇紀》，第八卷，頁 206。

總之，因為這份詔敕，國會開設後迎來第四次會議時（因為第三次會議是解散議會的特別會議，所以作為審議一般預算的會議是第三次），政府和議會終於找到了克服明治憲法條文和實際議會運營之間的矛盾的途徑。明治立憲制「運用」的結果是得以固定下來。

「官民協調」的兩種道路

這一「固定」階段有兩重障礙，但並非不能克服。

第一是，從政治上如何實現詔敕所說的「和協」，也就是行政府和立法府的「和協」。理論上說，只有兩者合作形成「大聯合」或者兩者縱分形成兩大政黨制這兩種選擇。

如果採取「大連立」，就會類似於戰後我們經歷的官僚與執政黨的長期合作，也即「五五年體制」，「自民黨一黨優越制」。相反如果採取後者，就會成為立憲政友會「由伊藤博文派官僚和自由黨（憲政黨）在 1900 年組成」和立憲同志會「由保守的山縣派官僚和（名稱不斷改變的）改進黨的後身組成」那樣的兩大政黨關係。麻煩的是，保守的山縣派出身的官僚桂太郎成立的立憲同志會（1913 年）比伊藤博文和繼承西園寺公望的原敬成立的立憲政友會更傾向於自由主義。也就是說，一直在軍部和官僚派中執牛耳的山縣派意外成立了比一直較其更自由的伊藤、西園寺和原敬率領的政友會更具自由主義色彩的政黨（立憲同志會－憲政會－立憲民政黨）。

直到今天人們聽到「大正民主」時都會有不同的聯想，有的人會想到立憲政友會的「平民宰相」原敬，有的人會想到取代原敬、推動實現倫敦海軍軍縮的立憲民政黨的濱口雄幸。這種歷史認識的千差萬別在 21 世紀的日本政界和言論界也依然如故。

今天的政治家，或者批評政治家的言論界人士對自己是贊成原敬的政友會，還是繼承了其反對黨、濱口雄幸領導的民政黨的主張，完全不自知。民主黨推翻了相當於戰前的政友會的自民黨，但民主黨的領導人在列舉自己尊敬的人物時卻舉出原敬，就是一例。

導致這種混亂的歷史認識的原因之一就是歷史學家對「運用時代」之後漫長的「重組時代」的總體研究遠不如對「運用時代」那樣詳細、清楚。筆者在第五章中將嘗試挑戰這一課題。

重組的時代

(1894–1924)

「重組時代」的兩大課題

既然「運用時代」是官僚和農村地主的時代，那麼「重組時代」的課題就很明白了。政府層面的課題是打倒官僚內閣、建立政黨內閣，用今天的話說就是確立「政治主導」。另一方面，就在底層支撐政治的投票者層面來說，則是廢除農村地主的特權，賦予城市商工業者、勞動者以及農村的佃農選舉權。這是「重組時代」的另一大課題。一言以蔽之，「重組時代」的兩大課題就是確立政黨內閣慣例和普通選舉制。

眾所周知，確立政黨內閣制和普選制是日本近代史上所謂「大正民主」（1912 年至 1925 年）的課題，因此可以說「重組時代」就是「大正民主」期。但如果將政黨內閣制換成兩大政黨制，則其實現就要等到大正的最後一年，也就是確立普選制那一年。

「大正民主」給人一種大正時代存在民主的語感，但實際上它還只是限於「運動」層面，兩大政黨制和普選製作為慣例和制度確立下來，則是在進入昭和以後。本章將這一時代稱為「重組時代」，也是為了明確這一點。

重組時代不僅要求確立政黨內閣制，還要求實現兩大政黨制「慣例化」（慣例化是個奇妙的表述，其意義將在下文論述中揭示），這其中有日本獨特的原因。原因是直到最近仍支配戰後日本的自由民主黨與官僚協調的「結合體制」，是由官僚和農村地主兩大勢力共同建立的。

只要這兩大勢力協調的體制不動搖，在野黨就沒有執政的機會，民主運動也無法使普選合法化。

妨礙「重組」的「官民調和」

  戰前日本的官僚和農村地主結合的核心是成立於 1900 年的立憲政友會，由自由民權家擁立藩閥政治家伊藤博文為總裁。而領導自由黨（憲政黨）與立憲政友會合併的核心領導人是星亨。繼而將星亨創立的政友會發展成穩定大政黨的，是今天仍被誤認為「大正民主」的代表人物的平民宰相原敬。以下將逐步揭示，直至 1921 年死於非命，原敬一直是反對兩大政黨制和普選制，阻礙重組時代發展的保守派政黨人物。

  筆者急於透露了這一結論。下一節將以曾是自由民權家、自由黨核心領導人的星亨為中心，討論 1900 年立憲政友會成立的經過。他為原敬奠定了控制政界的基礎。

⬤一 積極主義與立憲政友會成立

政官勾結的發端

戰前戰後長期主導日本政治的、保守政黨和官僚協調合作的「結合體制」是在 1894 年至 1895 年的日清戰爭結束以後確立的。自由黨在 1880 年開設國會以後的幾年間一直與藩閥政府對立，而在日清戰爭之後，自由黨明確提出要轉變方向。

日清戰爭結束的次年 1896 年 3 月，自由黨總理板垣退助在該黨的聯歡會上發表演講說：

> 立足東洋大勢觀我國形勢，軍備擴張已勢在必行。因此國庫支出乃萬不得已，增稅及新課稅又乃萬萬不得已。民力休養也應去往日消極休養之法，行積極暢養之策，振興諸般事業，是為良善。[1]

上一章已經提到，自由黨領導層從日清戰爭之前就希望為藩閥政府和眾議院的看不到頭的正面衝突畫上句號。

---

1 《（自由黨）黨報》，1896 年 4 月 11 日號，頁 1。

走向日清戰爭 —— 東學黨之亂

放棄已經提倡十年的減少行政費、減輕地租的政策，轉向在地方普及鐵道的積極政策，這是非常大的變化。不過日清戰爭爆發導致民族主義情緒高漲，戰勝得到的中國清朝賠款（約 3.3 億日圓，戰前的國家年收入約為 8,000 萬日圓）令自由黨有條件從「民力休養」轉向「積極政策」。

如第四章中所述，1882 年的壬午事變和之後兩年 1884 年的甲申事變導致日清兩國圍繞朝鮮半島發生正面衝突已經只是時間的問題。1885 年 4 月簽訂的日清《天津條約》規定兩國從朝鮮半島同時撤兵、因特殊情況出兵時需要「互相書面通知」。在這暫時的休戰中，兩國都致力於擴張陸海軍。

被稱作「東學黨之亂」的朝鮮農民叛亂成為日清開戰的導火索。未能獨立鎮壓該叛亂的朝鮮政府要求清朝出兵，清朝政府遵照《天津條約》的約定，向日本政府作出了出兵的正式通知（1894 年 6 月 6 日）。

日本政府也掌握了東學黨之亂的情報，在清政府發出正式出兵通知的前四天，當時的伊藤內閣就對抗出兵通過了內閣決議，通知送達日本政府時，廣島的第五師團已經接到了出動 7,000 多人的混編師團（以旅團為單位加上炮兵和步兵）的命令。

不過雖然日本政府反應迅速，但這個混編師團的先遣隊抵達漢城時，東學黨之亂已經被清朝鎮壓。由此日本失去了出兵的名義。

年代	首相	事件
1894 年（明治二十七年）	伊藤	東學黨之亂；日清戰爭。
1895 年（明治二十八年）		馬關講和會議；簽署馬關條約；俄德法三國還遼；台灣平定。
1896 年（明治二十九年）	松方	立憲改進黨與立憲革新黨合組而為進步黨（大隈重信）；戰後第一次增稅。
1897 年（明治三十年）		金本位制之確立；勞動組合期成會成立。
1898 年（明治三十一年）	伊藤 大隈 山縣	自由‧進步兩黨合作；否決地租增徵案。自由黨和進步黨聯手，組成憲政黨；第一次大隈（隈板）內閣成立；憲政黨（舊自由黨）‧憲政本黨分裂（舊進步黨）分裂；地租條例改正（增加地價之 3.3%）。
1899 年（明治三十二年）		文官任用令改正；橫山源之助出版《日本之下層社會》；改正條約實施（法權回復）。
1900 年（明治三十三年）	伊藤	治安警察法；選舉法改正（直接國稅 10 日圓以上）；軍部大臣現役武官制；庚子拳亂（因義和團事件出兵）；組成立憲政友會（伊藤博文為總裁）。
1901 年（明治三十四年）	桂	八幡製鐵所開始運作；愛國婦人會創立；社會民主黨組成，即日被禁。星亨被刺殺；田中正造就足尾礦毒事件向天皇直訴。

陸奧宗光的對清開戰論

在這種情況下，外相陸奧宗光強烈主張不論有無名義，都與清朝開戰。他在 6 月 27 日致首相伊藤博文的書信中這樣論述道：

> 從別紙兩電文可知，雖中國軍隊在朝鮮風光傲嬌，但清政府不願增兵。因此如畏懼決裂，則定將失此良機。古來為等名

義萬全而被敵方佔去先機之例不在少數。何況今日我國在朝鮮之勢力未及清國。此時以任何名義與清兵一戰，先獲一勝，再施以剛柔並濟之外交，（中略）如若衝突無可避免，則應在我國握勝算之時衝突。（中略）盼明覆，電話亦可。[2]

陸奧外相的這種對清開戰論在 6 月 15 日的內閣會議上就已經很明確。在當天的會議上，陸奧明確指出，日方提議與清政府共同在朝鮮推行改革是為對清開戰爭取時間，他論述道：

不論與清政府談判結果如何，目下絕不應從朝鮮撤回我國軍隊。如若清政府不同意我國之改革方案，則帝國政府應獨力進行上述之改革。[3]

內閣決議 VS 天皇意志

對於陸奧極力主張對清開戰，明治天皇及其親信表達了擔憂，但陸奧壓制了天皇的意志。以下陸奧致首相伊藤的書信透露了其經過：

適才德大寺侍從長奉御史之旨來訪，蒙聖上屢屢過問先前上奏之內閣決議內容，過日鄙人將就此一一上奏。聖上對將來之情形懷有擔憂，尤其是內閣會議末段關於日清談判有結果之前不撤回我在朝軍隊，以及清政府不贊成共同改革時，帝國政府應獨力達成該目的一事。正因此宗光就日清韓三國關係以

2 《伊藤博文傳》，下卷，頁 63-64。
3 同前書，頁 58。

及三國將來的安危屢陳意見，閣議之主要着眼點為末段兩項，排除此兩項則整個基礎將不復存在。萬一聖慮與閣議相異，則將導致嚴重事態，望閣下儘可能明朝即面聖上奏，詢問聖意。[4]

陸奧的這封書信揭示了明治政治外交史的複雜性。首先，《大日本帝國憲法》沒有設想「聖慮」與「閣議」相異的情況。第 55 條規定「國務各大臣負有輔弼天皇之職責」，關於如何解釋，伊藤博文署名的《憲法義解》中只提到：「如至國內外重大事態，應由整個政府負責，而非專任部門，但在出謀劃策付諸實踐之時，必須由各大臣協商，不得互相推諉。此時所有大臣都負有總體責任，此乃其本分。（但有名的第 11 條中的「獨立的統帥權」不受此限制。這一點將在第六章中單獨討論。）

日清戰爭的終結 —— 下關條約與三國干涉

戰爭在開戰一個半月後即結束。日本陸軍在 9 月 15 日的總攻中攻下平壤，在此之後兩年，日本海軍與擁有定遠、鎮遠兩大旗艦的清朝北洋艦隊激戰，並使之敗走。在海軍勝利的激勵下，陸軍繼續向遼東半島進軍，並在開戰後四個月的 1894 年底佔領旅順、大連等遼東半島的大部分地區。日清戰爭實際上在 1895 年 2 月清政府北洋艦隊投降時就已經結束，3 月 20 日清政府的全權代表李鴻章抵達下關，媾和會議開始。撇開當事國身份來看李鴻章在此次會議上的主張，其實並無不合理之處。李

4　同前書，頁 56-60。

鴻章提出，既然日本的戰爭目的是「朝鮮之獨立」，那麼這一戰爭的媾和條約就應該以確認「朝鮮獨立」為內容。旨在實現朝鮮獨立的戰爭的媾和條約沒有道理要求清朝割讓遼東半島。日本還要求清朝割讓並未在戰爭中佔領的台灣就更無道理，再則獨立國家之間的戰爭賠款，應該僅限於日本在此戰爭中的實際花銷——約 1.5 億日圓，3 億日圓的賠款要求沒有根據。

這四點中第二點——指出割讓遼東半島為不正當要求，是對越過日本政府向清朝謀求該半島權益的俄羅斯提出的，俄羅斯後來聯合德國和法國逼迫日本將該半島歸還清朝，即有名的「三國還遼」事件（4 月 23 日）。眾所周知，這一事件後來成為日俄戰爭的導火線，但比日俄戰爭對日本國內政治帶來更大影響的是，作為「還遼」條件的 3,000 萬日圓和清政府的 3億 3000 萬日圓賠款。日清戰爭那一年財政支出約為 8,000 萬日圓，這是一筆約達到財政支出四倍的臨時收入。幕末以來日本政府的夙願——富國強兵首次有了財源。前文引用的自由黨總理板垣退助的演講就是在謀求從減輕租稅的民力休養政策，轉向擴充地方公共設施的積極主義，包括鋪設鐵路、修建港灣、建立高等教育機構等。

第四章中曾提到，自由黨的最大支援基礎是農村地主，他們承擔的地租是金納固定稅，如果米價等農產品價格上漲，則地主的負擔就會減輕。在這一體系下，日清戰爭中物價持續上漲，米價也不斷飆升，以至於到1898 年已經達到戰前的兩倍以上。稅負擔減輕了一半的地主不再像戰前那樣要求減稅。主要的納稅者不再要求減稅，同時還從清朝得到了一筆相當於年財政支出四倍的賠款，所以板垣退助等自由黨領導人期待同時實現富國和強兵也不是沒有理由的。

擴軍與增稅

但自由黨的領導者們誤判了戰勝之後軍部的擴軍慾望。第二屆伊藤內閣為陸海軍的要求所迫，為期 8 至 10 年、達到 2.8 億日圓的臨時軍部預算，財源據說全部來自清政府的賠款。

另一方面，自由黨期待的「積極政策」（主要是鐵路擴充費）未能分得賠款的一杯羹，而是靠在七年中發行了 4,000 萬日圓的事業公債。

僅從 2.8 億日圓的軍費和 4,000 萬日圓的公共事業費（10 年計劃）的數字差距就可以明顯看出，「強兵」已成為「主」，「富國」淪為「輔」，但事情還遠不止如此，因為用「臨時費」2.8 億日圓來擴軍，就必然產生相應的「經常費用」（不用能「臨時費」來支付消耗品和軍餉）。據大藏省大臣松方正義及其繼任者渡邊國武估算，這筆臨時費導致陸海軍的經常費用平均每年增加了約 2,000 萬日圓。

與臨時費不同，經常費的增加不能靠發行公債。並且直接國稅中所得稅總額在日清戰爭後也只有 200 萬日圓左右，即使翻倍增收也只有 200 萬日圓。不論政府是否樂意，陸海軍增加的經常費用都只能用總額近 4,000 萬日圓的地租來填補。

如果將地租率從現行的 2.5% 提至 4%，增稅率達到 60%，不到 4,000 萬日圓的地租可以增至 6,000 萬日圓以上，有 2,000 萬以上的增收，足夠陸海軍增加的經常費用。

但任何時代都是如此，增稅總是難以完全符合大藏省（財務省）打的算盤。確實戰爭中和戰後米價高漲的情況下，農村地主已經不要求減輕地租。比起減輕地租，更希望能夠普及鐵道等充實地方公共設施。但增加地租就是另一回事。增稅和普及鐵道對農村地主而言與集資修鐵道沒有多大區別。

但從日清戰爭前後開始，眾議院本身已經不是自由黨所獨佔。日清戰爭以前在 300 議席中只佔不到 50 席的大隈重信組建的立憲改進黨在戰後的 1896 年 3 月已經吸收其他政黨，成為 300 議席中佔 100 席的一大政黨（進步黨）。當時自由黨的議席數為 109 席，兩黨基本在眾議院勢均力敵。

　　想修鐵路但不願意增稅的農村地主支持的政黨是分裂的。更傾向於引入鐵路的支持自由黨，以及強烈反對增稅的支持進步黨。

無法強行增稅的憲法體制

　　如果是在日清戰爭之前，那麼這種眾議院的分裂狀態是有利於高舉「超然主義」的藩閥政府操縱政黨的。但日清戰爭之後藩閥政府的工作已經不是拒絕眾議院的減稅要求，而是主動向眾議院提出增稅法案。前一章中已經指出，根據憲法第 37 條，眾議院如果否決該法案，增稅就無法實現。明治憲法的專制性格廣為人知，但還是賦予了眾議院葬送政府的增稅法案的許可權。

　　對藩閥政府而言幸運的是，與進步黨不同，自由黨的領導者不惜接受增稅，也要實施積極政策。本節最前面引用的自由黨黨首板垣退助的演講證實了這一點。因此，如果沒有總選舉，可能第二屆伊藤內閣就可以憑藉自由黨、御用政黨國會協會以及無派別議員組成的執政黨聯合在眾議院通過增稅法案。

　　但眾議院議員的任期與現在一樣是四年，距當時最近的一次總選舉的時間是 1894 年 9 月，因此無論是否解散，1898 年內都要舉行總選舉。在地租增稅法案無法通過的情況下，第二屆松方正義內閣於 1897 年 12 月 24 日召集國會，並在次日解散眾議院，率領內閣總辭。可以說，通過增稅

法案於藩閣政府之難在這兩天之內暴露得淋漓盡致。

唯一的活路就是，與繼任首相伊藤博文關係親近的板垣退助率領的自由黨在解散後的總選舉中取得壓倒性勝利。那樣一來，自由黨和伊藤內閣的關係就會像兩年半後的 1900 年 9 月成立立憲政友會時的格局。在選戰期間的 1899 年 2 月底，板垣在東京發表演講說：

> 要說現在應推選哪個政治家，非伊藤（侯）爵莫屬。首先他得到天皇陛下的深切信任，而且在官僚中也享有信譽。（中略）近來，我與伊藤氏政見相合，在完善立憲政體上持同樣觀點。（中略）伊藤氏現在得到行政權力，而我率領一大政黨。我認為憑藉這兩大勢力，這三四年必可維持強大穩固的政府，拯救這個國家。

但最終自由黨在這場選舉中險勝，自由黨獲得 98 席，進步黨獲 91 席。

地主議會的固定化

自由黨鮮明地擺出了執政黨立場，但卻僅獲得三分之一的議席，原因是擁有選舉權的依然是不到 50 萬的農村地主。雖然國會已經開設八年，但擁有選舉權（繳納直接國稅 15 日圓以上者）的階層和數量都與第一次總選舉時沒有多大變化。解散眾議院的原因毫無疑問在於增徵地租問題，繳納地租的是農村地主，因此容許增徵地租的自由黨不可能獲得大勝。以日清戰爭為分界，日本的軍事、經濟、社會都發生了很大變化，唯獨「政治社會」依舊頑固僵硬。

如前所述，日清戰爭後陸海軍實現飛躍性的擴大。在經濟方面，輕工

業的代表棉絲業也從依賴進口轉向國產化，戰爭以後還開始向中國市場出口。另外，明治日本的最大出口產業生絲業也因為實現機械化而出口量倍增。最大的基礎設施產業鐵道也因為得到工商業者和大地主的投資而迅速發展。

軍事產業、紡織、制絲業的迅速發展導致勞動問題浮上面。新聞記者、農商務省開始對傳統產業和近代工業產業勞動者的悲慘勞動條件進行調查和公佈。[5] 唯獨政治社會一成不變，約 4,000 萬人口中僅有約 50 萬農村地主獨佔着參政權。

站在自 1890 年國會開設時起政治社會就完全沒有變化的角度，看待國會「民黨」的要求從最初的減輕地租，到日清戰爭之後變成反對增加地租，進而轉變為同意增加地租、實施「積極政策」，其實不過是杯中之爭。同樣地，信奉「超然主義」的藩閥官僚與獨佔眾議院議員選舉投票權的農村地主及其政黨代表——自由黨和進步黨之間的反覆對立和妥協的反覆也只不過是杯中的變化。

政黨的性格會根據其支援母體的構成而改變。從這一角度，支持基礎是約 50 萬農村地主的自由黨和進步黨不管是與藩閥官僚對立也好，合作也好，大體上都與「重組時代」無關。

從這一角度，不論是 1898 年（明治三十一年）自由黨和進步黨回到日清戰爭前的「民黨」，攜手建立日本最初的內閣（第一屆大隈重信內閣或者是隈板內閣），還是兩年後的 1900 年前身為自由黨的憲政黨再次轉向「積極主義」，回到與伊藤博文系的官僚合作上來，創立以伊藤為總裁的立憲

5　橫山源之助：《日本之下層社會》，1899 年刊；農商務省編《職工情況》，1901 年調查。

政友會，日本的政治都還是停留在「運用時代」。無須多言，從「運用」前進到「重編」的關鍵是選舉權的擴大，以及作為其結果的實現普選制。

從大聯合到官民協調

不過雖然是杯中之爭，對當事者而言還是大事。由於很多農村地主都認為自身沒有義務一攬子背負增加的陸海軍經常費用，所以板垣領導的自由黨才會在 1898 年（明治三十一年）3 月的總選舉遭遇實際上的失敗。

任何時代都是一樣，一個政黨的路線罕有能得到所有黨員的支持。當板垣毫不避諱地接近藩閥官僚並未帶來總選舉的勝利時，自由黨內反對增稅派的勢力就得到增長。這種此消彼長正是在回歸日清戰爭前的「民黨」時代。自由黨和進步黨以 247 對 27 的壓倒性優勢否決了第三屆伊藤內閣提出的將地租增加 60% 的法案。眾議院的總議席數為 300，由此可知 247 的反對票之分量。

日清戰爭後的伊藤內閣和松方正義內閣都允許陸海軍擴張，擴張帶來的經常費用增加依靠增稅來填補。但 1898 年 6 月的眾議院全體會議否決了增稅法案，使得藩閥政府走投無路。這也顯示出，在明治憲法之下，無法通過這一法案。

1898 年 12 月底在第二屆山縣有朋內閣執政下通過增稅 32.2%、增稅期限為五年的妥協方案，是藩閥政府大費周章的結果。首先，在增稅法案被壓倒性反對票數否決之後，伊藤內閣馬上解散眾議院和總辭職。到這一步與松方內閣的做法一樣。但伊藤在此之前，召集與自己一樣是維新元勳、天皇首班指命諮詢人的元老們召開會議，提議任命反對增稅法案的兩黨黨首來組建後繼內閣，即推舉進步黨的大隈重信擔任首相，自由黨的板

垣退助擔任內務大臣，讓兩人自由組建內閣。

深得陸海軍和官僚信任的山縣有朋雖對此有所表示，但也無法說出「與其讓政黨組建內閣，不如自己來做首相」。反對增稅的自由和進步兩黨黨員聯合組建了憲政黨，顯然他們將在 8 月的總選舉中進一步增加議席。這樣一來，在國會設立八年之後，日本也成立了除了陸海軍大臣，其他閣僚都是前自由黨和前進步黨黨員的政黨內閣。以「超然主義」為招牌的藩閥勢力無論是從主義上還是權力之爭上，都顏面盡失。

但是站在從日清戰爭前後開始花費數年與自由黨結成良好關係的伊藤博文的角度來說，也不是沒有辦法奪回政權。如果容許當時已經與憲政黨合併的前自由黨分裂來同意增加地租，則以該黨為執政黨組建第四屆伊藤博文內閣也不是不可能的。

官民協調的促成者

擔任駐美公使兩年多，曾經是自由黨領導人的星亨回國為上述方案提供了契機。第四章中已經提到，星亨對民黨與立憲改進黨聯合持反對態度，對消極的減輕地租論不勝其煩，提出「積極主義」、主張通過充實公共事業來促進地方發展。持這種觀點的星亨在自由黨和進步黨成立聯合內閣後，從美國回到日本。關於歸國後的星亨的舉動，時任警視總監對首相大隈重信做了如下報告：

> 關東舊派中只有原自由黨派抱有很大不平，暗中謀劃分裂，雖然本部總務委員在盡力協調，但鑒於星亨的勢力暗中教唆挑撥，工作非常艱難。並且，近日星亨召集附近各縣的志同

道合者頻頻相聚於紅葉館的關東俱樂部等，有不動聲色地彰顯自身勢力之義，但因不盡如願而抱有不滿，近日或將召集志同道合者在（憲政黨）大會當日提出種種問題發難，有擾亂當日會場的野心。[6]

導致憲政黨分裂成憲政黨（前自由黨）和憲政本黨（前進步黨）的直接契機是辭職的文部大臣後任之位的爭奪，但其實以星亨為中心的勢力已經為憲政黨的分裂做好了鋪墊和準備。

第二屆山縣有朋內閣

憲政黨於 1898 年（明治三十一年）10 月 29 日正式分裂，導致與之聯合執政的大隈重信內閣也在第二天總辭職。後任內閣以山縣有朋為首相，組成了沒有一名閣僚是政黨成員的「超然內閣」，但星亨率領的憲政黨（前自由黨）從閣外對其提供支援。

第二屆松方內閣和第三屆伊藤內閣都是因為增稅法案被眾議院否決而下台，因此，既然星亨領導的憲政黨提出要從閣外支持山縣內閣，就必須在某種程度上接受增稅法案。此處的細節不得不省略。[7] 內閣與憲政黨的妥協點是將增稅的年限控制在五年，增幅從伊藤內閣提出的 62% 降至 32%。通過這次妥協，增稅法案在兩院獲得通過，於 1898 年 12 月底公佈。

問題是憲政黨在這次妥協中獲得了甚麼。該黨領導人星亨在次年 1899 年 3 月發表的署名文章中這樣論述：

6　早稻田大學圖書館所藏大隈重信相關資料所收《政黨偵查報導書》，1898 年 9 月 19 日。
7　參見拙著《明治憲法體系的確立》，頁 206-235。

第一，需要有大志。功名欲速則不達，不能因急躁冒進而誤大事。關鍵是全力以赴取得最終勝利。

第二，門戶開放不厭廣。應廣招人才，相容羣雄。若需從頭開始，就自詡元老而排斥。

第三，需要振肅黨紀。既結成黨，即應該首尾相應如常山之蛇，有節制、有紀律，一貫遵守法律，其好處之多無須多言。

第四，需要鞏固地方地盤。政黨的立身之本在地方，政治之勝敗歸根於地方上的勝敗。明白地說，政治上的變革近因在大磯、早稻田、帝國飯店召開的會議，而遠因實際上是地方的勝敗。地方是重中之重。[8]

這篇後世看來頗為抽象的文章對同時代的人而言具有非常具體的意義。

第一點是就支持看似沒有回報的增稅法案和山縣有朋內閣尋求理解。第二點是明確指出，真正的回報是元老伊藤博文出任憲政黨總裁之事在推進。第三點是公開要求在反對增稅和支持擴充公共事業之間搖擺的前自由黨員今後支持黨領導層的統率。第四點是解釋通過擴充公共事業贏得地方支持的重要性。

作為政治構想，這篇文章明確提出了在次年 1900 年結成以伊藤博文為總裁的立憲政友會；作為基本路線，提出了今後 30 多年間政友會選擇「積極政策」作為其招牌政策。在這種意義上，星亨的這篇署名論文具有劃時代的意義。

8　憲政黨機關報《人民》，1899 年 3 月 19 日號。

積極主義與東北開發

　　從星亨到原敬，以至高橋是清一以貫之的「積極政策」瞄準的是鋪設
鐵路、修建港灣等基礎設施擴充，同時值得注意的是東北地區的開發也是
目標之一。星亨 1899 年（明治三十二年）4 月在仙台的東北六縣憲政黨支
部討論會上做了如下發言：

> 　　東北比起西南在農業開發上落後，經濟方面，工業、商業
> 以及金融機構也都落後。東北的交通不如西北發達，必須要發
> 展當地的交通。教育上，東北在初等教育和高等教育上也都落
> 後。（中略）如果要將東北提升到關西的水準，就必須採取積
> 極政策，新設教育機構。

　　東北在近代化進程上落後於西南，顯然是 1868 年戊辰戰爭中東北 28
藩敗北的主要原因。同時，由於戊辰戰爭的敗北，東北未能享受到明治維
新的餘澤，又造成東北進一步落後。北陸地區的情況完全一樣。

　　被近代化進程抛在後面的是傳統產業興盛的地區，以稻米產區最多。
並且正如已經多次指出的，開設國會以來在眾議院佔多數的是稻米產區地
主的代表。他們要求減輕地租，反對增加地租的法案。具體而言，東北、
北陸地區的地方代表在 300 議席中佔 50 席，對增加地租法案反對到底的
有 44 名議員[9]。在星亨發表上述演講之後，東北六縣的憲政黨協議會通過
了建設東北港、完成東北鐵道建設、設立東北帝國大學的決議。

9　參見拙著《明治憲法體制的確立》，頁 216。

立憲政友會的支配體制

如本章開頭所述，「重組時代」指的就是星亨所處的時代通過「普選制」和「兩大政黨制」進行重組。但從 1890 年（明治二十三年）國會開設以來不到 10 年的歷史來看，星亨所實現的政治變革本身就是一次「重組」。

他所率領的憲政黨已經不再敵視伊藤博文所代表的藩閥政府，不再要求減輕地租，甚至不再反對增徵地租。而其獲得的回報僅僅是，憲政黨成為政府執政黨，掌握公共事業費的決定權，以及穩固了地方基礎。星亨的夢想未能通過憲政黨實現，不過卻通過次年成立的以伊藤博文為總裁的立憲政友會結出果實。星亨在自己創立的政友會內閣（第四屆伊藤博文內閣）中擔任郵政大臣，並在該內閣總辭職後的 1901 年 6 月死於非命。原因是公共事業中心主義的政治染上了金權腐敗的味道，星亨的鐵腕給人造成了傲慢無禮的印象，導致其慘遭劍術師士族的刺殺。但星亨提出的「積極主義」和「萬年執政黨」（含准執政黨）路線被原敬繼承，直到 1921 年 11 月原敬被暗殺，一直是立憲政友會的基本路線。本章的標題「重組時代」就是指挑戰這種立憲政友會的支配體制並漸漸取得成果的時代。

二 日俄戰爭和對政界重組的期待

「總體戰」與日俄戰爭

1904 年至 1905 年的日俄戰爭不論是在兵力還是財力上都是真正的「全力戰」。兵力方面，散戶農、勞動者、城市中下層民眾也參戰，財力方面農村地主承擔了軍費。明治維新後一直提倡的「四民平等」中實現的只有「兵役平等」，超過 25 萬兵役「平等」地分配到了日本的各個階層。

另一方面，由於納稅人大部分是農村地主，所以當時的軍費雖然是通過 17 億日圓的內債和外債來支付，但其利息不得不主要由農村地主來償還。寫作本書的年代（2011 年）的日本國民應該能夠理解，如果未來不增稅，是很難為非盈利事業發行內債和外債的。日俄戰爭中兩次收繳的非常特別稅使得地租增至戰前的 1.8 倍，從金額上增加了 3,800 萬日圓的稅款。這一非常特別稅中雖然也增徵了所得稅和營業稅，但兩者合起來也只有 2,500 萬日圓，顯然農村地主的負擔增加最大。

一方面，在政治上處於無權利狀態的散戶農、勞動者、城市中下層民眾被徵兵，奔赴戰場；另一方面，戰爭前幾乎是唯一的租稅負擔者的農村地主稅負擔進一步增加了 80%。如果前者在戰後要求政治平等，則由不到 100 萬的農村地主支持的政友會對眾議院的控制必將受到打擊。另一方面，如果被迫承擔增加的大部分國稅的農村地主們決定不能再被「積極主義」欺騙，那麼不用等實現普通選舉制，政友會對眾議院的控制馬上就會崩潰。

年表 7

年代	首相	事件
1902 年（明治三十五年）	桂	締結英日同盟。
1903 年（明治三十六年）		西園寺公望任政友會總裁；幸德秋水和堺利彥創辦《平民新聞》。
1904 年（明治三十七年）		日俄戰爭（1904-1905 年）；第一次日韓協約。
1905 年（明治三十八年）		樸次茅夫條約（日俄講和條約）；日比谷縱火事件；第二次日韓協約（設置韓國統監府）。
1906 年（明治三十九年）	西園寺	日本社會黨組成；鐵路國有法；南滿洲鐵路株式會社（滿鐵）成立。
1907 年（明治四十年）		戰後恐慌；帝國國防方針；海牙密使事件；第三次日韓協約。
1908 年（明治四十一年）	桂	戊申詔書。
1909 年（明治四十二年）		伊藤博文在哈爾濱被暗殺。
1910 年（明治四十三年）		組織立憲國民黨（犬養毅）；大逆事件；韓國合併；設立朝鮮總督府（寺內毅總督）。
1911 年（明治四十四年）	西園寺	關稅自主權回復；公佈工場法；辛亥革命。
1912 年（大正元年）	桂	中華民國成立；明治天皇逝世；友愛會成立；陸軍二師團增設案被否決；陸相上原勇作辭職（西園寺內閣瓦解、桂內閣）；大正政變（第一次憲政擁護運動，1912-1913）。

北一輝的普通選舉論

對前者寄予期待的是後來以法西斯主義者著名的青年時代的北一輝。日俄戰爭的次年（1906 年）北一輝 23 歲，自費出版了《國體論及純正社會主義》，但馬上被禁售。北一輝在該書中如此論述道：

我來回答愛國者們。你們應該作為國家的一部分，為國家其他部分的生存和進化而欣然犧牲。（中略）為了國家，所謂「四千萬同胞」，應該將四千萬同胞視為國家，不應將兩三個人或者少數階級視為國家的全部。因此，以愛國之名，所有的同胞都應該犧牲，所有犧牲的義務都意味着作為目的的權利。（中略）被國家的聲音叫醒的沉睡國民身着血染的軍服在滿洲進擊之時，在國民欣然準備好加入這一行列時，豈還能説普通選舉制為時尚早。[10]

通過日俄戰爭這一「全力戰」將兵役義務和參政權聯繫起來，是 23 歲的北一輝的期望。反向一擊，北一輝在明治 10 多年主張開設國會，對於曾與藩閥政府的「開設國會為時尚早」論對決，而如今卻秉持「普選尚早論」的自由黨和改進黨的後身政友會和進步黨提出了以下批判：

「曾經對國會尚早論怒髮衝冠的他們，現在卻秉持普選尚早論。如今的政友會和進步黨早已失去當年民主黨的銳氣，而只是帶着經濟貴族的良心侍奉藩閥和參議院等貴族的奴隸。」[11]

松尾尊兊是明治後期到大正的普選運動的研究先驅，根據其研究，日俄戰爭前後提倡普選的並不僅僅是北一輝（《大正民主》），反戰的社會主義者（「非戰論」者）中，也有不少跟北一輝一樣將「兵役」與普選聯繫起來論述的。這裏從該書中再引用一段，社會主義者荒田寒村如此回憶：

10《北一輝著作集》，第一卷，頁 391–392。
11 同前書，頁 392。

我出於反對戰爭的立場，明確贊成媾和，但政府不論是和是戰都忽視國民的意志是不對的，國民必須擁有普選權，參與國政，由全民意志來決定是戰是和。當我闡述這些觀點時，聽眾也非常贊同地鼓掌。[12]

松尾還進一步介紹說，主戰一方也有與北一輝同樣將兵役與普選聯繫起來的論者，即報紙《日本》的記者陸羯南。

　　負擔租稅的國民，擁有議論租稅支出的權利，這是立憲政治的原理所在。怎麼能說承擔兵役者無權議論戰爭呢。[13]

普選論缺席的民眾運動──日俄媾和反對運動

但將「兵役平等」和「選舉權平等」聯繫起來並不是日俄戰爭結束之初的目標。當時的最大公約數是反對無賠款議和，有幾萬民眾參加了這一運動（1905 年 9 月 5 日發生的被稱為「日比谷縱火事件」的騷亂參加者據說也有三萬人），他們的利益千差萬別。松尾這樣闡述參加者的多樣性：

　　被剝奪土地流入城市的貧民階層、開始解體的匠人階層，與上述兩者沒有完全分離，處在階級集結前夜的近代勞動者階層。與這些無產大眾一樣苦於重稅和通脹的是工薪階層等都市新中間階層、被有着強烈的前近代色彩的營業稅等重稅阻礙資本累積，與受到政府的特權保護的大資本對立的中小工商業者

---

12 頁 32。
13 同前書，頁 14。

階層（非特權資本家階層）等。另外作為以上各城市市民階層不滿代言人的報紙和脫離既有政黨框架的政客、記者、律師、實業家，結成了反藩閥的激進政治團體，上述諸要素一舉在歷史上顯現，就形成了反對媾和運動。這是新時代的起點。[14]

據松尾的研究，這一反日俄媾和運動從媾和條約簽署的 9 月 5 日開始到條約 10 月 4 日獲樞密院批准，持續了整整一個月。跟筆者同時代的人可能會聯想起 1960 年 5 月 19 日到 6 月 18 日的日美改訂安保條約反對運動，也是從條約簽署到批准持續了一個月且參加主體是多階層民眾。改訂安保條約是岸信介內閣調集機動隊進入眾議院才得以強行通過的。之後一個月參議院沒有開會，根據憲法規定於 6 月 19 日凌晨零時自動通過。據說多達 10 萬或者 20 萬學生包圍了漆黑空無一人的國會議事堂，在束手無策中迎來了法案的自動通過。對於筆者而言，那一夜的挫敗感時隔五十年依然記憶猶新。

反對日俄媾和條約的國民運動和反對安保條約的國民運動都是從條約簽署開始一直擴大直到條約批准，並以批准之日為界偃旗息鼓。1905年 10 月 4 日，多階層民眾參加的這場反對運動瞬間停止，以農村地主為主要支持層的保守政黨——立憲政友會的時代到來了。

這種事態進展方式與北一輝以德國社會民主黨的議會活動為藍本的從「兵役平等」經過「選舉權平等」，到「類似社會主義經濟的土地資本的國有化」的進展設想有巨大差異。[15] 處在藩閥官僚與農村地主兩大勢力周

---

14 同前書，頁 35-36。
15《北一輝著作集》，第一卷，頁 377。

邊的混雜勢力集結在反對日俄媾和條約之下開展了一個月的運動，之後又基於各自的不同利益而分崩離析。

原敬的官民調和路線

旁觀這種支配體之外的國民運動，星亨的繼承者政友會領導人原敬與作為藩閥官僚代表執政的桂太郎加強了合作，明白說其實是桂太郎考慮不動聲色地向政友會移交政權。

原敬在日俄戰爭中就預計到媾和後國民之中必然爆發反對運動，並以大政黨政友會不參與運動為條件，向首相桂太郎要求參與政權。1905 年（明治三十八年）4 月 16 日舉行的雙方會談中有以下對話：

> 原敬說：「不管以任何條件停戰，多數國民都不會滿意，屆時除非政友會與政府聯立，否則就會與民眾同仇敵愾。但這種情況對國家不利。」
>
> 桂太郎說：「為實現和平所要付出的代價，國民當然應該要同意。因此，我有犧牲自身進退的思想準備，為了戰後的國家運營，我有決心離開首相之位，讓西園寺（政友會總裁）來接替。」[16]

此處桂首相和原敬達成協定的不止是藩閥政府向政友會讓渡政權。1900 年構成藩閥一角的政友會迎來伊藤博文出任總裁以後，軍部、官僚階層、貴族院都不與伊藤統一步調，而擁立與伊藤同一級別的長州藩閥，

16《原敬日記》，第二卷，頁 131。

維新元勳山縣有朋為總帥（山縣閥的形成），因此政友會未能在藩閥勢力和眾議院中成為第一大黨。

為了打完日俄戰爭，政府發行了巨額內外債和特別增稅，卻未收取一文賠款。軍部和官僚階層由山縣控制，眾議院由政友會控制，在這種體制下政治無法穩定。何況這兩大支配勢力的外部還有日比谷縱火事件所象徵的農村地主以外的多股小勢力的不滿。在山縣閥與政友會之間建立中長期的協調關係對無論那一派來說都是必要的。反對媾和運動還在向全國蔓延的 9 月 17 日，原敬就這一點與前政友會總裁伊藤博文舉行會談，做了如下表態：

> 政界今日的情況是進步黨（憲政本黨）、政友會和藩閥並存。政、進兩黨單獨無法維持內閣，藩閥今後也必須與兩大勢力合作來處理政事。但合這三分勢力中的兩分就可定天下。因此政友會應當與當權派（山縣閥）聯合執政，這將對國家前途大有貢獻。[17]

桂園時代的到來

一方面桂太郎要求向西園寺公望移交政權，另一方面原敬也認為「政友會應當與當權派（山縣閥）聯合執政」，那麼結論就只有一個，即兩者輪流執政。如果政友會執政，則桂太郎率軍部、貴族院和官僚從閣外支持；相反如果桂太郎當政，則西園寺公望或原敬就率領政友會從閣外支持。政

---

17 同前書，頁 149。

治世界很少能夠長期按照當局者描繪的劇本演進，但從日俄戰爭結束的 1905 年到明治改元大正的 1912 年的七年間，政治基本按聯合執政者描繪的劇本展開。桂太郎的親信、試圖脫離這一結合體制的德富蘇峰 1916 年（大正五年）在《大正政局史論》中這樣描述這個時代：

> 可以說，明治三十六年到明治四十五年的約 10 年間是桂太郎和西園寺的天下。桂太郎組閣，則西園寺率領政友會在眾議院支持內閣；西園寺組閣則桂太郎幾乎與其聯合執政，率領貴族院的多數人鼎力支持。如此這般，桂太郎之後必定由西園寺執政，西園寺當政後必然由桂太郎來接替的模式持續了 10 年，這 10 年間內政維持泰平。如果內輪機構按此順利運行，則天下無難事。若果真如此，則無輕鬆如政治之事。（中略）政治為人類最輕鬆之事，貪圖安逸之懶漢可專事。[18]

不過這兩大勢力在財政經濟政策方面存在巨大分歧，因此這種合作並不如蘇峰所說的那麼穩定。集結在桂太郎之下的官僚階層中，很多人都重視財政運營效率，用今天的話就是對政友會「撒錢」的「積極政策」持批判態度。惟日俄戰爭後增至 150 萬的選民大部分仍是農村地主。

1900 年（明治三十三年）修改選舉法，成為選民的納稅門檻從直接繳納國稅 15 日圓以上下降至 10 日圓以上，納稅者增多，擁有投票資格者也增加至 150 萬人，為第一批選民人數的約三倍。

但如前所述，納稅者中農村地主的比重依然佔壓倒性優勢，所以雖然

---

18 同前書，頁 6。

選民從 50 萬增至 150 萬，增加了約 100 萬人，但農村地主仍佔大多數，只是中小地主人數增加而已。

樂見增稅的農村地主

由於非常特別稅政策導致地租增加了一倍，所以按理戰後的農村地主會認為減稅比充實地方公共設施更加重要，傾向於背離政友會。但此前也曾多次提到，雖然名義上增徵地租，但米價飆升的比例高於地租增幅，於是後者被抵銷。日俄戰爭前一石 12 日圓的米價，到戰後漲到 15 日圓。除了 1909 年（明治四十二年）和 1910 年（明治四十三年）米價飆升的趨勢一直持續，到明治最後一年 1912 年實際增幅已經超過 1.2 倍。所以增徵的地租得到填補，農村地主繼續期待政友會的「積極政策」。

第一屆西園寺內閣通過鐵道國有法，是政友會的「積極政策」的首次亮相。1906 年初該內閣首次召開國會，通過以國家發行公債作為財源，在 10 年內收購 10 家私營鐵道公司的法案。

雖然將經營不振的私營鐵道公司國有化，但也無法立刻提高地方使用鐵道的便利性。不過，當政友會成為執政黨，掌握遞信大臣和鐵道院總裁的職位，情況就不一樣了。國有化的私鐵中哪一條延長，哪一條作為發展重點，都與各地方的利益休戚相關。

得益於米價飆升和鐵道國有化，政友會在 1908 年和 1912 年的兩次總選舉中獲得壓倒性勝利。日俄戰爭結束到明治末年的七年間，政友會執政約三年多，其他四年為山縣派的桂太郎執掌內閣。但這七年間的兩次總選舉，都是在政友會內閣執政下進行的。這是政友會首次作為執政黨參加總選舉，因為「積極政策」非常有說服力。

「官民調和體制」的阿喀琉斯之踵

但從背後觀察以萬年執政黨（准執政黨）和「積極政策」為方針的政友會的執政，就會發現存在三大地雷。第一就是再發生「日比谷縱火事件」類似的騷亂。前面已經提到，長達一個月的國民運動有超過 10 萬人次的，階層和職業千差萬別的國民參與，參加者的共同點是對藩閥和政友會已經不勝其煩。如果能找到替代「反對無賠償媾和條約」的共同口號，其能量就足以破壞藩閥和政友會的合作體制。這就是 1912 年（大正元年）到 1913 年（大正二年）發生的「打倒閥族，擁護憲政」運動（第一次擁憲運動）。關於這一運動，下一節將做詳細探討。

第二大地雷就是農村地主的叛離。之前提到，日俄戰爭後除 1909 年和 1910 年之外米價持續飆升，而唯獨這兩年米價下跌了近 20%。

米價暴跌加上戰爭後也繼續實施的非常特別稅的沉重負擔，令農村地主深感艱難。米價下跌進入第二年，農村地主之間開始強烈要求減輕地租，第二次桂內閣也不得不批准減稅 14%。這在兩重意義上令官僚藩閥和政友會的協調關係產生了裂痕。第一大裂痕是城市工商業者對政友會的攻擊導致的。他們趁 1907 年底發生戰後恐慌，逼迫政友會內閣改善財政狀況和減輕營業稅。中小企業者的全國性組織「商業會議所聯合」於次年 1908 年 1 月召開臨時大會，在反對西園寺內閣增徵和新增間接稅（酒稅，砂糖消費稅，石油消費稅）的同時，向政府提交了與他們的利益更直接相關的，關於徹底廢除紡織物消費稅和減輕營業稅的建言書。這是城市工商業者在對只代表農村地主利益的政友會表達不滿。

工商業者的這種不滿在政友會內閣宣佈將地租減輕 14%（地租率從 5.5% 降至 4.7% 的「八厘減」）時進一步加強，政友會內部也有人開始關注

城市地區的動向。這種狀況為不得不與政友會合作的藩閥官僚提供了另一種選項。

　　第二大裂痕是政友會的招牌政策之爭浮上水面。與原敬並列為政友會領導人的松田正久一直對「積極主義」持批判態度。米價下降導致農民之間減稅呼聲增強，為了與之抗衡，城市工商業者也增強了減輕營業稅的要求，這使得政友會不得不重新考慮萬年執政黨政策。如果重視鋪設鐵道等公共設施擴充，政友會就不得不繼續維持與官僚藩閥合作的萬年執政黨路線。但地租也好，營業稅也好，只要以減稅為重就必須找到與「積極主義」不同的招牌政策。毫無疑問，可以與減稅並存的政策是整頓行政，減少財政支出，用一句話說就是「消極主義」。1911 年 (明治四十四年) 8 月底成立的政友會的第二屆西園寺內閣開始從「積極主義」向「消極主義」轉換，這是原敬的在政友會內部的影響力下降的體現。

不斷加強的擴軍慾

　　第三大地雷是因為戰爭的勝利而進一步膨脹的陸海軍的擴軍慾。日清戰爭之後的擴軍，不僅有圍繞朝鮮半島支配權與俄國競爭這一動力，還有 3,000 萬日圓的清國賠款這一財源。與此相比，日俄戰爭後的陸海軍擴軍則沒有外部威脅，內部也沒有賠償金這一臨時收入，唯有一個抽象目標——要成為與歐美大國比肩的軍事大國。1907 年 (明治四十年) 4 月制定的「帝國國防方針」中的假想敵一詞是這一情況的極端性體現。也就是「帝國國防之假想敵依次為俄美法，應據此準備」。[19]

---

19 角田順：《滿洲問題與國防方針》，頁 705。

將一年半之前降服的俄羅斯視為「假想敵」，不單簡單粗暴，還不合常識。不必說，這是在主張陸軍將俄羅斯，海軍將美國視為假想敵。

　　為了應對這一毫無根據的「假想敵」，該國防方針提出大陸海軍擴張方案：陸軍增加 8 個師團；海軍新造 12 艘戰列艦和 8 艘巡洋艦，與正在建的 4 艘加起來，組建由 16 艘戰列艦、8 艘巡洋艦組成的所謂「八八八」艦隊。

　　根據上述中期計劃之下，日俄戰爭後的陸海軍軍費從戰前的一億日圓左右倍增至兩億日圓左右。第三大地雷就是國民能對這種軍費負擔忍耐多久，以及當這種忍耐達到極限時，陸軍和海軍圍繞軍擴優先順序的衝突可以被遏制在甚麼程度。

三 大正政變

噴發而出的多元化要求

明治末年，上述三大地雷處於一觸即發狀態。農村地主分裂為鐵道派和減稅派，城市工商業者和苦於間接承擔消費增稅的中下層民眾對政友會的批判越來越強烈。從戰時到戰後成功增設了六個師團的陸軍趁 1910 年日韓合併之機提出了剩下的兩個師團（最初要求增設八個師團）的擴軍計劃，也即強烈要求增設兩個師團部署於新殖民地。海軍也趁次年 1911 年第二次西園寺內閣成立之機，逼迫政府批准當前造艦費和之後八年的建艦計劃，共 3.7 億日圓。當時的某綜合雜誌對已經無法控制的各種要求和分裂狀態如此評述：

> 毋須諱言，吾人對於當今社會的各種不知自制感到驚訝。帝國財政之困難是六千萬眾都沒有異議的。（中略）但各部門官吏雖深知財政的不如意，仍爭相擴張事業。現成就有陸軍強烈要求增加師團和海軍要求增加戰艦。銀行業者要求償還國債，實業界要求振興實業，國民普遍希望減輕租稅，大多數國民的代表者（政友會）也都在考慮各自地方的利益，或者希望鋪設鐵道和修建港灣河川堤防。都知道是不可能實現的要求，仍爭相要求，這就是時代現狀。[20]

20《日本和日本人》，1911 年 11 月 15 日號，頁 7。

當時雜誌的發售日也早於發行日，也就是說讀者看到上述文句是大概在 11 月 10 日前後。之後不到 10 天的 12 月 5 日，要求增設朝鮮兩個師團的陸軍大臣上原勇作單獨辭職，導致政友會的第二屆西園寺內閣不得不總辭。這就是「大正政變」，第一次護憲運動的開始。

滿蒙權益和陸軍增設兩個師團

從上述引用的雜誌報道顯而易見，「大正政變」是陸軍、海軍、政友會、金融界、實業界、城市中下層等多種利益對立綜合導致的。單靠控制陸軍、官僚階層、貴族院的藩閥勢力和高舉「積極主義」、以農村地主為支持者的政友會合作已經無法平衡上述諸種利害。本章標題中的「重組」時代終於拉開了序幕。

之前已經提到，帝國的國防方針以剛剛被日本擊敗的俄羅斯為「假想敵」，但元帥山縣有朋制定的「私下方案」（1906 年）中，僅次於俄國的假想敵卻不是法國或德國，而是清國：「我國作戰計劃中第一敵人非俄國莫屬，其他歐洲強國雖有必要作為假想敵加以防備，但應將清國視為僅次於俄羅斯的第二大敵，這是一刻也不能忘記的。」[21]

如果說是提防在日清、日俄戰爭中被擊敗的兩國復仇還有一定說服力，但十年前就敗於日本的清國不可能試圖對當時已經戰勝俄國的日本進行報復。而在這一「私案」上奏前一年俄國剛剛被日本擊敗，說要防止其報復也有些過於謹慎，無法馬上讓人相信。

但換一種角度，認為日本不是在害怕俄、清兩國的報復，而是希望在

21《山縣有朋意見書》，頁 294。

兩國的勢力範圍和邊境地區進行政治擴張，就說得通了。提出帝國國防方針，吞併韓國，在清國爆發辛亥革命時提出滿蒙獨立構想，以及 1915 年（大正四年）提出對華「二十一條」，日本陸軍的態度是一以貫之的。帝國國防方針中的「假想敵」是可能對日本的對韓、對滿政策進行反抗的俄國和清國。

從上述觀點，日本陸軍慫恿政府 1910 年正式將韓國變為殖民地的原因顯而易見。如果只是要想韓國變為自己的屬國，那麼通過日清、日俄兩場戰爭的勝利已經綽綽有餘。因為清國和俄國都無意介入日本對朝鮮的控制。時代進入二十世紀初，要做落後的殖民地帝國並無充分理由。但日本陸軍的目標是與朝鮮半島接壤的南滿洲，因此將朝鮮完全變為殖民地，對他們而言是必要的。

並且次年 1911 年清國爆發「排滿興漢」的辛亥革命，次年清國滅亡。滿族對中國的統治宣告結束，當陸軍判斷中國的新政權不會對日本進出滿洲有強烈抵抗時，就進一步強烈要求增設兩個師團屯駐在朝鮮。

第一次憲政擁護運動

但之前引用的《日本及日本人》中的論述中已經非常明顯，在當時的日本，陸軍以外的各勢力也在高聲要求實現各自的利益。這時陸軍為了堅持擴軍而逼迫陸軍大臣辭職，以至西園寺內閣倒台，因此各勢力首先在譴責陸軍上找到了集結點。這就是第一次護憲運動。

陸軍大臣堅持增設兩個師團，將第二屆西園寺內閣趕下台，擁立陸軍元老桂太郎第三次組閣（1912 年 12 月 5 日至 17 日），戰爭結束之初發生的「日比谷縱火」事件又重演了。

此次運動的口號是「打倒閥族，擁護憲政」。國家主義的民眾運動和民主主義似乎與七年前的反對無賠款媾和聽起來有根本差異，但實際上，運動參加者及其行動方式都驚人地相似。試圖對桂內閣通過不信任案的政友會和國民黨（憲政本黨的後身的一部分）的代議士得到萬餘羣眾的支持，這些羣眾包圍了國會議事堂，桂首相命令國會停會三天，而民眾對支持桂內閣的報社和東京市內的派出所投擲石塊和放火。警視廳逮捕了 250 名民眾，其中大多數是東京市內的各種雜業（壽司店、當鋪、旅館、小酒館、木工等）的僱員，以及 17、18 歲的未成年人，這讓人聯想其七年前的反對媾和運動。[22] 城市實業家全面支持以行政整頓來對抗陸軍擴軍的西園寺內閣。另外，除了《國民新聞》、《大和新聞》、《讀賣新聞》、《二六新報》四家之外，報社雜誌社中有影響力的記者結成了「全國記者同志會」，展開了「打倒閥族」的輿論戰。

政友會參與的的負面影響

此次運動的所有方面都讓人聯想起反對媾和運動，唯一的不同就是政友會參加了這場運動。在西園寺公望和原敬的領導下，政友會對 1905 年 9 月發生的運動視而不見，堅持了媾和的立場。閥族和憲政聯手，壓制了在野黨和民眾發起的運動。

與此相對，由於政友會參加了 1912 年到 1913 年的護憲運動，導致閥族與憲政正面衝突。執政黨政友會的尾崎行雄與在野黨立憲國民黨的犬養毅一同被尊為「憲政之神」，得到民眾尊敬。上述差異使國會內外形成聯

---

22 山本四郎：《大正政變的基礎性研究》。

動，令運動效果倍增。對桂內閣的不信任案在國會外得到了萬餘羣眾的支持，在 1913 年 2 月 10 日不信任案提交的前一天，政友會和立憲國民黨的國會外團體在兩國的國技館舉行的演講會據說有兩萬人參加。

但政友會的參與也稀釋了運動的變革內容。在上原陸相單獨辭職之前的七年，政友會一直高舉「積極主義」，與閥族共存共榮。可以說明治末年的財政危機的主犯是政友會的公共事業費而不是陸軍。在第二屆西園寺內閣中兼任內務大臣和鐵道院總裁的原敬在其日記中寫道：「將有關閣議和鐵道建設改良的意見書遞交首相，余之意見大體為在 10 年間發行總額三億至四億的外債以供我國鋪設鐵道幹線，並進行必要之改良，如此則日本的交通建設大體告一段落。」（1912 年 10 月 25 日。）

日俄戰爭中發行外債的本息到明治末年合計已經超過六億日圓，又要在其基礎上再發行三億餘日圓的鐵道外債。明治末年的國際收支惡化（截至 1911 年的五年間共有 10 億日圓流出）和財政惡化的一大原因就是政友會的積極政策。

長期與「閥族」代表桂太郎輪流執政的政友會，與陸海軍一樣對財政惡化負有不可推卸的責任，一夕之間變成了推進「打倒閥族，擁護憲政」的推進者。應該變革的物件變成了變革先鋒，這樣的運動從一開始就註定成果有限。

政友會成為「打倒閥族」的先鋒，使得代替政友會執政的在野黨國民黨也受到沉重打擊。執政慾望強烈，被稱為「改革派」的「主流派」就像當年自由黨與閥族代表伊藤博文聯合結成政友會一樣，與國民譴責的靶心「閥族」代表桂太郎組建的新政黨（後來的立憲同志會）結成聯盟。

不是打倒閥族，取代政友會，而是與閥族聯合打擊政友會，這種方針

在憲政擁護運動中不可能成功，因此該團體不到一年就銷聲匿跡了。

短命的第一次憲政擁護運動

反對閥族的政友會也好，新閥族的桂太郎新黨也好，號稱「打破閥族，擁護憲政」的言論界也好，都不想徹底改變國會本身。沒有人呼籲導入普通選舉制，將只有 150 萬的選民擴大到 1200 萬人。值得注意的是，上文介紹的松尾尊兗在《大正民主》中提到三浦（金夷）太郎在《東洋經濟新報》對普選的論述：輿論一般認為「擁護憲政，打倒閥族」應該實施制度改革，修改組閣的軍部大臣武官制和文官任用制度。提及選舉權問題的極少，關於普選，就我之管見只有《新報》。

本章定義的「重組時代」指的是實現普選制和兩大政黨制，前者代表「平等」參政，後者代表政權選擇「自由」。而提普選的只有《東京經濟新報》。

那麼政權選擇自由又如何呢。國民黨的主流派有取代政友會當政的意願，但他們結成的立憲同志會擁立「打倒閥族」的靶心桂太郎為總裁，所以暫時不可能在總選舉中取勝。被稱作「大正政變」，「第一次護憲運動」的大正初年（1912 年至 1913 年）的運動中，「重組時代」的大幕尚未開啟。

㈣「民本主義」登場

海軍內閣與西門子事件

第一次護憲運動沒有實現「重組」時代的任何一個課題，僅兩個月就偃旗息鼓了。薩摩派的海軍元老山本權兵衛取代長州派陸軍代表桂太郎成為首相，只做了兩個月在野黨的政友會再次執政。

1913 年（大正一年）2 月成立的山本內閣是三個月前被陸軍打倒的第二屆西園寺內閣的翻版。除了首相、外相、陸相、海相以外所有的閣僚都出身政友會，而贊成公共事業擴充和萬年執政黨主義的原敬，這時作為該黨的第三代總裁，以內相身份入閣。另外，從這時開始，作為財政專家支持原敬的「積極主義」的高橋是清就任藏相。

政界恢復原貌意味着民眾運動退潮。內閣成立三周之後的雜誌《日本與日本人》感歎運動過早退潮說：「國民『擁護憲政，打倒藩閥』的聲音曾是如何強烈，現在為何會冷冷清清如熄滅之焰。」[23]

山本內閣通過在眾議院過半數議席的政友會控制着農村地主，同時因承諾通過整頓行政來減輕營業稅，也得到了城市實業家階層的支持。東京商業會議所 7 月邀請山本首相出席午餐會，會長中野武營發表了熱情洋溢的演講。

與第三次桂內閣共命運的陸軍和同志會，也在討論擁立大隈重信為總

23《日本與日本人》，3 月 15 日號。

裁結成新黨，因為大隈一貫支持和培育對抗自由黨——政友會的政黨。但是得到農村地主和城市工商業者支持的山本內閣斷然進行改革，加強對軍部和官僚階層的監管（刪除軍部大臣現役武官制中的「現役」，修改文官任用令，擴大政治任用），用今天的話說就是在實現「政治主導」方面取得了成績。如果次年 1914 年不發生被稱為「西門子事件」的海軍受賄事件，這一內閣是不會有可乘之機的。

導致山本內閣辭職的海軍受賄事件發端於德國西門子公司內部情報洩露，但真正的受賄事件發生在圍繞金剛級巡洋艦投標的英國威格士公司與吳鎮守府之間。在山本內閣之下擔任海軍艦政本部長的松本和被發現在四年前任職吳鎮守府時期通過三井物產收受了 40 萬日圓賄賂。

言論界和城市民眾使一年前蓬勃的「打倒閥族，擁護憲政」運動最終妥協於海軍和政友會，他們如今無法對神聖的帝國海軍在軍艦採購上貪污睜一隻眼閉一隻眼。並且海軍還得到政友會的支援，在後續費用 9,000 萬日圓的基礎上又向眾議院提交了 7,000 萬造艦補充費的申請。海軍使用國民稅金從海外訂購軍艦時，海軍高級將校竟從投標者處謀取私利，這必然引起輿論的譁然。據說國會周邊聚集了 3 萬到 10 萬民眾，等待立憲同志會等向國會提交的內閣彈劾案的審議結果。巧合的是一年前民眾運動推翻桂內閣一樣是在 2 月 10 日。

年表 8

年代	首相	事件
1913 年（大正二年）	桂山本	第一次憲政擁護運動（1912–1913）；桂首相；立憲同志會成立；取消軍部大臣現役規定；文官任用令改正（勅任文官任用之法開始）。
1914 年（大正三年）	大隈	西門子事件；貴族院海軍擴張預算案被否決；山本內閣總辭；清浦內閣流產；原敬任政友會總裁；第一次世界大戰（1914–1918）。
1915 年（大正四年）		第十二次大選（同志會第一黨）；對中國提出二十一條。
1916 年（大正五年）	寺內	吉野作造〈闡述憲政之本義以論完成其有終之美之途〉（民本主義）；「大戰景氣」開始；寺內超然內閣成立；憲政會組成（加藤高明）。
1917 年（大正六年）		第十三次大選（政友會第一黨）；禁止輸出黃金；石井‧藍辛協定；俄國革命。
1918 年（大正七年）	原	出兵西伯利亞；米騷動；原內閣成立；創立東京大學‧新人會。
1919 年（大正八年）		三‧一獨立運動；選舉法改正（直接國稅三円以上）；五四運動；凡爾賽條約。
1920 年（大正九年）		國聯成立，日本加入；東京普選大示威運動；戰後恐慌開始；新婦人協會成立；第十四次大選（政友會絕大多數）；日本社會主義同盟。
1921 年（大正十年）	高橋	友愛會改稱日本勞動總同盟；原敬在東京站被暗殺；華盛頓會議（1921–1922 年四國條約簽署）。
1922 年（大正十一年）	加藤友	九國公約；海軍軍縮條約；全國水平社‧日本農民組合；共產黨（第一次）組成。
1923 年（大正十二年）	山本	關東大地震；虎之門事件。
1924 年（大正十三年）	清浦加藤	政友會分裂；政友本黨結成（床次竹二郎）；第二次憲政擁護運動；護憲三派內閣（憲政會‧政友會‧革新俱樂部）成立。

貴族院與民眾運動

但是作為控制着眾議院過半數議席的政友會總裁，同時作為內務大臣掌管警力的原敬在國會上否決了在野黨提交的彈劾案，同時還驅散了國會外的民眾。

然而，試圖依靠議席之眾和警力來將海軍貪污事件壓下去的原敬面前，出現了預期之外的力量，那就是貴族院。

自 1890 年（明治二十三年）國會開設以來，貴族院從未參與推翻時任內閣。但這次貴族院卻否決了眾議院通過的海軍預算案，將山本內閣逼至辭職。不僅否決預算案，連續二十三年扮演藩閥政府的防波堤作用的貴族院順應言論界和民眾期待也是第一次。貴族院議員田健治郎在當年 2 月 28 日的日記中，對同院主流派的研究會和幸俱樂部全額否決在眾議院通過的 7,000 萬日圓的海軍補充費記述道：「突然發生海軍瀆職事件，政界風雲激蕩導致下議院大混亂，各報社集結成一大聯合，人心惶惑、輿論沸騰至極。只能仰視上議院的行動。現在上議院各派行動初定，將堂堂正正對政府下刀。不論政府如何應對，都會對上議院刮目相看。」

眾議院與貴族院在預算審議上發生分歧，導致兩院協議會無法召開，因無法達成妥協，貴族院全體會議於 3 月 23 日以壓倒性多數否決了眾議院的決定，導致 1914 年度預算案沒有通過。山本內閣於次日 24 日總辭。

第二次大隈內閣的成立

山本內閣總辭職後，元老會議難以選出領導人，只得在 4 月 13 日命令大隈重信重新組閣。

這一內閣的成立，在三大意義上宣告了「重組時代」的到來。第一，

原敬失勢。自 1901 年 (明治三十四年) 成為星亨的繼承者以來,原敬一直
率領政友會保持了執政黨或准執政黨的地位。之前已經多次提到,這是通
過藩閥勢力的代表桂太郎和政友會的總裁西園寺公望輪流執政實現的。這
種有時被稱為「模擬兩大政黨制」的官僚派與政友會的合作路線的本質是
不讓政友會以外的政黨有機會執政,不說是模擬的一黨優勢制,也是戰後
自由民主黨一黨執政的前史。

但是,山本內閣作為執政黨在西門子事件中成為眾矢之的,對原敬的
一黨優勢制造成了致命打擊。

第二,如同與原敬的失勢相呼應一般,立憲同志會以下的在野黨在大
隈重信之下集結,於 1916 年成立憲政會。原敬繼承了 1881 年組建的自由
黨的衣缽,而大隈重信是次年 1882 年成立的,與自由黨對抗的立憲改進
黨的總裁,他率領其後身進步黨於 1898 年組建了日本首個政黨內閣並成
為該內閣的首相。大隈是唯一一個能與政友會的原敬相提並論的政黨領導
人。一年前接任桂太郎成為立憲同志會黨首的加藤高明在經歷、聲望方面
都沒有能力追擊原敬領導的政友會。

第三,在約三年前結束歐美留學,於前一年 (1913 年) 7 月回國的吉
野作造在第二次大隈內閣組建之中,看到了英國式兩大政黨制時代到來的
徵兆,對該內閣實施普選制寄予厚望。

吉野作造的普選・兩大政黨制論

一個政治家極少能對現實政治起巨大的推動作用,但也不是沒有。根
據其思想內容和時機,其力量有時可以匹敵大政黨的總裁。

吉野在 1910 年 (明治四十三年) 6 月到 1913 年 (大正二年) 7 月逗留

歐洲的整整三年間，雖然沒有參加社會主義者和激進的自由主義者要求普選的示威遊行，但卻得以從近處旁觀。他有資格從比較政治學角度，對他不在日本期間日本發生的兩次民主運動的意義和不足進行論述。他在作為「歐美通」指摘日本民主運動的缺點之前，首先對其進行了肯定。「就今天日本憲政的發達程度來說，民眾示威運動這一現象是一大值得欣喜的現象。」[24] 他如此論述「值得欣喜」的理由：

> 在由民眾決定政治問題的解釋乃至授予政權上，或者說視民眾的判斷為政治上的重要要素，我認為這是值得欣喜的現象。[25]

也就是說，東京帝國大學法學部教授在公開場合發言肯定民眾示威運動勃興是「值得欣喜的現象」，並明確指出其原因在於民眾的參與對決策和政權選擇的意義。

保證民眾參與決策的唯有普選制，保障民眾參與政權選擇的唯有議院內閣制。在西門子事件導致山本內閣下台之後出版的《中央公論》中，吉野將時代要求歸結為實現普選制和議員內閣制兩點。[26]

這是吉野在逗留歐洲的三年間，在街頭所見所聞以及書桌前的研究成果。複印了吉野逗留歐洲期間所寫日記的飯田泰三在其解說中將吉野的「留學形態」分成五類，如果將其粗分成兩類，可以說是就是「行萬里路」的學習和「讀萬卷書」的學習。

---

24 《現代政治》，頁 3-4，1915 年 11 月刊。
25 同前書，頁 4。
26 1914 年 4 月 4 日號。

吉野在留學中多次去現場觀摩遊行示威，這是吉野自己在留學回國後的論述中明確提到的，而「書桌前的研究」則是飯田的發現，與吉野的兩大論黨制論述緊密相關，這裏引用如下。飯田這樣寫道：

> 第五種「留學」形態是所謂純粹的獨學努力，即通過書和報紙來獲得和學習資訊，並自己前往「書店」這一現場去體驗。在巴黎的舊書市、萊比錫的福克斯書肆、倫敦的時代書店流覽各國政治史，搜尋社會主義論著，如饑似渴地閱讀以至於需要通過散步來緩解「眼睛疲勞」。（中略）除了所在當地的報紙，吉野還訂閱了 *Echo*、《時代》，（中略）試圖把握各地的勞工運動和《解放》（中略）的長期趨勢。[27]

這一段文字解釋了在歐洲大陸度過大半留學生活，主要對現實主義的社會主義運動進行觀察的吉野為何能在西門子事件之後不久就開始討論普選問題，還能就引入英國式的兩黨制展開論述。

前文介紹的刊載於《中央公論》1914 年 4 月號的吉野論文（論民眾示威運動）非常有名，但次年 5 月《太陽》雜誌上登載的另一篇論文也不容忽視，因為其對西門子事件導致山本內閣下台和第二屆大隈內閣成立這一時局進行了政治分析。在這篇論文中，吉野極力宣揚導入英國式的兩大政黨制，而不是一般議院內閣制。

在戰後的日本，日本國憲法所規定的議院內閣制從未受到侵犯，但從 1955 年到 2009 年的五十四年間，其他政黨也從未獲得執政權。除了極短

27《吉野作造選集》，第 13 卷，頁 435。

暫的時期以外，五十四年間一直保持着沒有政權更迭的議院內閣制。如此想來，一般議院內閣制和兩大政黨制並不是一回事，這無庸多言。

1914 年 5 月刊載於《太陽》雜誌的論文中，吉野斷言說，不實施兩大政黨制，政黨內閣制就無法發揮效用。也就是說，「要完全實施政黨內閣制，兩大政黨對立是必要條件。因為即使處於小黨林立狀態，內閣一般還是以政黨為基礎來組織，所以如果不是兩大政黨對立，政黨內閣制的優勢就無法發揮。」[28]

這應該不是吉野從其度過大半留學生活的歐洲大陸的政治得出的結論，而是如吉野日記的解說者飯田泰三所說，是從報紙和讀書，通過「所謂純粹的獨學」獲得的英國議會政治的歷史和現狀所得出的結論。

吉野作造對大隈內閣的支持

吉野對眼前的日本政治，也就是對政權從以政友會為執政黨的山本權兵衛內閣轉移到以反政友會小會派聯合為基礎的第二次大隈內閣予以肯定的時候，近代日本的「重組時代」的色彩就非常明顯了。

大隈內閣一直給人以一年前被民眾運動打倒的第三次桂內閣捲土重來的印象。雜誌《日本與日本人》評論道：「輿論認為大隈內閣是官僚內閣，譴責其與時代要求相距甚遠。」[29] 而從歐美大陸歸國的東大教授吉野對這一大隈內閣斷言說：「余站在本邦憲政發展的角度，歡迎大隈內閣成立。」這是以對未來大隈內閣的期待來對抗輿論對大隈內閣的批判。

28《現代政治》，頁 71。
29 1914 年 5 月 15 日號，頁 65。

第一大期待是，維持從數量上也能與原敬領導的政友會形成對抗的政黨聯合，形成兩大政黨對立的雛形。吉野這樣論述道：

> 在大隈內閣的大傘之下聚集的所謂非政友會三派應儘量排除感情，繼續維持今天的合作。如果在這一點上失敗，他們恐怕會馬上失去兩分天下的實力，再次後退到與政友會和官僚妥協的境地。[30]

第二大期待是通過導入普選制，凌駕於地主政黨政友會之上。換言之，此時應斷然推行多數國民期待的普選制，在新獲得選舉權的民眾之中宣揚自身立場。如果放任選舉法停滯不前，與政友會爭奪同一地盤，恐怕將極難凌駕於政友會之上。」[31]

「重組時代」的政治家並不偽裝政治中立。吉野公然提倡通過兩大政黨制和普選制來結束地主政黨政友會的統治。

在大隈內閣成立前後的兩篇論文中，吉野尚未使用「民本主義」一詞。此外，吉野所說的「民本主義」不僅是指普選制和兩大政黨制，還包含社會民主主義要素，筆者在另一著作《日本憲政史》中曾對此進行過論述。

用一句話說，「民本主義」是關於「政治目的」的主義，政治必須為一般民眾的利益而動。同時，「民本主義」是關於「政治運用」的東西，政治必須基於一般民眾的意向而動。前者是社會主義的主張，後者是關於政治平等（普選制）和政治選擇自由的主張。用戰後政治語言來說，包括這三

30《現代政治》，頁 77。
31 同前書，頁 79。

點的「民本主義」是類似於西歐各國常見的社會民主主義的主張。[32]

　　但民本主義的三要素（社會平等、政治平等、政治選擇自由）之中，在大正初年具有現實意味的是後兩者，因此吉野希望第二屆大隈內閣能夠實現這兩點。

32《吉野作造選集》，第二卷，頁 35-56。

五 「憲政常道」和「艱苦十年」

第一次世界大戰的爆發

吉野作造對大隈內閣的兩點期待中,建立兩大政黨制的雛形這一點在1915 年(大正四年)3 月的第十二次總選舉中實現了。大隈內閣的執政聯盟(立憲同志會、無所屬團、中正會)在 381 議席中佔據了 244 席(64%),政友會一舉失去了 80 席,淪為只在眾議院佔 27% 席位的少數黨。政友會迎來了 1900 年結黨以來最大的考驗。

但兩大政黨制的雛形並未維持多久。1914 年 7 月第一次世界大戰爆發為政友會東山再起創造了有利條件。前文已經提到,大正初年的政治激蕩發端於各政治勢力噴薄而出的不同要求撞上了財政困難這堵牆。雖然日本不是一戰的主角,但一戰還是結束了陸海軍的對立,也剎住了農村地主和城市工商業者的利益要求。在大戰爆發前一個月成立的由首相、外相、藏相、陸相、海相、參謀總長、軍令部長組成的「防務會議」對陸軍和海軍的對立進行了協調。

在大戰前召開的會議上,陸、海、藏三省一如既往地對立,而大戰爆發後召開的會議上,藏相若槻禮次郎壓制了城市工商業者的減稅要求,表示同意陸海兩軍的擴軍要求。貴族院議員田健治郎在日記中記錄了若槻藏相的如下講話:

現任內閣在最初制定政綱時雖然有同時進行減稅和執行國

防計劃的方針，但世界大戰導致財政經濟陷入窘境，減稅之舉無法帶來經濟效果。而增設兩師團和海軍擴充計劃已是多年來的懸案，再有拖延非國家之福。現今雖未經閣議，但防務會議之決定應將得到閣議同意。[33]

由於爆發世界大戰，執政黨不惜放棄本黨列入選舉綱領的減輕營業稅條款也要同意擴充陸海軍，因此其政敵政友會的積極政策被無視是理所當然的。對政友會而言更不幸的是，不得不同意兩年前在該黨內閣（第二屆西園寺內閣）執政下否決的陸軍第二師團增設案。原敬也知道，一戰爆發已經令反戰氣氛蕩然無存。不過作為執政黨還好說，在野黨不可能在兩年之間完全扭轉其基本政策。在戰爭氣氛下，曾否決陸軍兩師團增設方案的政友會參加國會解散後的眾議院選舉必然慘敗。

在對華政策方面，大隈內閣與陸軍走近。陸軍的夙願是長期維持日俄戰爭中攫取的滿蒙權益，第二次大隈內閣不惜下達最後通牒的對華「二十一條」（1915 年）在第二項（通番第六條）中提出：「兩締約國應約定旅順、大連租借期限，以及南滿州和安、奉兩鐵道的租借期限分別進一步延長 99 年。」[34] 該條約簽署時擔任外相的加藤高明直到九年後的 1924 年（大正十三年）成立護憲三派內閣，都一直強調該條約的正當性。可以認為其背景是，加藤擔任外相時代外務省的主流觀點是與歐洲的帝國主義外交實現一體化。他們沒有想到不佔領殖民地的美國式外交會成為大戰後的主流。「二十一條」談判過程中陸軍參謀次長明石元二郎致朝鮮總督寺內

33 1914 年 10 月 8 日，原文為日語漢文。
34《日本外交年表及主要文書》，上卷，頁 383。

正毅的書信證實了這一點。「俄不僅不應對此存異議，還應對此時深表贊同。（中略）據外務部門觀察，英國對此也應無反對理由。美國在此事上的態度無足重輕，也是多人認同的。」[35]

寺內正毅內閣和政友會恢復權力 ── 大戰景氣的到來

在增設陸軍兩個師團上和對華「二十一條」上都與大隈內閣步調一致的陸軍開始疏離該內閣，與原敬領導的政友會接近，也是因為第一次世界大戰。

英國、法國、俄羅斯、德國等歐洲大國不得不全面開戰之中，僅僅停留在形式上參戰的日本從 1916 年（大正五年）前後開始出口激增。大戰爆發時僅六億餘日圓的出口總額在兩年後的 1916 年（大隈內閣末期）達到約兩倍的近 12 億日圓。出口增加促進了民間企業的發展，結果是以所得稅為主的政府財政收入大增。所得稅從 1916 年開始增加，到 1917 年日本近代史上首次出現所得稅超過了地租。

農村地主也得益於大戰景氣。前面已經多次指出，地租是不受物價變動影響的金納固定稅，因此隨着農產品物價上升，農村地主也相應受惠。從最主要的農產品大米的價格來看，大戰爆發時米價為一石 16 至 17 日圓（東京市場批發價格），三年後的 1917 年（大正六年）左右開始飆升，到 1918 年（後面將提到的原敬內閣成立的當年），已經增加了一倍，達到一石 32 至 33 日圓。

經濟好轉，農村地主變富，就輪到政友會出場了。無法確定當山縣有朋逼迫大隈內閣下台、推舉朝鮮總督、陸軍元老寺內正毅組閣時，山縣對

35《寺內正毅相關檔》，6 之 44，1915 年 2 月 3 日。

大戰景氣和政友會復權有多大程度的預期。但寺內首相選擇了率領眾議院少數派的原敬作為合作對象，在 1917 年 4 月的第三次總選舉中，政友會增加了 48 個議席（從 111 席增至 159 席），而解散時握有眾議院過半數議席的憲政會喪失 76 席，淪為第二大黨。

在 21 世紀的今天大眾傳媒仍經常使用的「憲政的一般道路」是憲政會總裁加藤高明首次提出的，其領導的憲政會曾作為在野黨贏得過逾半數議席。

1916 年 11 月加藤高明在山形縣發表演講時說：「當然憲政並無組閣者必須是政黨領袖的規定，但參照憲政的本意，由政黨首領組閣是理所當然的。（中略）我黨今日必須努力奮鬥，在法律允許的範圍內，迅速將憲政扶回正軌。」[36]

憲政會在 1910 年成立之初確實掌握着眾議院的過半數議席（381 席中的 199 席）。讓這一掌握過半數議席的政黨組閣，是符合「憲政的一般道路」的。但該黨成立於以反對黨政友會為准執政黨的寺內正毅領導的「超然內閣」（政黨成員沒有一人入閣）成立的第二天。

真正的「憲政的一般道路」應該是在敵視該黨的寺內內閣解散國會，該黨在總選舉中勝利之後才真正實現。但前面已經提到，該黨在次年 4 月舉行的總選舉中慘敗。「憲政的一般道路」一詞在 1916 年誕生，但其在現實政治中實現卻必須等到 1924 年護憲三派內閣（加藤高明內閣）組建以後。從在 1916 年的總選舉中落敗淪為少數黨，到在 1924 年的總選舉中重新成為第一大黨執掌政權的 10 年被憲政會稱為「艱苦十年」。

36《加藤高明》，下卷，頁 241-242。

㊅ 原敬內閣與「民本主義」的對立

寺內內閣的親美路線

即使是僅維持了 61 天就被民眾運動趕下台的第三屆桂內閣也為宣導「憲政的一般道路」的憲政會打下了基礎，與此相對，因出兵西伯利亞和大米騷動不到兩年下台的陸軍元帥寺內正毅的內閣卻似乎是除了無能以外不值一提的「超然內閣」。但實際上該內閣在應對一戰後世界秩序的轉變和為平民宰相原敬組閣做準備這兩點上是可圈可點的。

如前所述，對中國提出「二十一條」的大隈內閣承認英、法、俄等殖民地國家，而對正在成為世界最大的「富國強兵」之國的美國的反殖民地主義不屑一顧，繼續擴大對中國的侵略。

如果說後來成為憲政會總裁的加藤高明在外相時代推進的舊式帝國主義外交經過以陸軍元帥寺內正毅為首相的超然內閣後發生了轉換，可能聽起來讓人覺得正好相反。但實際上，寺內就任首相的 1916 年 10 月世界大戰已經爆發兩年多，接近美國參戰扭轉戰局的時候。對日本而言，趁火打劫一般的對華政策也快走到盡頭。

與政治家不同，官僚不太為過去的言論所束縛。憲政會總裁加藤高明之後也繼續主張自己擔任外相時代的「二十一條」的正當性，但其下屬外務次官幣原喜重郎已經將對外政策的方向由英法中心主義切換到重視對美主義。陸軍的情形也相同。從簽署「二十一條」到驅趕袁世凱，支持第二屆大隈內閣干涉中國內政的是兩名參謀次長（明石元二郎和田中義一）

中，田中的心態更為輕鬆，他轉向了不干涉中國內政和重視美國的路線。政治家轉身比較困難，而官僚就比較容易。

從這種意義上說，自詡為寺內內閣組閣參謀的後藤新平是政治家而不是官僚。他認為，干涉中國內政的罪責不止在於大隈首相一人，加藤高明外相、幣原喜重郎外務次官、田中義一參謀次長也同罪，逼迫寺內對上述幾人進行處分。[37] 但寺內並未應允而讓兩人留任。在後繼的原敬內閣之下，幣原和田中成為原敬的對美重視政策的有力支持者。如上所述，在被歷史研究領域批判為「軍閥內閣」、「超然內閣」的寺內內閣之下，奠定了後來接受「華盛頓體系」的原敬外交路線的基礎。

西伯利亞出兵和大米騷動

為改善對美關係奠定基礎的寺內內閣著名的外交敗筆就是對革命的俄國，也就是對後來的蘇聯的出兵。為了使西伯利亞的捷克和斯洛文尼亞軍隊不受俄國革命衝擊，日本與美、英、法三國一起出兵進行了干涉。將此次出兵視為寺內內閣對外政策的敗筆，其實過於嚴厲。該內閣的出兵是出於響應美國的號召，英國和法國也採取了相同舉動。並且關於在歐美軍隊撤兵後日本仍維持駐兵，寺內內閣完全是沒有責任的。西伯利亞出兵後不到兩個月寺內內閣即總辭職，平民宰相原敬繼任首相，日本單獨長期駐軍的責任不應該由寺內，而應由原敬來背負。

但是，1918 年（大正七年）8 月初的西伯利亞出兵宣言成為以大米騷動著稱的全國性暴動的導火索，導致寺內內閣下台。

37《寺內正毅相關檔》，27 之 50，1916 年 5 月 3 日，後藤致寺內。

7 月 8 日美國要求日本共同出兵，這是日本首次真正參與世界大戰，於是米商爭相囤貨，導致米價連日飆升。並且政府宣佈正式出兵的次日，富山縣中新川郡的西水橋町發生了漁民主婦發起的搶米暴動，包圍了警署。該事件迅速蔓延至全國，在包括東京、大阪等大城市在內的 38 個市、153 個町、177 個村，要求大米降價的城市平民運動發展成了暴動。寺內內閣不僅出動警力還動用軍隊鎮壓了這次暴動，並在暴動平息後的 9 月 21 日總辭職，以平民宰相著稱的原敬於 29 日組建政友會內閣。

反對普選制的平民宰相

如果進行民調，讓受訪者選出一名「大正民主」的代表人物，大概原敬會得票最多。但是，如果將「大正民主」定義為普選制和兩大政黨制，那麼原敬對這兩者都是反對的。原敬在戰後的日本近代史研究中頗具人氣，與「大正民主」不無關係。

普選制和兩大政黨制是前文所述的吉野作造提倡的「民本主義」的主要內容。對於反對上述兩者的原敬，吉野從頭到尾都十分厭惡。吉野在 1920 年 4 月《中央公論》的「時論與思潮」專欄中嚴厲批評原敬「將政治與哲學和科學割裂，隨心所欲地對待政治，天下絕無僅有的畸形政治家」。

從 1918 年就任首相到 1921 年死於非命的三年多，可以說是原敬的時代。

原敬內閣成立於 1918 年 9 月底，已經不可能大幅修改寺內內閣編制的 1919 年預算案，因為預算案概要在 8 月底之前已經敲定了。

因此，原敬一貫主張的「積極政策」的具體實施要等到 1920 年。山本四郎在《評傳原敬》中對大藏大臣高橋是清在第 42 屆國會上說明的積極預

算的內容進行了簡明扼要的概括[38]，即分別持續 14 年和 8 年的陸海軍臨時費總額計近 3 億 4 千萬日圓，以及鐵道建設和改良費 1 億 7 千萬日圓（電話和鐵道合計 5 億 1 千萬日圓）。不僅鐵道，資訊網的建設也得到了重視。資訊網建設與前一年度開始的高等教育機構擴充合在一起，成為原敬內閣的四大政綱之一（充實國防、振興教育、獎勵產業、整備交通設施）。

原內閣希望以一戰後世界的良好經濟形勢為背景，通過上述積極政策來贏得總選舉。他認為解散國會的時機到了。前文已經提到，在寺內內閣執政下舉行的 1917 年 4 月的總選舉中，政友會重新成為第一大黨，但距離掌握過半數議席還有一定距離（佔據 380 席中的 160 席）。

在野黨憲政會和國民黨等以議員立法的形式提出普選制法案，為原首相提供了解散國會的「大義名分」。1920 年 2 月憲政會、國民黨、普選實行委員會提出了三種不同的普選方案，但即使三者統一步調，保守系小會派的議席加上政友會的 162 席也可以憑藉 20 票的優勢在眾議院否決該法案。但原首相偏要解散國會。

比起在眾議院依靠議席優勢葬送普選制法案，不如解散國會，問信於民聽起來更民主。如果在本屆國會沒有否決普選法案就解散國會舉行總選舉，並且政友會獲勝，那麼在下一次總選舉之前的四年間政友會就可以一直主張「普選尚早是多數國民的意見」，避免只有一年的眾議院否決效力，而使其能維持四年。這就是原敬選擇解散國會的原因。

並且，即使以就普選法案問信於民為由解散國會，普選法案也不一定會成為總選舉的爭論點。之前提到的，原敬內閣的四大政綱——擴充

---

38 下卷，頁 346。

鐵道，增設高中和大學，擴充電話網等，當然也會對投票者的選擇產生影響。並且雖然選民已經擴大到繳納國稅 3 日圓以上者（1919 年修改），已達到約 3000 萬人，但就男子普選制而言尚只達到四分一，並且大部分仍是農村地主。由於實施了所得稅減免制度，所以雖然選民資格從納稅 10 日圓以上，下調到 3 日圓以上，但其範圍內的所得稅繳納者並未增加。[39]

在大戰帶來經濟繁榮的最後一年 1920 年，如果以農村地主的約 3,000 萬選民大部分都將選票投給了主張積極政策的政友會，那麼同時就表明民意是反對普選制（或者認為尚早）的，這實在是一個用「巧妙」不足以形容的政治圈套。筆者將原敬視為敵視「大正民主」的政治家的最大原因也在於此。

總選舉的結果是政友會獲得壓倒性勝利。2 月解散時和 5 月總選舉時議員總數發生了很大變化（從 381 席上升到 464 席），因此不應單純比較議席數，而要比較各黨在總議席中所佔比例的變化。政友會所佔議席比例從約 42% 大幅增至約 60%，而在野黨憲政會的佔比則從約 31% 下降到約 21%。執政黨的 60% 與第一在野黨的 21% 這一懸殊數字象徵着政友會時代的到來和普選運動的失敗。

拒絕兩大政黨制的平民宰相

政友會的原敬曾在 1905 年日俄戰爭結束後，迴避一貫的政黨間政權更迭的模式，在下台時將政權讓渡給掌握着軍閥和官僚派的元老山縣

---

39 成澤光《原內閣與第一次世界大戰後的國內狀況（2）》，《法學志林》1969 年，頁 66。

有朋，讓其組閣，而沒有讓渡給第一在野黨憲政黨。原敬在 1921 年也堅持了這一態度。在記載其同年 4 月與山縣有朋會談的日記中，原敬這樣寫道：

從腰越前往小田原拜訪山縣，談話大意如左。（中略）余也不應無限期久留於首相之位，現今尚不知應何時離去，但在考慮之中。山縣認為此時不可，現內閣如果辭職則無可繼承者，（中略）每逢說到應下決心，余又覺得不可簡單這樣想，應考慮辭職後誰可繼承。現在考慮加藤高明或可勝任，但其在政治上懦弱易受脅迫，山縣說如果加藤決定要實施普選，則自己即使單槍匹馬也必將助政友會之勢。[40]

首先，不會有人將上文後半部分理解為，原敬推薦憲政會的加藤高明為後繼者，但厭惡普選的元老山縣對此表示反對。不論任何人讀這一節都會覺得只能理解為，原敬希望從山縣口中套出加藤高明不能成為其後繼者的話。原敬在這一會談中，表達了「不會將政權交予憲政會，而會讓渡給山縣手下的軍閥或者官僚，所以請再讓我當政一段時間」的意思。

原敬摧毀了普選法案，甚至否定了兩大政黨制，這意味着吉野作造的民本主義徹底失敗。實際上直到 1920 年 2 月在野黨三派提出普選法案，三府三十一縣共計召開了 144 次要求馬上實行普選的國民集會，但之後就迅速銷聲匿跡了。[41]

---

40 1912 年 4 月 4 日，《原敬日記》第五卷，頁 369。
41 松尾尊兊：《普通選舉制度確立的研究》，頁 191。

吉野作造的人氣盛衰

反言之，到 1920 年之前都是 1916 年提出「民本主義」的吉野作造的時代。這在吉野本人的副收入之豐厚上得到了極端體現。據對這一時期的吉野日記進行解說的松尾尊兊的分析，從 1915 年到 1922 年吉野的收入「僅稿費及其他出版相關收入也能匹敵東大教授的工資，加上演講酬金及其他則達到後者的兩到三倍」。[42]

目前能夠了解的吉野的詳細收入記錄只到 1922 年，因此其副收入隨着普選運動退潮而減少的情形不得而知。但從 1914 年登上論壇到 1922 年之間的八年間（其中 1914、1916、1920、1921 年的詳情不得而知，但可以推定大同小異）吉野收入之多確實是其「民本主義」主張人氣高漲的證明。

這種吉野民本主義的人氣於何時結束，無法準確推定。但旁證其人氣在大正時代末期 1924 年已經完全消失的史料是存在的。在東京帝國大學法學部讀書時參加受到吉野影響而設立的新人會的蠟山政道在 1925 年 1 月的時事評論中這樣寫道：

> 民主主義主張曾經由吉野博士及其他先進人士所宣導，一時風靡時論，至今仍令我等記憶猶新。（中略）之後社會對社會主義性討論發生了興趣，民主之類被棄至舊書店之角落，或者出現在夜間營業的小店的雜物桌上，任由無意閱讀它的人隨手亂翻。[43]

42《吉野作造選集》，第十四卷，頁 395。
43 蠟山政道：《日本政治動向論》，頁 86-87。

根據之前介紹過的松尾尊兊的分析，1922 年吉野的副收入佔其總收入的 73%，東大教授的工資不過相當於其 27%。換言之，吉野的著作和時事評論不可能從 1922 年以後就全部淪落到舊書店和夜店的桌面。但到 1925 年就只能在舊書店的一角和夜店的雜物桌上才能找到了。

大戰後不再使用「民本主義」這一限定語，而是堂堂正正主張「民主」的吉野作造等人的運動就這樣迅速失去了人氣，其原因之一可以在上文引用的蠟山的一段文字裏找到。也即，「其後社會對社會主義討論發生了興趣」。

從普選運動到社會主義運動

吉野人氣的爆發和終結都與受到一戰末期以後的新時代思想的影響的大學生的動向有關。象徵其人氣爆發的是與 1918 年 11 月右翼團體浪人會代表（伊藤松雄、小川運平、佐佐木安五郎、田中捨身）的會面和站立演講會。吉野本人的日記簡短記錄了當時的情形。

> 演講會 6 點開始。伊藤、小川、佐佐木、田中四君起立，余亦起立答問。余論述充分，完全駁倒對方，10 時過凱旋。屋外共鳴者千幾百，以至步行不便。在警吏說明下始得躍上電車歸家。遺失外套和帽子。

支持這一站立演講會的東京帝大法學部的學生們次月成立了思想團體「新人會」。但一戰後的新時代的代表性思想並不僅僅是「民主」。年輕學生和畢業生們漸漸被建立起社會主義國家的俄國革命所吸引，轉而從其中追尋新時代。新人會的機關雜誌的名稱從《民主》變為《先驅》，再改為

《同胞》、*Narod*（俄語中的「人民」），體現出激進的學生的興趣已經從普選運動轉向社會主義革命。[44]

吉野的路線——首先發起國民運動，再依靠其壓力在眾議院通過普選法案，接下來民主政黨在總選舉中贏得勝利——需要花費無數努力和時間。但現實是對 1920 年 2 月數萬人參加的普選大示威運動視若無睹的政友會內閣解散了眾議院，並在 5 月的總選舉中獲得壓倒性勝利。也許就算按吉野路線花費時間和努力，也連普選都實現不了。

與此相對，俄羅斯的勞動者與農民武裝起來打倒統治階級的革命方式則是一步到位的，如果成功的話。並且比起到投票站投上一票這樣平淡的行為，帶有浪漫色彩的「革命」一詞更能打動年輕人。當時試圖在日本組建共產黨的山川均尖銳地指出，普選是統治階級用來使年輕人的革命意識鈍化的陷阱。

戰後的日本近代史研究一致認為山川均是最靈活、現實的社會主義者。但山川在 1922 年 2 月出版的《前衞》雜誌中曾正面表達反對普選：

> 不遠之將來或將實現普選，應會實現。但如今即使議會大門向勞動者階級敞開，議會這一安全閥已經無法擋住勞動運動的洪流。（中略）那麼普選的危險——無產階級運動遭到議會主義去勢的危險已經完全不存在了嗎？完全不是如此。首先至今議會的大會仍對勞動階級緊閉。而如果這扇門敞開一次，日本勞動階級的部分人必然選擇這一平坦道路。[45]

---

44 H.Smith，參照松尾尊兊、森史子譯《新人會研究》。

45《山川均全集》，第四卷，頁 213。

在本書寫作中的 2011 年，日本社民黨和共產黨中已經不會有人提出「無產階級運動遭到議會主義去勢的危險」。但這僅僅是近 20 年的事，直到 1980 年代日本的社會主義者和工會領導人仍以實現蘇聯式的社會主義為目標，比起總選舉更重視春季的勞資談判（「春鬥」）這種 "general strike" 模式。從這種意義上說，在大正時代提出反對普選的山川均可謂為戰後的反議會的社會主義運動奠定了基礎。

當為「民主」狂熱的學生們轉向直接行動型的社會主義時，普選運動和吉野民主主義就失去了「左派」的支持。而內閣和國會則由在 1920 年 5 月的總選舉中獲得壓倒性勝利的政友會控制。1921 年原敬被暗殺，次年 1922 年政友會第四代總裁高橋是清將政權讓渡給海軍大將加藤友三郎，這是政友會的傳統手法，並打好了在內閣任期結束舉行下一屆總選舉（1924 年）前再讓後者歸還政權的老算盤。

高橋是清的參謀總部廢止論

但在原敬死後，繼任總裁的高橋是清並未得到元老的信任。石上良平在《原敬歿後》中就加藤友三郎首相（1923 年 8 月，病死）的後繼者問題記述道：

> 何月何日已不詳，岡崎（邦輔）拜訪西園寺，西園寺兩度說：元老重臣中，推薦高橋者無一人。[46]

為戰前日本的代表性財政家高橋的名譽而言，高橋在元老之中不受歡

46《原敬歿後》，頁 69。

迎主要是因為他宣導「參謀總部廢除論」。在高橋任原敬內閣大藏大臣時代印製、在原敬和田中義一（陸相）的忠告下停止散佈的《內外國策私見》（1920 年 9 月稿）中，高橋吐露了如下論述：

> 我國的制度中最給外國人以軍國主義印象的就是陸軍參謀總部。其為模仿戰前（一戰）德意帝國的制度所建，作為軍事機構獨立於內閣之外，也不聽命於作為行政官員的陸軍大臣，完全特立於一國政治圈之外佔據獨立不羈的地位，不僅在軍事上，在外交上也殊為特殊的機構。（中略）但根據最近德意帝國在參謀總部上顯示出來的實例，平時研究和實施的軍事上的計劃，（中略）在戰爭長期化情況下易為敵方知曉機密，幾乎防不勝防。（中略）遭遇殘酷的敗北，50 年的計劃一朝化為泡影。並且並無必要設立參謀總部一般的獨立機構來制定軍事計劃，（中略）不如將其廢除，統一陸軍之行政，外交革新也指日可待。[47]

即使在當時的自由主義學者中，敢公佈如此大膽的見解的恐怕也只有吉野作造一人。連著名的美濃部達吉的「天皇機構說」也承認參謀本部和海軍司令部的「統帥獨立權」，而宣導通過軍縮條約等將軍隊的「編制權」統一在內閣之下。[48]

原敬在日記中記載說，高橋接受了他和田中的忠告，同意「伺機再發

47《小川吉平相關檔》第二卷，頁 140–141。
48 參照第 6 章。

表」。[49] 但在政友會中不過是中堅幹部的小川平吉的相關檔中包含了該論述的印刷品，可見高橋在相當範圍內以小冊子的形式進行了派發。

如果是學者或評論家尚可，但這是約一年後將繼承原敬擔任政友會總裁，組建內閣的高橋的言論。將德國在一戰中敗北歸咎於參謀本部的獨立統帥權的高橋未能第二次執政可以說是必然的。

但對元老會議而言，不讓在眾議院佔據 60% 議席的政友會的總裁執政，而將政權交給只佔不到 22% 議席的憲政會總裁，也是不可能的。既然不讓高橋是清再當首相，那麼加藤高明也不可能坐上這個位子。

將兩大政黨都排除在政權之外，那麼政府就只能是超然內閣了。1922 年（大正十一年）6 月政友會的高橋內閣下台以後，海軍大將兩次、樞密院議長一次，共三次組建了非政黨內閣，原因就在於此。

高橋政友會的路線轉換──第二次護憲運動

1905 年的日俄戰爭以後持續約 20 年的政友會和官僚派的輪流執政已經不可能重演，高橋政友會開始尋找其他途徑。站在高橋的角度回顧，即使是原敬也曾一度依靠政黨聯合打倒官僚派內閣。打着「打倒閥族，擁護憲政」的口號，將第三屆桂內閣趕下台的第一次護憲運動。於是政友會的高橋總裁決心參加第二次護憲運動。

事情的發端是 1923 年 12 月底，無政府主義者難波大助以三八式步槍射向出席議會開幕而經過虎之門的攝政宮（之後的昭和天皇）之馬車。作為對這起「虎之門事件」負責，山本權兵衛內閣在當年底下台，但其實該

49《原敬日記》，第五卷，頁 297。

內閣下台的原因並不僅在於此。山本權兵衛被推舉為病逝的加藤友三郎的首選後繼者是在 8 月 26 日，而完成組閣是在 9 月 2 日。在之前一天的 9 月 1 日，發生了關東大地震。死者約達到 10 萬人，失蹤者約 43,000 人。以東京和橫濱為中心，千葉、靜岡、山梨、埼玉以至長野、羣馬、栃木的一部分都受災嚴重，共有 25 萬戶房子全部倒塌或半倒塌。這是一次震級 7.9 級（一說 8.2 級），震中烈度達 6（當時沒有對 6 以上的烈度作規定）的大地震。海嘯並不嚴重，當然當時也沒有核電站，但東京都中心發生了嚴重火災，東京的死者大部分死於火災。

與後藤新平一同揚名的帝都復興院在 9 月 16 日設立，在拒絕政友會的高橋是清和憲政會的加藤高明入閣的山本權兵衛內閣之下，以發行四億日圓公債為財源的復興復舊計劃即使在議會通過，但 1924 年度預算本身就難以成立。

山本內閣因虎之門事件下台一事，成為其後繼者的樞密院議長清浦奎吾做了如下回顧：

> 就我而言，關於山本內閣辭職，與之有關的不祥事令人恐懼不堪，但時局是時局，此次曾忠告其就此止步，但山本為一旦下決心就不回頭之人，終究辭職告終。[50]

清浦的這一回想指出，由於大地震發生不到四個月，1924 年度預算案剛提交國會，儘管發生了虎之門事件，山本內閣還是有可能存續的。可以認為，面對政友會和憲政會，1924 年度預算難以通過是該內閣下台的

---

[50]《伯爵清浦奎吾傳》下卷，頁 259-260。

原因之一。

如果那樣，以貴族院為支持母體的清浦奎吾到底是有怎樣的勝算，才成為首選後繼者的呢。1924 年 1 月底的議會解散當時的各黨議席數做一下比較，就容易推測其理由了。政友本黨佔 149 席，政友會 129 席，憲政會 103 席，革新俱樂部 43 席，其他 27 席，3 席空缺，共計 464 席。在眾議院擁有 278 席的政友會分裂成政友本黨和政友會，多數派政友本黨成為清浦內閣的准執政黨。

護憲三派內閣的誕生

但同年 1 月 18 日，加藤高明、高橋是清、犬養毅（革新俱樂部）三黨首提出反對清浦內閣、建立政黨內閣時，眾議院的多數派已經不是政友本黨，而是護憲三派了（三黨共佔 255 席，總議席數為 462 席）。如果護憲三派在 5 月的總選舉中戰勝政友本黨，就可以按「憲政的一般道路」組建護憲三派內閣了。

選舉結果正如此。護憲三派增加了 30 席，達到 285 席，政友本黨丟失了 34 席，被憲政會奪走了第一大黨地位（憲政會 155 席，政友本黨 115 席，政友會 101 席，中正俱樂部 42 席）當然護憲三派內閣的首相就由第一大黨憲政會的總裁加藤高明出任。對於加藤和憲政會來說，這就實現了 1916 年提出的「憲政的一般道路」[51] 但僅是實現「憲政的一般道路」，還沒有完成「重組時代」的任務。只有與普選制同時實現，第二次護憲運動才與第一次護憲運動有顯著區別。而政友會在這一點上不肯讓步。在眾議

51《艱苦十年》，實際上是八年。

院解散後召開的憲政會與政友會的首腦會談上，政友會對無條件的普選持反對態度。[52] 但言論界認為第二次護憲運動的課題是普選。1月2日在日比谷的松本樓召開的有志新聞記者會議提出了「吾人希望內閣即時實行普選，達不成此目的，則對任何內閣都反對。」[53] 與政友本黨疏遠而與護憲三派聯合的高橋政友會除了贊成普選，別無選擇。當 1924 年 6 月憲政會的加藤高明以護憲三派為執政黨，同時實現普選和兩大政黨制就已經只是時間問題了。

---

52 《原敬歿後》，頁 153。
53 同前書，頁 102。

第六章

危機的時代

(1925–1937)

❶ 內政・外交的兩極化

憲政會對「二十一條」的執拗——華盛頓會議

1925 年 5 月，男子普選制確立，8 月初，憲政會單獨組閣（第二次加藤高明內閣），陸軍大將田中義一擔任新總裁的政友會脫離政權。普選制和兩大政黨制開始成為慣例。由此，「重組時代」結束了。

政友會脫離政權，意味着護憲三派內閣組建的自由派聯合內閣解體。1925 年 8 月以後，憲政會（1927 年以後稱立憲民政黨，以下簡稱民政黨）開始轉向和平路線，而反對田中義一的政友會則明確提出保守化路線。

從 1920 年普選解散到 1925 年政友會脫離政權之間的五年，綜合內政和外政來看，實際上政友會和憲政會勢均力敵。正如前一章中已經揭示的，原敬和高橋是清主導的政友會在內政方面顯然是反民主主義的，加藤高明率領的憲政會則一貫主張普選制，是民主政黨。

但是，在外政方面則相反。政友會持和平主張，憲政會主張強硬外交。從戰後日本的社會主義人士和民主主義人士一貫最重視「和平」這一點上來考慮，反對普選，但贊成對外和平路線的原敬戰後一貫得到高度評價，也是可以理解的。

正如上一章中已經揭示的，第一次世界大戰中日本的對外政策發生了很大變化，從殖民地帝國主義轉向非殖民地帝國主義。而決定這一變化趨勢的，就是從 1921 年底到 1922 年初召開的華盛頓會議。

第一，在 1921 年 12 月簽署的英美法日《四國公約》中，日本迫不得已解除了相當於殖民地主義擔保的日英同盟（1902 年成立）。第二，1922 年 2 月簽署的《九國公約》使得保全中國的主權和領土，以及不干涉其內政成為條文（美、英、法、意、荷蘭、日本、比利時、波蘭、中國）。這兩個條約迫使日本不得不大幅轉變戰前和戰時的對華政策。其第一步就體現為，歸還「二十一條」索要的山東半島租借權（關於山東懸案的條約，1922 年）。由此，日本在中國的權益只剩下滿蒙鐵道、礦山以及關東軍對鐵路沿線的守備權。

憲政會對這一返還山東權益的條約強烈反對。其總裁是加藤高明，他在簽署「二十一條」時擔任外相。1922 年 4 月該黨的議會報告書中這樣寫道：

> 關於山東的處分問題在大正四年（1915 年）五月大隈內閣簽署的日支條約中成立，根據《巴黎媾和條約》第一五六至一五八條，在世界範圍得到確認。華府（華盛頓）會議本應根據「特定國間問題不納入議題」原則，不對此置喙，（中略）我之主張為讓步之讓步，完全依照支那之所望決定。[1]

---

1 《憲政》第 5 卷，3 號，頁 6。

年表 9

年代	首相	事件
1921 大正十年	原 高橋	華盛頓會議（1921-1922）；簽署《四國公約》。
1922 大正十一年	加藤友	《九國公約》；海軍軍縮條約；將山東半島租借權還給中國；意大利法西斯政權成立。
1924 大正十三年	山本 清浦 加藤高	護憲三派內閣成立；幣原外交（協調外交）之推進。
1925 大正十四年	加藤高	日蘇聯基本條約；治安保持法；普通選舉法。
1926 大正十五年	若槻	蔣介石北伐開始（1926-1928）；大正天皇逝世。
1927 昭和二年	田中	金融恐慌（鈴木商店倒閉、台灣銀行休業）；田中義一政友會內閣成立（《田中外交》）；憲政會與政友本黨聯合成立立憲民政黨；東方會議。 關東軍出兵山東（1927-1928）。
1928 昭和三年		實施普選制；3.15 事件；濟南事件；張作霖炸殺事件；巴黎不戰條約。
1929 昭和四年	濱口	民政黨濱口雄幸內閣成立；世界恐慌。
1930 昭和五年		黃金出口解禁（恢復金本位制）；第二次普選（民政黨過半數）；倫敦海軍會議；《倫敦條約》簽署。

政友會的協調外交

　　與此相對，政友會在原敬去世之後也全面支持華盛頓體系。1923 年 4 月的議會報告書中，該黨明確認為「只顧伸張本國利益，不顧其他的帝國主義時代已經過去了」，並基於此觀點同意歸還山東權益。[2] 也即是說，

---

2 《政友》272 號，頁 14。

憲政會堅持第一次世界大戰之前的帝國主義外交主張，政友會則贊同美國主導的和平與民族自決主義。

另外，華盛頓會議的另一課題為海軍軍縮，其內容是主要國家保有的主力艦減至「美、英 10，日本 6，法國、意大利 3.3」的比例，在當時日本海軍也沒有太大抵觸，這裏不詳述。

將上文所述憲政會和政友會在對外政策上的差異，與前一章中討論的兩黨圍繞普選制的對立相比較，就可以明顯看出，在國內民主化上憲政會更進步，而在對外政策上政友會更先進。如果不做過細的討論，基本可以認為兩黨在「和平與民主主義」上平分秋色。

如果在這種情況下確立兩黨制，則不會有後來的「危機時代」。政友會和憲政會任何一方執政，「和平」和「民主主義」兩者都有一者必將得到保證。這樣的兩大政黨制雖然缺乏戲劇性，但也不會出現極端右傾的情況。

憲政會轉向 —— 幣原外交

但是，以 1924 年（大正十三年）護憲三派內閣成立為契機，憲政會將其對外路線調整為，國際協調與不干涉中國內政政策並行。這就是有名的「幣原外交」的開端。就幣原喜重郎自身而言，不過是表明了自己在原敬內閣時代就持有的觀點，但是相對加藤高明內閣而言，是對外路線的大轉折。

不過，幣原站在自己的角度將這一大轉折簡單歸結為「外交政策繼續主義」。也即「一國政府與外國公開締結的條約，不論條約之依據及正當與否，也不論政府或內閣如何更迭，都不應發生變更。」[3]

---

3 《幣原喜重郎》，頁 263。

幣原的這一說法在當時，或者在 21 世紀初的今天，可能都出乎我們意料的重要。對於從此迎來兩大政黨制的 1924 年的日本而言，如果每次政權更迭，都在帝國主義路線外交和華盛頓體制外交之間搖擺，則同盟國也無法確定對日政策。

基本對外政策有時可能也不得不做出重大改變。比如說，第一次世界大戰中和大戰後世界秩序本身發生了變化，因此日本的對外政策發生變化也是理所當然的。

但是，在從此開始的憲政會和政友會兩大政黨時代，如果隨着每兩三年政權更迭，基本對外政策就發生改變，那麼日本的對外信用就會蕩然無存。今天，經歷了 2009 年上台的鳩山由紀夫內閣的失敗，我們應該能夠充分理解這一點。

田中政友會轉向

但是，在戰前日本的兩大政黨制下，幣原的「外交繼承主義」沒能得到遵守。加藤高明、若槻次郎的憲政會內閣下台後，政友會的田中義一內閣（1927 年 4 月成立）完全無視了這一「外交繼承主義」。田中義一的政友會內閣不單否定了幣原外交，還轉變了原敬時代政友會的對外路線。

更鮮明宣導原敬時代的外交路線的，是前一章裏介紹的、主張廢除參謀本部的大藏大臣高橋是清。在原敬生前的 1921 年 5 月付梓並發佈的《關於樹立東亞經濟力的意見》中，高橋這樣論述道：

> 雖然歷代政府口頭都抽象地說日中親善，但就正如日本的實際行為所證實的，日本在中國的行為被世界列強認為是具有

領土目的、侵略性、排他性的，其結果是日本在中國外交問題上難以順利，任何方式都左右牴牾，不易施行。[4]

由上述對過去日本之對華政策的反省，高橋主張從中國撤走關東軍等日本駐軍。也即：

> 要進行根本改變，其關鍵是，正如引起支那和列強誤解的原因為駐軍，在取得支那諒解的情況下迅速撤軍，並迅速撤走各地的軍事設施，對於在山東以及滿蒙的可能被誤解為我領土侵略野心外露的政策以及設施，都應斷然更改，此為當務之急。[5]

這是原敬內閣的大藏大臣，在原死後繼承其職的高橋是清的意見。高橋是清自明治末年到死於非命的 1936 年（昭和十一年）之間，被公認為日本屈指可數的財政經濟專家。這自然不是為了沽名釣譽而標新立異的評論家發表的空想論。高橋認為，以第一次世界大戰以後日本的財力和技術實力，對華政策上已經不需要軍事力量。[6]

將這一意見書與五年後的 1926 年 11 月，同樣是政友會總裁的田中義一發表的《立國產業論》相比，政友會對外政策的轉變就會一目了然。田中的「產業立國論」贊成為了確保資源，即使在「滿蒙特殊地域」使用武力也在所不惜，這是對原敬和高橋是清時代的政友會之對外政策做了 180 度

4　《小川平吉相關文書》，第二卷，頁 146。

5　同前書，頁 146-147。

6　同前書，頁 146。

轉變。[7]

其結果是田中執政以後的 1927 年（昭和二年）6 月舉行的東方會議，以及比這更早的關東軍出兵山東（第一次，同年 5 月）。

東方會議是外務省主導下，陸海軍大臣、大藏大臣、駐中國公使、總領事，加上關東廳和朝鮮總督府的代表共同出席的會議，決定要運用武力，在蔣介石領導的國民黨軍的所謂「北伐」（為實現中國統一的北方軍閥戰爭）中保護日本居留民和日本的特殊權益。出兵山東則是關東軍搶在這一會議做出決定之前就行動的，為了維護日本在滿蒙的權益，而試圖將北伐軍堵在山東。這是對中國內政的武力干涉的第一步。

政友會轉變原敬・高橋是清時代的方向，也體現在內政方面。正如前一章所述，原・高橋時代一直反對普選制。但是另一方面，正如高橋在《參謀本部廢止論》中所論述，他對於對天皇和軍部直通是持否定態度的。而原敬的日記中甚至主張象徵天皇制。「皇室不直接參與政事，僅行慈善恩賞等政府職能則安泰。」[8]

與此相對，田中時代的政友會則大肆宣揚「皇室中心主義」。後來成為該黨總裁的鈴木喜三郎在任田中內閣內相時，批判民政黨的議會中心主義，斷言「我帝國之政應由天皇陛下總攬，也即皇室中心政治，此彰明較著。議會中心主義等思想乃英美流民主主義思想之隨波逐流，與我國國體不符。」[9]如果原敬讀到此文，估計會立即昏厥。

---

7 《政友》310 號，頁 3，1926 年 11 月地方大會上田中的演講。
8 第五卷，頁 276，1920 年 9 月 2 日。
9 引自鈴木批判的民政黨的機關雜誌《民政》。第 2 卷，第 3 號，頁 36，1928 年 3 月。

憲政會的「和平與民主主義」

　　相對於在外交和內政兩方面都鮮明呈現出右傾化傾向的政友會，憲政會（民政黨）則在宣導幣原外交的同時，在內政方面也強調民主化。憲政會的機關雜誌《憲政公論》明確提出要繼承吉野作造提倡的「民本政治」，其論述如下：

　　單刀直入言之，在降低少數有產階級和少數特權階級的生活之同時，提高最大多數的階級，尤其是貧民階級的生活，信為政治之全部。[10]

　　如上所述，護憲三派內閣脫離政友會的 1925 年 7 月底以來，憲政會（民政黨）與政友會的對立點在外政和內政上都非常明確了。雖然要正確地表述還需要補充幾點，但簡而言之，可以說。宣導「和平和民主主義」的憲政會（民政黨）和主張「侵略和天皇主義」的政友會組成兩大政黨制開始了。

兩大政黨制與政策距離

　　兩大政黨的差異是模糊好，還是鮮明好，難以一概而論。福澤諭吉 1879 年指出，英國的兩大政黨制的優點在於「保守黨」和「自由黨」的對立面比較小。[11] 但是在分歧點較小的兩大政黨制之下，政權更迭之後，財界、勞動界、農業界、失業者誰能獲利，不好說。所以福澤的主張雖然是可以理解的，但另一方面無法否認這種主張索然寡味。最終，問題無法一概而論，只能具體探討。

---

10 1926 年 12 月號，頁 38。
11 參照《民情一新》。

從第一次世界大戰結束到 1932 年的 5.15 事件之間 10 幾年的政治中，1920 年代前半，政友會和憲政會（民政黨）在內政和外交上一長一短，有利於政治的穩定和進步。不論兩黨哪一方獲勝，「和平」和「民主化」都有一方會得到保證。而在 1925 年到 1932 年，則是如果憲政會（民政黨）獲勝，「和平和民主主義」會得到強調，政友會獲勝就是「侵略和天皇主義」得到強調。這也是不僅政黨政治，日本整個國家走向「危機時代」的原因之一。

陸軍中堅的滿蒙領有論

1925 年（大正十四年），兩大政黨的一致同意武力進入中國，而此後的政治狀況，助長了陸軍內部的滿蒙強硬論者的氣焰。田中義一的政友會內閣召開東方會議。並且在三次出兵山東的 1927 年（昭和二年）到 1928 年（昭和三年），陸軍佐官級將校（大佐、中佐、少佐）以永田鐵山（大佐）、東條英機（中佐）、石原莞爾（少佐）為中心結成了「木曜會」。在永田鐵二也出席的 1928 年 1 月的第三次會議上，石原莞爾提出了有名的「世界終極戰論」的框架。根據該會的主要成員之一鈴木貞一少佐保存的「木曜會記事」，石原當時做了以下報告：

關於我國國防方針，石原少佐。（中略）對未來戰爭之預想。不應走向依靠國家總動員的消耗戰，而應在政治家抱怨之前，一舉徹底殲滅敵人。即運用空戰。

最後的戰爭。日美如兩橫綱，末輩跟隨，至運用飛機一決勝負之時，即世界最後之戰，之後武力即成世界警察。其時機：

一，飛機能繞世界一周之時；二，西洋文明之中心完全轉移至美國，日本獨特的文明在日本完成之時。[12]

實際上，從 1937 年到 1945 年發生的日中戰爭和太平洋戰爭即為「依靠國家總動員的消耗戰」，日美之間的「空戰」只是其最後的裝飾。石原的先見之明不過是類似科幻小說的東西而已。

但是如果當作科幻小說來讀，石原的「世界終極戰論」還是非常了得的。B29 雖然不能繞地球一周，但是續航距離達到了 6500 公里。地球的半徑是 6400 公里，也就是說飛行距離達到了地球一周的近六分之一。另外，在日美戰爭中獲勝的美國成為「世界警察」，也印證了石原的預言。

但是，面對政友會內閣決策的三次山東出兵，陸軍佐官級將校的關心並沒有停留在科幻小說的世界。在 1928 年 3 月的第五回合會議上，東條英機等提出「在滿蒙確立完全的政治權力」，得到通過。也即「為了帝國自存，需要在滿蒙確立完全的政治權力。為此，國軍的戰爭準備應以對俄戰爭為主體，同時重視對支戰爭準備。但，本場戰爭應顧慮美國參戰，做守勢準備。」[13]

「木曜會」會員之中，永田為步兵第三連隊長、東條為陸軍省整備局課長、石原為陸大教官、鈴木貞一為參謀本部作戰課員、鈴木宗作是參謀本部員、土橋一次擔任支那政府軍事顧問、高島辰彥是陸軍省軍務局課員。也就是說「木曜會」是橫跨陸軍省和參謀本部的佐官級將校同志會。這一同志會將目標確定為「在滿蒙確立完全的政治權力」，有非常重大的

12《鈴木貞一氏談話速記錄》，下卷，頁 368-369。
13 同前書，頁 378-379。

意義。保守政黨政友會的內閣提出贊成武力維護滿蒙權益時，橫跨陸軍省部的中堅將校再進一步，將目標推向了滿蒙領有。

民政黨的對華協調論

如果說政友會內閣的對外政策的右傾化誘發了陸軍中堅將校的滿蒙領有論，則在野黨民政黨就是從「左」的立場，對田中內閣的山東出兵進行了批判。該黨總裁濱口雄幸在機關雜誌《民政》中做了如下論述：

> （田中）內閣成立後不久，中國動亂的餘勢即有波及山東之傾向，（現）政府（中略）對時局發展判斷有誤，大費周章將兵移於山東，繼而挺進濟南。之後根據鄰邦之情況推移，無出兵之必要日益明顯，（中略）使苒苒三月之久的忠勇的陛下之軍隊若玩笑般駐於外國，將招致內外對帝國公正態度之懷疑，為未來國交投下陰影，此實為遺憾。[14]

1925 年 8 月的第二屆加藤高明內閣以來，兩大政黨之間的政權更迭漸漸在日本固定下來，因此如果民政黨執政，則日本對華政策將大幅轉變。具體而言，政友會內閣實施的是向中國派遣軍隊保護日本居留民的「現地保護」政策。而如果民政黨接手，就會秉持不干涉中國內政的觀點，不派兵，而是暫時撤僑。

剛才已經介紹過，陸軍中堅將校對每逢政權更迭，對華政策就大幅轉變非常不滿。日本外交史研究的第一人井上壽一的近著[15] 介紹了「木曜會」

---

14 第二卷，第二號，1928 年 2 月。
15 《戰前日本的「全球主義」》。

的鈴木貞一少佐的回憶：

> 對政黨的不信任歸根結底是從冤獄之類事件產生，加之選舉中民政黨、政友會針鋒相對，這種分裂狀態在考慮國家安全保障之軍人，實為難耐。[16]

《倫敦海軍公約》裁軍與統帥權獨立

鈴木在這裏所說的兩大政黨制對安全保障的影響，凸顯出民政黨和政友會圍繞 1932 年倫敦海軍軍縮問題的對立。並且這一問題不僅停留在從安保觀點來看海軍軍縮的對與錯，還牽涉到政友會和民政黨關於天皇制的對立。或者可以說，後者比前者成為更大的分歧點。也即所謂「統帥權干犯」問題。

當時將參謀總長、海軍軍令部長不經由總理大臣和陸海軍大臣，直接上奏天皇的許可權稱為「帷幄上奏權」。日本法西斯理論家第一人北一輝賦予海軍和右翼攻擊政府的智慧，即政府不等軍方行使該許可權，或者說無視該許可權，就簽署海軍軍縮條約，是對海軍軍令部「統帥權的干犯」。這相當有名，也成為今天學界的常識。

但是，據當時有名的評論家馬場恆吾所記，最初提出「統帥權干犯」的是在野黨政友會。在軍縮條約簽署約三年之後的《中央公論》雜誌上，馬場撰寫評論道：

> 正如人們所知，法西斯抬頭的原因之一與倫敦軍縮會議有

---

16 同前書，自 37 頁轉引。

關。他們認為，在這一軍縮會議上日本作出了不當讓步。並且，在簽署這一軍縮條約時，民政黨首相濱口採取的行動侵犯了有關決定兵力的（天皇的）大權。這後來發展成法西斯的口號，但實際上當時持這一主張的是政友會。[17]

根據馬場的指出，來看條約簽署三天之後，政友會的鳩山一郎在眾議院所做的質詢演講。這一「鳩山主犯說」今天已經廣為人知，不過，這裏特別希望讀者留意其關於憲法解釋的論述，品質非常之高。

> 海軍軍部條例中，也有規定海軍軍令部長直隸於天皇，參與天皇之帷幄機務，用兵國防之事，且在（天皇）親裁之後，將此轉移至海軍大臣。也即在用兵以及國防上全無區別，皆為信賴軍事專家聽憑其自由定奪，任何人無異議之餘地（鼓掌）。（中略）關於一般之政務，對此之統治大權，內閣雖有責任，但軍之統帥的輔弼機構並非內閣，而是軍令部長，又或參謀總長為直接之輔弼機構，此迄今無異議。（中略）若果真如此，則政府違背軍令部長意見，或無視之而變更國防計劃，實不可不謂大膽之舉措。（鼓掌）[18]

鳩山的這一主張，顯然是意識到了濱口內閣背後的憲法學者美濃部達吉的論述。

---

17 1933 年 8 月號，頁 71 至 72。
18《帝國議會眾議院議事記錄》，第五十四卷，1930 年 4 月 25 日。

美濃部憲法學和海軍軍令部條例

1927 年刊行《逐條憲法精義》時，美濃部已經以 1914 年的「軍令」所規定的海軍軍部條例為根據，發現了鳩山一郎所說的「統帥權干犯」可以成立。他的憲法論是對明治憲法第十一條的「統帥權」和第十二條的「編制權」明確區分，軍縮條約之類的「國防」相關是內閣的責任，與「作戰用兵」有關的「統帥權」是兩碼事。同時他也預料到，海軍軍部條例將會阻礙他的這種憲法論。

於是，美濃部就展開了如下一種議論：「軍令」不過是關於軍隊內部的紀律，「國家」層面的問題必須有大臣簽署、副署的「敕令」來決定。

但不管是「軍令」還是「敕令」，都出自天皇自身的裁可。當都得到了天皇裁可的軍令和敕令相矛盾時，天皇自身的意思就分裂了。在此，美濃部拿出了一種戲劇性的解釋：作為「大元帥」下達「軍令」的天皇和作為「國家元首」下達「敕令」的天皇不同，前者的天皇應當遵從後者的天皇。[19]

這如果是作為學者之間的討論也許說得過去，但在政治世界中不可能被接受。外行人的腦海中，1914 年海軍軍令部條例作為軍令出台時，明治憲法就已經存在，因此這一「軍令」在「明治憲法」下是合法的。鳩山一郎的解釋在「政治世界」更有效。而將天皇這一人物二分為「大元帥」和「國家元首」的美濃部憲法學在「政治的世界」不好使。

軍令部的自製

並且，只有在日本國內才認為，英、美、法、意加上日本舉行會議的

---

19 1930 年 9 月 8 日，《議會政治的探討》。

倫敦海軍軍縮條約問題是「憲法領域」的問題。這在國際上，完全是「政治世界」的問題。這一點，日本國內反對簽署這一條約的軍令部長加藤寬治本人最清楚不過。對於來鼓動自己為維護「統帥權獨立」堅決努力的右翼大頭目頭山滿，加藤如是說：

> 加藤正按照職責所命堅持所信行事。不會與任何人商議，也不會聽從任何人之意見。但您深慮之事，乃國防之重大事，且關乎外交上重大問題。如不最慎重，恐將累及上御。

但這位軍令部長對頭山表示，英、美、日、法、意五國簽訂的條約，不能因日本海軍軍令部的不滿而作廢。當然加藤的立場同時也包括，「軍令部作為國防用兵之責任者，在計劃上難以同意以美國提議為框架的數字。」[20] 但是，政府已經對全權代表團作出了簽署該條約的指示，所以軍令部長也不可能以「統帥權干犯」這一內政為由，讓軍縮會議擱淺。

憲法問題僅是日本國內的問題，而軍縮問題是國家間的外交問題，加藤寬治的這一態度很有啟示性。但是，兩黨政黨制下的政黨一邊注意到軍令部長加藤加以自製的強硬論，一邊熱衷於圍繞憲法解釋的論爭。

美濃部的勇敢之舉

這不是政友會的鳩山一郎一人之罪。民政黨的濱口首相自身，也堅持「關於這一決定是根據憲法第幾條等等憲法學上的學究討論，應委託於學

---

20 同前書，同頁。

界研究，吾等無暇兼顧。」[21] 但是如上所述，一方面在野黨政友會在眾議院挑起憲法論爭，另一方面，憲法學者美濃部達吉擔起了民政黨一方的憲法解釋的擔子，這原本是濱口首相致力迴避的。美濃部在報紙和雜誌上展開了華麗的、批判軍部的憲法論。

美濃部的見解如下所述是站得住腳的「正論」。但與五國間軍縮條約這一現實問題有相當的距離。以下介紹其幾點主張：

> 有關國防，海軍軍令部又或軍事參議院所擁有的權能僅在於，在國防計劃相關方面，進行僅限於軍部的立案。（中略）這就類似於技師所做之設計，對國家而言僅是一種參考方案而已。

被評說到這個程度，不僅軍令部，海軍將校普遍都起來反對。而美濃部還進一步擴大討論範圍。

> 軍部當局自命為戰爭之任的當事者，自然有加強戰鬥力之傾向，而缺乏對於外交、財政、經濟、世界性思想趨勢等政治上關係之考慮，這在所難免。但將此作為絕對價值，則國家有陷於軍國主義之弊。[22]

這也是非常粗獷的議論。海軍軍令部缺乏「外交、財政、經濟、世界性思想知識」，這是美濃部的獨斷，沒有舉出根據。嚴謹地說，美濃部也並未說「知識」「欠缺」，而是說「有欠思慮」，但讀後感並無二致。

21《民政》第四卷，第六號，頁 3，1930 年 6 月。
22 5 月 4 日，《東京朝日新聞》。

另外，海軍軍令部堅持大型巡洋艦保有量為對美國之七成，而日本政府讓步到對美六成，這雖然是事實，但就此說「國家有陷於軍國主義之弊」，也是過於跳躍。「圍繞倫敦條約的種種論爭，其根柢正是和平主義與軍國主義之爭。（中略）憑藉兵權凌駕於政府之上的努力，對國家而言是最危險之事」[23] 這一主張甚至讓人感到「和平與民主主義」的自負。上述論述的當否另當別論，但倫敦軍縮會議上咽下眼淚的還是海軍軍令部一方。不是「兵權」凌駕於政權之上，而是「政權」壓制了「兵權」。

美濃部對海軍挑釁的極致是提倡陸海軍大臣文官制。他在 1930 年 5 月 20 日前後發售的雜誌《改造》的 6 月號上，發表了以下的大膽主張：

> 作為政府，從真正獨立的政治見地來說，應能不拘於軍部之意見來定奪兵力。為此，唯有廢除軍部大臣武官制。（中略）而採用文官制，由此軍部與政府之關係將明白曉暢。[24]

海軍青年軍官的抗議

不僅被迫接受將大型巡洋艦裁減到對美六成，還被要求實施陸海軍大臣文官制，海軍青年將校當然會被激怒。當然美濃部與民政黨不相關，只是作為憲法學者發表見解。但是，海軍青年將校的領袖人物藤井齊認為，濱口民政黨內閣對於軍部的態度與這裏所介紹的美濃部的一系列主張是一致的。藤井在 1930 年 5 月 8 日的致九州同志的書信中如下寫道：

---

23 9 月 8 日，《帝國大學新聞》。
24 《議會政治之討論》，頁 138。

議會中心的民主主義已經明確站出來。其稱對財閥掌握政權的政黨政府和議會負有國防之責。濱口計劃廢除軍令、參謀本部，剝奪帷幄上奏全，將軍部大臣委於文官，以至將兵馬大權置於內閣，也即政黨之下，廢除大元帥。現今政權已脫離天皇陛下之控制，欲奪最後之兵權。[25]

至今沒有找到史料證明，以濱口首相為首的民政黨首腦層曾做出過藤井總結的上述大膽發言。但如果認為美濃部達吉的主張代表民政黨內閣的立場，則藤井的歸納令人驚訝地正確。在民政黨濱口內閣無視海軍軍令部的反對簽署倫敦條約，壓制海軍軍事參議官會議和樞密院的抵抗批准該條約之時[26]，不僅海軍青年將校之中，陸軍青年將校之中也出現了準備發起軍事政變的活躍動向。

陸海軍青年軍官的接近

省去詳細經過，根據次年 1931 年 1 月的藤井的日記，來看這一青年將校運動的動向。但是，光引用上述日記已經非常麻煩，加之其還有非常多的註記，因此更難讀。所以這裏將這以半頁篇幅記錄一日情況的日記中，出現的主要人物按照登場順序略記如下：

- 荒木貞夫：陸軍中將，第六師團長（熊本），後皇道派的核心人物。
- 菅波三郎：陸軍中尉，藤井齊最器重的陸軍青年將校。後來在 5.15 事

25《現代史資料 4　國家主義運動（一）》，頁 53。
26 4 月 22 日、10 月 2 日。

件時，衝到陸相官邸逼迫荒木陸相同意陸軍奮起。

- 栗原安秀：陸軍少尉。後在 2•26 事件中遭連坐，於 1936 年 7 月被處以死刑。

- 四元義隆：受井上日召的影響，在七高（鹿兒島）時代組建了敬天會。進入東京帝國大學法學部以後，成為上杉慎吉的門下生，上杉死後入宿安岡正篤的金雞寮，井上也寄宿於此。

- 井上日召：東京協會專門學校中途退學。1910 年開始在中國居住九年。歸國後皈依日蓮宗，在茨城縣設立立正護國堂，目標是改造當地青年和國家。1930 年與同縣的霞之浦航空隊中同樣致力於改造國家的藤井齊相識，之後共同行動。在 5.15 事件之前就製造了血盟團事件，被處以無期徒刑。

- 權藤成卿：青年時代歷訪韓國、中國、俄羅斯，與中國革命家加深交流。1927 年寫作《自治民範》，目標是重視土地和穀物共有的農本主義自治傳統的國家改造，成為井上日召、藤井齊等人的導師。

- 代代木：以西田稅為目標。陸軍士官學校在校期間受北一輝的感化，1925 年以後成為北一輝的代言人，陸軍青年將校運動的領袖。

這些人物之後成為血盟事件、5.15 事件、2.26 事件的領導者，藤井腦海中一邊浮現出上述人物，一邊在 1931 年 1 月 10 日的日記中寫到：

> 荒木六師已經做好充分的思想準備。鹿兒島方面，有菅波麾下栗原少尉，可安心。菅波君也曾考慮通過地方起事促進中央奮起，此次終於悟到中央之重要性，但同時也擔憂聯絡及行動速度。四元配下北原雖只是七高一年級，但其執敬天會之牛

耳，可謂鬥士。（中略）井之計劃為，憑藉素行會、正義團，打倒以宇垣（一成）為首之即成政黨，濱（勇治）有來信表示也希望打倒宇垣。見權藤翁驚訝於其學識。代代木出院，精神飽滿，謀劃打倒民政內閣，擁政友執政。但當前民政黨內左派右派皆動向遲鈍，黨內恐將有新勢力謀求黨改革。[27]

在政友會以「統帥權干犯」為由追究民政黨內閣，美濃部達吉為民政黨內閣代言、提倡陸海軍大臣「文官制」的同時，以打倒兩大政黨制支配為目標的「法西斯」勢力則計劃在陸軍、海軍、民間右翼之間進行「連橫」。

「明治維新」與「昭和維新」

陸海軍青年將校與民間右翼的「連橫」在形式上酷似於，本書第一章所討論的幕末時期薩、長、土三藩的下級武士與脫藩浪士的橫斷性聯合。但是，在國家進入上升時期與進入下降局面時，「下克上」所帶來的結果完全不同。使用古舊的說法，與「明治維新」是「革命」相比，「昭和維新」是「反革命」。

區分「革命」與「反革命」的不是「天皇問題」。參與明治維新的所有的革命勢力，不論是幕末「開國」派還是「攘夷」派，在「尊王」這一點上是一致的。在這一點上，昭和維新與明治維新之間沒有區別。

兩者的區別在於，相對抗的精英層的「質」的問題。在上升局面中，那個時代的最優秀的知識分子輔佐了「對抗精英」。正如已經在第一章中

---

27 《檢察秘錄 5.15 事件》，第三卷，頁 655。

提到的那樣，在幕末的島津齊彬的領導下，不僅雄藩大名，當時的中央政府（幕府）的一流學者也競相參與明治維新。繼承齊彬遺志的西鄉隆盛也通過勝海舟，吸收了橫井小楠、大久保一翁等幕府系知識分子的最先進的知識見解。「尊王攘夷」派的有名幕末志士等，實際上也走在「開國進取」的最前沿。

與此相對，以倫敦軍縮條約為契機開始的「連橫」是名副其實的「尊王攘夷」。比起「尊王」，他們更常使用的是「尊皇」。他們不想將「萬世一系」的「天皇」稱為一般的「王」。

在日俄戰爭剛剛結束的 1906 年，將「萬世一系」的「國體論」批判得體無完膚的北一輝，成為提倡天皇親政的陸軍青年將校的導師，這不得不說是歷史的諷刺。但是，北一輝自身在日俄戰爭之後的 25 年之間，都沒有更深入地研究青年時代吸引他的西歐社會主義的跡象。在 20 幾年間，北一輝學習的是中國革命，進一步說，是缺乏軍隊支持的孫文革命的挫折。於是北一輝開始反西歐，只信奉軍隊實力。他既沒有幕末西鄉隆盛的對歐美的卓見，也沒有西鄉那樣通吃「開國派」和「攘夷派」的廣泛人脈。

北一輝，以及以日本古代社會為理想社會的權藤成的見地裏只有「大陸膨脹論」。以共有土地和穀物的農本主義共同體為理想的權藤和仰慕其為師的藤井等海軍青年將校，與上述所記陸軍佐官階層的滿蒙領有論乍看有很大距離。但是，藤井在 1931 年 8 月 7 日的日記中如此記述了權藤的大陸雄飛論。

　　權藤先生送來《八鄰通考》。如饑似渴閱讀之。

大陸問題之解決首先要調查其歷史。但我之結論是率勇敢進取之青壯軍渡至大陸，確立屯田之生活。經日中戰爭（日清戰爭），日俄戰爭之一、二回，無法解決這一將激化至民族鬥爭之問題。中國之利己性國家主義之排日有違天道。吾人將在大陸建此樂園：通過屯田，首先謀得朝鮮人生活之安定，再擴充日人之將來。這一日本國家改造之後，將令人擔憂之蓬勃生命力──革命家引向大陸，使無不平坦之途也。[28]

讀完權藤之主張的藤井，「對吾人之先祖與大陸之交通，果敢雄偉之行動無限思慕」，並將這種心情表述如下：

吾與日本之百萬男兒，共至大陸展開國家。[29]

由此，關東軍的滿洲事變（1931 年 9 月 18 日）與海軍青年將校的 5.15 事件（1932 年）合而為一。

並且，儘管明治維新與昭和維新如前所述大相徑庭，但在兩者都掌握軍隊這一點上卻一致。在兩大政黨圍繞軍縮以及憲法問題上的對立不斷升級的同時，他們預想之外的第三勢力的攻擊迎面而來。

經濟政策的兩大政黨化──重返金本位制與再次脫離

兩大政黨之間的政權更迭帶來的政策混亂也表現在經濟政策方面。1929 年 7 月民政黨的濱口內閣成立以後，11 月通過大藏省令恢復了金本

28 《檢察秘錄 5.15 事件》，第三卷，頁 695。
29 同前書，頁 696。

位制（自次年 1 月開始實施）。可是，兩年零一個月之後上台的政友會犬養毅內閣又通過大藏省令宣佈脫離金本位制。

在金本位制下，對外收支的決算通過黃金來進行，如果遏制其流出，則財政金融政策的主流就是健全財政主義。不過由於第一次世界大戰的龐大戰費的需要，交戰國不得不廢止金本位制，日本也在 1917 年（大正六年）9 月叫停了金本位制。但是，一戰一結束，首先美國恢復了金本位制（1919 年），繼而英國也在 1925 年恢復。

只有日本恢復金本位制花費了一些時間。如前所述，1923 年 9 月的關東大地震是日本滯後的原因之一，另外，政友會一貫奉行積極政策，不贊成旨在恢復金本位制的財政緊縮，也是原因之一。

與政友會相對，宣導健全財政主義的憲政會的加藤高明，若槻禮次郎的內閣對恢復金本位制態度積極。但是，在發達國家已經恢復金本位制以後，日本才謀求恢復，日本的貨幣就會升值。用今天的話說就是在傳言階段日圓已經升值，將導致日本的海外出口不振，綿、絲、布、生絲等出口商品的價格暴跌。1925 年日圓匯率約為 1 日圓兌 41 美元，次年已經升至 49 美元，同期的出口減少了 20%。從 1925 年到 1927 年的兩年間，生絲和棉絲的價格分別下降了 33% 和 48%。[30]

宣導健全財政主義的憲政會內閣（藏相片岡直溫）提出恢復金本位制，導致金融恐慌。這次恐慌以鈴木商店破產，以及台灣銀行休業而廣為人知。其後繼的政友會田中義一內閣將該黨傳統的積極政策更名為「產業立國」政策來推進。在這種政策下，得以迴避恢復金本位制。

---

30 高橋龜吉《大正昭和財界變動史》，中卷，頁 557-562。

但是，1929 年 7 月憲政會的後身民政黨掌握政權以後，又重新試圖恢復金本位制。並且時任藏相井上准之助做決斷的時機，脫離了常軌。今天仍未被遺忘的「黑暗星期四」，是 1929 年的 10 月 24 日，而大藏省發佈恢復金本位制的省令是在約一個月後的 11 月 21 日。

即便從紐約股市暴跌無法馬上預測到世界大恐慌，但美國股市的暴跌將對日本的對美出口形成巨大打擊，作為大藏省不可能不知道。在美國經濟前景明朗之前，意味着日圓升值干預的恢復金本位制應該按兵不動，是財政經濟的當局者應當具備的智慧。

但是，與 21 世紀初的兩大政黨對立不同，1920 年代到 1930 年代的兩大政黨對立不僅發生在外交、憲法問題上，也出現在經濟政策上，並且分歧點明確而固定。政友會執政就推行積極財政政策，憲政會當權則採取健全財政政策。這樣的政策轉變，每隔兩年就發生一次。

昭和五年大選

恢復金本位制帶來的低迷加上美國大恐慌帶來的不景氣，其社會影響變得不可估量。但是，不僅財界，一般國民也相信健全財政將鍛鍊日本經濟的腳力，在不遠的將來景氣將好轉。其佐證是，民政黨在 1930 年 2 月的總選舉中獲得壓倒性勝利。眾議院解散時僅佔約 37% 議席的在野黨民政黨，在選舉後獲得了 58.2% 的議席。在選舉結束後，就連該黨的機關雜誌等，也無法掩飾對健全財政主義在大選中獲勝的驚訝。

在地方，由於水利事業擱淺，道路港灣事業延遲，我黨黨勢有所萎縮。但恰逢總選舉，反對黨通過宣傳不景氣來煽動民

心，使在地方處於不利立場的我黨反獲勝利，這絕非易事。[31]

這一論述兩次強調在地方的不利，顯示出民政黨內部在面對宣導擴充地方利益的政友會時，對於能否依靠金本位制和財政健全這一組合取勝，非常不安。但政友會在地方慘敗，其議席從 50.9% 驟減到 37%。多數農民暫時相信了恢復金本位制將帶來景氣復甦這一劇本。

社會主義政黨不振

這次總裁選舉的另一特徵是，雖然這才是第二次普選，但合法社會主義政黨獲得的議席數卻減少了。於前一次總選舉中贏得四席，在社會主義政黨中拔得頭籌（社會主義政黨共獲得八席）的最穩健派社會民眾黨，在此次選舉中僅獲得兩席。

根據 1925 年制定的《治安維持法》，特別是 1928 年 6 月的修改法，反對天皇制和資本主義的日本共產黨基本已經不可能合法活動（謀求變革「國體」之結社的領導者「處以死刑、無期徒刑，或五年以上監禁」，「知情而加入」以及「為達成結社之目的之行為」者處以「兩年以上」監禁）。對於社會主義者的政治活動來說，最後一項——對「為達成結社之目的之行為」的處罰，最為致命。並且何種行為適用這一條，在於內務省或警察的自由裁量，因此日本共產黨系的候補人的選舉運動受明顯限制。

對於反共的社會民眾黨而言，這是極為有利的情況。但該黨在這一有

31《民政》1930 年 3 月號，頁 12。

利條件下反而失去了半數議席。

其原因之一是社會民眾黨的最大支持基礎日本勞動總同盟（以下稱「總同盟」）支持民政黨內閣的社會政策，尤其是制定勞動組合法。總同盟在 1927 年 7 月民政黨內閣成立之時，在其機關雜誌上公開宣稱：「即使其本意並非如此，還是不得不承認民政黨對我國勞動組合運動施與的積極影響。」

這一總同盟的最高領導人是松岡駒吉。松岡在 1930 年 2 月的總選舉中作為社會民眾黨的候選人從東京五區出馬，結果落選，可能是理所當然的。有五個名額的第五區選出的三名是民政黨的候選人，其他兩名是保守派政友會候選人和最左派的舊勞動農民黨候選人（大山郁夫）。民政黨高呼重視社會政策之時，被埋沒在也宣導重視社會政策的社會民眾黨和左派之間。

但是，發端於美國的世界大恐慌因為民政黨內閣維持金本位制而加劇。這樣一來，民政黨內閣中與財界親近的井上准之助藏相和社會政策派的安達謙藏內相之間的對立加深，漸漸前者佔了上風。其結果是勞動組合法案的成立岌岌可危，其反面，城市地區勞動者不斷被裁員，農村地區米和蠶繭的價格暴跌。1931 年的失業率接近 6%，米價跌至 1929 年的約 60%，蠶繭價格跌至 40% 以下。

在這種狀況下，「勞動爭議」和「小作爭議」都激增，米價下跌令農村地主苦不堪言。根據西田美昭氏的《戰前日本的勞動運動和農民運動的性質》，「勞動爭議」在 1929 年到 1931 年的兩年間增加了 70%，「小作爭議」也增加了 43%。但是與「勞動爭議」以 1931 年為頂峰開始減少相對，在長期苦於不景氣的農村，1931 年以後運動也不斷增加，1936 年增至

1929 年的四倍多。[32]

　　如上所述，民政黨和政友會之間發端於 1930 年倫敦海軍軍縮條約的外交、憲法、經濟政策三方面的爭論激化，超越了兩黨間對立的框架，與海軍、陸軍、右翼的國家改造運動，工人運動和農民運動連動起來。

32《現代日本社會 4　歷史性前提》，頁 286-287。

⚡ 危機顯現和政黨的凋落
——從滿洲事變到五·一五事件

1931 年（昭和六年）9 月的滿洲事變到次年 1932 年的 5.15 事件之間的八個月，日本處在危機的漩渦之中，陷入對外危機、軍事政變和經濟危機的三重苦難。

此前提到，石原莞爾 1928 年 1 月在木曜會上闡述過世界最終戰論。而同年 10 月，石原被任命為關東軍總參謀。於是，木曜會的滿蒙領有論付諸實行只是時間的問題。

軍事政變危機

在日本國內，國家改造運動開始帶有現實意味，是 1931 年 8 月 26 日陸海軍青年將校和民間右翼以「鄉詩會」之名召開聯合會議。那是在滿洲軍事事變勃發的約三周前。讓我們通過出席者之一的藤井齊的日記來看會議的情形。

> 午後，在外苑日本青年會館以鄉詩會之名義集會。海軍方面、陸軍方面，只有大岸〔賴好〕君的東北團體和九州代表的東〔升〕、井〔上〕、菅波、野田〔又雄〕、橘孝三郎、古賀潔〔清〕、高橋北雄、涉川善助，初次見面者有對島、高橋和秋田連隊少尉金子伸孝四人。

在此組建組織，中央本部設於代代木，西田（稅）在此，井氏之一部作為遊擊隊協助。最激進之革命家之一團三十餘名已在此團結起來。至新宿一同飲酒歡談，由此敞懷結交。[33]

作為陸軍的國家改造運動，前一年 10 月中佐以下陸軍將校組建了櫻會，但陸海軍青年將校在鄉詩會的聚會之前，就與櫻會的中心人物進行了會談。

此時，藤井齊在與橋本欣五郎的會談中覺察到櫻會沒有發起軍事政變的打算，由此與之保持距離。這使得陸海軍青年將校得以免受 10 月 17 日的軍事政變未遂事件牽連，但反之同時也為次年 1932 年的 5.15 事件打下了基礎。

年表 10

年代	首相	事件
1931 昭和六年	濱口 若槻 犬養	發生滿洲事變（柳條湖事件）；十月事件（櫻會發起軍事政變未遂）；再次禁止黃金出口（脫離金本位制）。
1932 昭和七年	齋藤	上海事變；國際聯盟李頓調查團；血盟團事件（井上准之助、團琢磨遭暗殺）；建立滿洲國；5.15 事件（犬養毅遭暗殺）；齋藤實（舉國一致內閣）；社會大眾黨結成；日滿議定書簽訂；經濟危機平息。
1933 昭和八年		德國成立納粹政權；美國開始羅斯福新政；退出國際聯盟；瀧川事件；塘沽停戰協定。

33《檢察秘錄 5.15 事件》，第三卷，頁 701。

1934 昭和九年	岡田	實施滿洲帝政；岡田啟介內閣成立；陸軍青年將校 11 月事件。
1935 昭和十年		美濃部達吉的天皇機構說引起爭議；內閣審議會；內閣調查局設立；國體明徵聲明；刺殺陸軍軍務局長永田鐵山。
1936 昭和十一年	廣田	第 19 次大選（民政黨大勝，政友會慘敗，高橋是清等遭暗殺）廣田弘毅內閣成立；軍部大臣現役制復活；日德防共協定華盛頓 / 倫敦條約失效。
1937 昭和十二年	林近衞	切腹回答；宇垣一成內閣流產；林銑十郎內閣成立；第 20 屆大選（民政、政右拮抗，社會大眾黨躍進）；第一次近衞文磨內閣成立；日中戰爭爆發（盧溝橋事件）；日德意防共協定；設置大本營。

滿洲事變

但是，對於民政黨第二屆若槻內閣而言，10 月事件與前一個月的滿洲事變同樣是危及其存亡的事件。

危機首先是由關東軍引發的。1931 年 9 月 18 日，關東軍報告參謀本部稱中國軍隊炸毀滿鐵，並一舉佔領了該鐵道沿線的主要城市。

不僅內閣，對於參謀本部而言，此事也完全是晴天霹靂。不過，直到 11 月底之前，幣原外交都成功遏制了前線關東軍的失控。陸軍大臣（南次郎），參謀總長（金谷範三）都拼命壓制住關東軍，打消美國政府的不信任。對於關東軍不僅將中國軍隊趕至北方的齊齊哈爾，還將兵力挺進到萬里長城以北、中方最重要的據點錦州，參謀次長代理建川美次發出了以下命令：

關東軍試圖對錦州用兵之傳言近日流佈甚廣，因外國人以及國內有識者之間視此為日軍將馬上動武之前兆，因此需消

除這種想法。對於錦州方面，今後方策由中央視大局發展而確定，關東軍之行動以及各種策動，都應基於此方針。軍司令官以下應徹底顧慮及此。

這是參謀次長代理根據參謀總長之命，11 月 22 日向駐奉天的參謀次長二宮治重發出的電文，重要的是文中的「外國人」之處。次日 11 月 23 日，美國國務卿亨利・史汀生通過美國駐日大使，就關東軍進攻錦州向幣原外相發出強烈警告：

在過去的 23 日，史汀生長官看到日軍可能進攻錦州的報道，立刻對日本政府通告，稱萬一的確發生此事，則美國政府的忍耐將立即達到極限。（下略）[34]

對於美國國務卿這一警告，幣原外相可以堂堂正正地答覆。因為正如上面所引用，在這一警告發出一天半以前，日方已經以參謀總長之名下達了停止進攻錦州的命令。幣原通過美國駐日大使，在次日 24 日對美國國務卿作出了以下答覆：

日本無進攻錦州方面之意。（中略）日本政府對滿洲的日本軍司令官（關東軍司令官），已下達了如右之主旨的命令。（下略）[35]

如果事情就此完結，那麼就是幣原外交的徹底勝利。奉行對美協調主

---

34 11 月 28 日各報晚報，華盛頓 27 日聯合發佈。
35 同前。

義的幣原不僅說服了陸軍大臣，還說服了參謀總長，命令關東軍中止進攻錦州。

幣原外交的敗北

但事情的發展完全出乎意料。關東軍無視參謀總長的中止命令，進攻了錦州。在參謀總長對關東軍無視命令憤怒有加，三次發出中止命令的同時，美國國務卿的憤怒也爆發了。其中，史汀生對日本外務省的抗議所做的解釋聲明，決定了幣原外交的敗北和關東軍的擴大路線。

27 日、28 日連續兩天舉行記者會的史汀生表示：「24 日，幣原外務大臣通過福布斯大使，表達了外務大臣、陸軍大臣、參謀總長一致同意不對錦州發起軍事行動之意，並且明言已經對前線司令官發出了命令」，稱將信賴這一表態，並非對日本政府進行警告或者抗議。

在本書執筆之時（2011 年），日本外交也顯示出「這是日本固有的特殊情況，其他國家應該理解」的態度。但事實上，當日本的固有情況與其他國家不同時，日本政府負有說明責任。戰前的滿洲事變也是一樣。美國的情況是，國務卿公佈說國防大臣和統合幕僚本部長之間「意見一致」，在當時也好，今天也好，都不會引發任何國內問題。

但是，在明治憲法第 11 條規定「統帥權獨立」的戰前的日本，對外國告知日本外相和參謀總長直接商議關東軍的軍事行動，或者「兩者意見一致」，都明顯是「統帥權干犯」。並且是美國國務卿在記者會這種公開場合宣佈的，因此不僅幣原外相，金谷範三參謀總長也失去了對關東軍的立場。兩人由此失去了遏制關東軍進攻錦州的力量。

12 月 7 日，陸軍大臣命令傳到關東軍處，這次已經不單是「掃蕩匪

賊」，甚至允許與中國正規軍交戰。順便提一下，滿鐵沿線守備範圍的軍事作戰權屬於統帥權的範疇，由參謀總長管轄。但獨立國家之間的交戰，則根據明治憲法第 13 條是外交大權事項，由陸軍大臣來發出命令。這決定了滿洲事變的擴大和民政黨幣原外交的敗北。

安達內相的大聯合構想

同一時期，同屬於民政黨內閣的內務大臣安達謙藏對 10 月事件所象徵的軍事政變和右翼的恐怖主義威脅引起重視。並且，這些動向的背後，是恢復金本位制導致的農民生活困苦和失業者增加這些社會不安因素。為了遏制青年將校的運動，廢除引發社會不安的金本位制，安達提倡民政黨和政友會進行大聯合（「協力內閣」）。

昭和初年的日本政治，以兩大政黨制以及青年將校對兩大政黨制的攻擊著稱。但實際上，執政黨民政黨內閣原本還有一個有力選擇，就是以放棄井上（准之助）財政政策為前提的政民大聯合。這一構想曾是與幣原外交並列的該黨的另一招牌政策。雖然民政黨的第二屆若槻內閣總辭職，犬養毅牽頭成立了政友會內閣，但在 5.15 事件尚未發生的 1932 年 3 月，馬場恆吾就安達內相的「協力內閣」構想作出了如下論述：

在解散前的議會，民政黨內閣擁有 260 席的絕對多數。但雖然佔據絕對多數，這一內閣卻沒有度過時局的自信。它被社會的不安氣氛所威脅。因此，安達內相提倡協力內閣。以民政黨一己之力，難以穩定不安定的社會氣氛。或者說議會政治其本身的生命都受到威脅。擁護議會政治，政友會也會贊成。也

就是兩大政黨合力擁護議會政治。關於協力內閣的動機，有各種雜音，但根本動機應該在於此。民政黨 260 議席都無法平息的不安氣氛，最終擊潰了民政黨內閣。這一社會不安的空氣尚未消除。政友會是否獲得了平息這一不安的自信呢？[36]

眾所周知，1932 年 2 月 20 日的總選舉中，新執政黨政友會獲得了此處引用的 260 議席以上的 303 議席。但馬場所指出的 260 議席未能平息的社會不安，303 議席也未能平息，旋即發生的 5.15 事件證實了這一點。

問題是安達謙藏內相提倡、馬場恆吾擁戴的「協力內閣」為何在 1931 年 12 月未能實現。安達的「協力內閣論」既未得到民政黨支持，也未得到政友會接受，結果是民政黨內閣（第二次若槻內閣）下台，繼承它的政友會單獨內閣（犬養毅內閣）也在 5.15 事件中被打倒。由此，戰前日本沒有再出現過政黨內閣。

當然，如果安達的協力內閣構想得以實現，海軍青年將校是否就不會發起 5.15 事件，這沒有任何保證。從前文多次引用過的藤井齊的日記來看，可以認為沒有任何力量能夠阻擋 5.15 事件的勃發。但如果民政黨和政友會共同成立在眾議院佔到 98% 議席的「協力內閣」，而海軍青年將校射殺這一內閣的首相，那麼日本的政黨內閣的氣息會這麼被斷了根嗎？

井上藏相對大聯合的反對

但藏相井上准之助對金本位制的堅持，令這一協力內閣的成立變得不

36《民政》1932 年 3 月 1 日號，頁 22。

可能。當時天皇身邊的第一親信是元老西園寺公望，內大臣牧野伸顯擁有僅次於西園寺的影響力。並且牧野對於安達的協力內閣構想抱有期待。在牧野手下擔任內大臣秘書官的木戶幸一也持同樣看法，他認為政民聯合的最大難關在於是否維持金本位制。在 1931 年 11 月 17 日的日記中，他這樣寫道：

> 關於實現聯合內閣，政民兩派合作最大的難關不是外交政策而是以財政政策，特別是禁止黃金出口為中心的問題。也即此時應聽取井上藏相開誠佈公的意見，此至為重要。[37]

但是，井上藏相在與木戶幸一等的會談中完全沒有回答金本位制的問題，而是從批判軍部的角度否定了協力內閣的構想。

> 昨今所宣導的舉國一致內閣，或謂政民聯合內閣，並非可對軍部形成強烈掣肘，反為諂媚軍部。考慮國家之前途，無論如何無法贊成。此外，軍部無視國際關係推行其計劃，將致國家瀕臨滅亡。現政府雖力量甚微，但無論如何至今日使用所有手段一直得以制御軍部活動。因此，雖軍部對現今內閣評價甚惡，但實現更強有力內閣，目下難以想像。

這是一番光明磊落的正論，但「軍部之……制御」在這一會談的 10 天之後，因為史汀生的談話而成為不可能。此外，眾所周知，在井上堅持的金本位制下，農民和勞動者生活極度困

37《木戶幸一日記》，上卷，頁 114。

窘，這成為民政黨在三個月後的總選舉中慘敗的原因。也就是說，這番不辨狀況的「正論」，將政黨打落到地獄之底。

閣內圍繞協力內閣和金本位制不一致的結果，是 12 月 11 日第二屆若槻內閣總辭。

關於後繼內閣，元老西原寺公望和內大臣牧野伸顯之間，意見明顯分歧。西原寺是兩大政黨制論者，牧野是協力內閣制論者。這裏省去詳細論述，在組閣之大命降於政友會總裁犬養毅之前，牧野對西園寺說：「公爵希望基於所謂協力精神組閣」，這對於理解其後的舉國一致內閣時代十分必要。[38]

政友會單獨組閣

但西園寺並未採納這一意見，而是對在眾議院僅有 37% 議席的在野黨政友會的總裁犬養毅下達了組閣之令。[39]

理所當然，犬養組閣之後馬上試圖解散眾議院。政友會提出的大選的爭論點是，通過叫停金本位制來復活積極財政政策。另外，作為入閣擔任陸相的條件，荒木貞夫要求「必須接受內閣方不對滿洲的軍事行動進行約束」，天皇也通過報紙注意到了這一點。[40] 這一入閣條件，可以說是換取荒木手下的陸軍青年將校不發動軍事政變的代價。事實上，陸軍青年將校確實拒絕了參加 5.15 事件。

38《牧野伸顯日記》，頁 492。
39 12 月 13 日。
40 同前書，頁 493。

昭和七年大選

1931 年（昭和六年）12 月犬養毅領導的政友會內閣成立，藏相高橋是清在當天就叫停了金本位制。這意味着從民政黨內閣的緊縮財政政策轉向政友會的傳統積極財政政策。接着在次年 1932 年（昭和七年）1 月 21 日，犬養首相解散了眾議院。

解散之時僅佔 466 席中的 171 席的少數派執政黨政友會，主導了一場憑藉恢復景氣唱獨角戲的總選舉。這從幹事長久原房之助在該黨的機關雜誌《政友》上發表的談話可見一斑。

> 我認為此次政戰的主題極為明確。喜歡景氣，還是喜歡不景氣；想工作，還是想失業；嚮往生活安定，還是不安定；希望產業振興，還是毀滅；選擇減稅，還是增稅；是自主性外交，還是屈從外交，等等。

以經濟政策為唯一爭論點的選戰取得成功，需要非常特殊的條件。但在 1932 年初，並不存在這樣的特殊條件。井上在世界大恐慌之下實施金本位制，使得不景氣在城市和農村都更為嚴重，四處是失業者。在上述談話之後，久原幹事長如下論述道：

> 所有國民都已經通過民政黨內閣的暴政嚐到苦楚，要選擇甚麼，國民已經可以作出明確之判斷。[41]

結果正如久原之預想。政友會一舉增加了 132 席，佔據 466 席中的

---

41 同前雜誌，同頁。

303 席。反對黨民政黨失去 103 席，跌落為僅佔 466 席中 144 席的少數黨。

如前所述，將民政黨內閣趕下台的是不同層次的三大危機。其中經濟危機通過政會的壓倒性勝利，有了迴避的希望。剩下的是對外危機和軍事政變危機。但是，政友會認為，通過任命集陸軍青年將校之期待於一身的荒木貞夫為陸軍大臣，可以迴避後兩大危機。對外危機可能不應該用「迴避」一詞。3 月 1 日犬養毅內閣認可了關東軍主導的傀儡政權建立滿洲國，但對歐美關係方面，危機進一步深化。不過，政友會確實迴避了國內意義上的「對外危機」，即以關東軍為首的陸軍在滿蒙問題上攻擊內閣。

軍事政變危機的持續 —— 走向五·一五

問題是軍事政變，或者說恐怖事件的威脅。陸軍青年將校一方的目標本來是這樣的「合法革命」：打倒民政黨內閣，建立政友會內閣，接下來由陸相荒木貞夫組閣。據說北一輝曾說「此次革命不會有犧牲，也即不會有人成為填埋護城河之草」，這因為他後來在 2.26 事件中被作為魁首處刑，而令人印象深刻。[42] 另外，同樣在 2.26 事件中扮演中心角色的安藤輝三曾說：「本欲通過講道理減少犧牲。現道理已通，行至某處（中略），不希望有恐怖事件。」跟北一輝同樣一語成讖。

但以實現權藤成卿的農本理想社會為目標的海軍青年將校們，從一開始就準備做「填埋護城河之草」。其中心人物藤井齊雖然知道陸軍青年將校轉變了方針，但卻堅定了自己等人「在建國當日（2 月 11 日）斷行櫻田

42《檢察秘錄 5.15 事件》，第一卷，頁 89。

之義舉」的決心。[43] 記載這一決心的日記，寫於 1932 年（昭和七年）1 月 14 日，這非常重要。他們不管內閣改弦更張，不管陸軍青年將校暫時支持政友會內閣，以及政友會內閣叫停民政黨內閣堅持的金本位制，都準備效仿 1860 年水戶藩和薩摩藩浪士刺殺大佬井伊直弼（櫻田門外之變）之舉。

藤井自身在 1932 年 2 月 5 日作為飛行員參與上海事變時戰死。但在他計劃的「在建國之日」（2 月 11 日）的兩天之前，井上日召等血盟團用手槍射殺了前藏相井上准之助，並且在 3 月 5 日，血盟團員還射殺了三井合名會社的理事長團琢磨。與井上日召關係深厚的海軍青年將校團體，原本計劃等待藤井從上海凱旋之後再起事。

將 1932 年的 5.15 事件與約四年之後的 2.26 事件相比較，明顯後者規模更大。參加 5.15 事件的，除了民間人愛鄉塾生，只有 6 名海軍士官，12 名陸軍士官候補生，一共 18 名海陸軍青年將校。與此相比，1936 年的 2.26 事件雖然青年將校人數差不多，卻有約 1500 名下士官和兵士追隨，其規模是 5.15 事件的約 84 倍。

但是從導致時代急劇右傾的效果來說，兩者相當。從此直到 1945 年戰敗，日本再沒有建立起政黨內閣。直到戰敗的 13 年間，日本持續擴大對中國的侵略，並終於在 1941 年底與英美開戰。軍人發起軍事政變雖然以 2.26 事件告終，但軍部在國內政治中的話語權卻不斷增大。1945 年 8 月戰敗是在滿洲事件之後十四年，從 5.15 事件開始算起則是十三年之後。這也是「15 年戰爭」說法的由來。

---

43 同前書，第三卷，頁 721。

三 危機漩渦中的民主主義

1931 年到 1932 年的三大危機，使得戰前日本的議院內閣制嘗試遭受挫折。但是直到 1937 年盧溝橋事件之間的五年中，政友會和民政黨都沒有放棄重掌政權的努力，社會民主主義政黨社會大眾黨也在尋求躍進的機會。與「崩潰的時代」（1937–1945 年）不同，「危機時代」中遭到軍部法西斯攻擊的勢力進行了全力抵抗。支撐 1945 年戰敗以後的所謂戰後民主勢力發展的，主要就是「危機時代」的抵抗勢力。

舉國一致內閣平息危機

政友會內閣在 5.15 事件之後總辭職，取而代之的是以海軍預備役大將齋藤實為首的舉國一致內閣。「舉國一致」的意思是，第一大政友會黨（眾議院過半數）出四人，第二大黨民政黨出三人，平衡組閣（到此為止與「協力內閣構想」相同），但首相之位不交給政黨。

在齊藤內閣之下，前述的三大危機開始走向平息。首先，打倒留任荒木貞夫為陸相的這一內閣，對陸軍青年將校來說是不可能的事。海軍青年將校已經製造了 5.15 事件，無力再製造多一次恐怖事件。軍部發動軍事政變的危機，暫時平息。

經濟危機則通過高橋是清的積極政策和民間企業的自食其力，迅速走向平息。米價在 1932 年開始回升，1934 年已經達到最壞時期（1931 年）的 1.6 倍。失業率也從 1932 年的約 6.9%，下降到 1935 年的約 4.7%。

關於出口激增，列舉數字不如引用勞動組合方面的漲薪要求更明顯。當時最大的勞動組合聯合（總同盟）的機關雜誌在 1935 年 11 月號上，刊登了以下的論點：

> 昭和七年（1932 年）以來，日本的產業獲得躍進發展，貿易激增，今年（1935 年）中期已經出現本年轉為出超的預測。從工業生產看，紡織已超過英國成為世界第一，人造絲已擊敗法意成為世界第二，直逼排在第一的美國。其他雜貨的出口也極為繁盛，日本商品已在世界各角落氾濫。如上日本商品出口繁盛之原因何在？（中略）主因是勞動工資低廉。工資低則生產成本低，於競爭有利。[44]

接下來的總同盟要求漲薪之處已不必引用。從 1932 年到 1935 年，紡織、人造絲綢、雜貨等輕工業方面，日本已直逼世界第一，30 年代初的經濟危機已經煙消雲散。

三大危機中，不見解決頭緒的是對外危機。1932 年 9 月，日本政府正式承認關東軍擅自擁立的滿洲國為獨立國家。中國當然不會容忍他國在本國領土和主權範圍內擅自建立獨立國家。即使意識到敵我軍事力量之差暫時沉默，也不可能永久沉默。況且國際聯盟基本站在中國一邊。

1933 年 3 月日本退出國聯的經過和結果都相當複雜，無法斷言這是一個最壞的選擇，僅憑此一事就認為日本成為「世界孤兒」，也過於簡單

44《勞動》292 號，頁 21。

粗暴。正如井上壽一在其著作[45]中所指出，如果無法遏制關東軍的行動，那麼能迴避英美經濟封鎖的唯一方法就是退出國聯。[46]根據國際聯盟規約（第16條），制裁只能對其成員國施加。此外，正如井上所言。[47]日本退出國聯以後，國聯在制度上不僅失去了介入滿蒙問題的支點，也同時失去了對此事的關心。

政黨勢力的反擊

政黨反對軍部以強調危機為藉口進一步加強介入國內政治，與井上持同樣看法。政友會的植原悅二郎1935年在該黨的機關雜誌上做了如下論述：

> 我國現在究竟在哪一方面處於異常？同樣是異常，今日與兩年前情形已經不同。兩年前，外有滿洲事變，退出國際聯盟問題，內有經濟國難，這被稱為非常情況。但滿洲事變已告一段落，退出國聯問題也已經平穩解決。[48]

如前所述，當時經濟危機趨於平復，軍事政變危機也暫時平息。政黨認為對外危機也已經平息，因此，他們開始了對軍部法西斯的反擊。

這裏引用的植原的論述寫於1935年1月，此前已經提到，三大危機平息顯然是在1933年。在1933年10月，政友會主辦的演講會在東京日

45《戰前日本的「全球主義」》。
46 頁83-84。
47 同前書，頁88。
48《政友》，頁83。

比谷公會堂舉行，後來因與陸軍大臣進行割腹問答而著稱的該黨代議士濱田國松做了如下演講：

> 如果法西斯思想達到極端，不顧輿論而獨斷專權，則將危害人之自由，破壞國家之秩序。近時諸君在日本也經常可見實例（中略）。這一思想若興盛，則國民依據憲法所擁有言論之自由、集會之自由、著作出版之自由、居住之安全，公私法上所有之全力，都將受到壓迫乃至剝奪，諸君孰能忍受。[49]

「憲政常道」論的分裂

認為三大危機已經平息的政黨不止是開始批判軍部法西斯。在 1933 年底的眾議院，政友會佔據 466 個議席中的 291 席。根據大正末年開始被人們普遍接受的「憲政常道」，應由該黨總裁鈴木喜三郎擔任首相。但實際情況卻無法如此，而是由海軍大將齋藤實出任，促成這一任命的不僅是民政黨（119 席），還有三大危機。未來如何不得而知，暫時三大危機得以平息。根據「憲政常道」，政友會內部要求軍方歸還政權的聲音越來越強。該黨加強軍部批判和法西斯批判的原因就在於此。

對於戰前一直在日本言論界宣導「憲政常道」的評論家馬場恆吾來說，舉國一致是沒有政治選擇自由的，無趣的體制。在政友會加強軍部批判和法西斯批判的 1933 年，馬場也在《中央公論》雜誌上發表了以下的對舉國一致內閣的批判：

49《政友》1933 年 11 月號，頁 69。

議會政治平素之長處，歸根結底是政黨分為政府黨和反對黨，爭執不下。比如政友會和民政黨在議會聲明相反之主張，抑或在議會之外互相指摘攻擊。（中略）他們站在相反立場公然辯論，則至少可以發表在兩種主張之間的任何言論。也即尚存在言論自由的空間。

然而現今之言論自由只有一線，沒有幅度。政府說某某、政友會和民政黨都支持政府，無法進行任何異議。這一國論統一是舉國一致內閣的長處，但同時也是國家的短處。[50]

恰當與否另當別論，非一流的媒體人絕對說不出「內閣之長」是「國家之短」這樣的話。但是，馬場也有「短板」。根據他的「憲政常道」論，在讓舉國一致內閣下台以後，必須由在眾議院過半數的政友會組閣。但是如前所述，他厭惡政友會的親軍部傾向、親法西斯性傾向。而打倒舉國一致內閣以後，讓在 466 席中只佔 119 席的民政黨來執政，這除非政友會沒有執政的想法，否則不可能實現。因海軍青年將校製造恐怖活動而不得不放棄政權的政友會正強烈盼望着重新執政。

但即使如此，馬場還是以反法西斯為根據，堅持了這一非常勉強的主張。

政友會300，民政黨120，代議士人數過於懸殊，因此希望民政黨組閣之人也克制不發聲。但是，如果希望恢復憲政之常道，那麼就非政友會內閣即民政黨內閣，（中略），如果國民

---

50 1933 年 8 月號，頁 70。

堅定反法西斯的決心，則其心所向自然會往民政黨。[51]

從中期上來說，事態按照馬場的預想進展。上一次總選舉是 1932 年 2 月，因此在 1936 年，不論解散與否，都會舉行任期結束的總選舉。並且其結果，正如馬場所說，是民政黨大勝，政友會慘敗。

但是，從 1933 年到 1936 年，元老西園寺公望都沒有讓少數政黨民政黨組閣和解散眾議院的根據和思想準備。

過半數政黨政友會的背後是陸相荒木貞夫和參謀次長真崎甚三郎等在青年將校之中人望極厚的法西斯勢力。民政黨沒有該問題，但也無法讓這一議員總數過少的少數黨當政。而如果讓基本政策完全不同的政民兩黨聯合執政，組建舉國一致內閣，又無法提出新的政策，國民對政治的關心度將降低。

美濃部的「圓桌巨頭會議」構想

對於這一三足鼎立的困境，憲法學者美濃部達吉、陸軍省軍務局長永田鐵山等提出的打開局面之策，是建立內閣審議會和內閣調查局，這在 1935 年 5 月岡田啟介內閣下得以實現。

以自由主義憲法學者著稱的美濃部達吉早在 1933 年初，就在《中央公論》（1 月號）雜誌上提倡過以「圓桌巨頭會議」構想代替「憲政常道」。

> 現今齋藤內閣最大的弱點是在議會沒有堅實基礎。（中略）

---

51 同前雜誌，頁 72-73。

在議會有堅實基礎的內閣，以今天的議會而言，不消說只可能
是政友會內閣。但是政友會內閣果真能承擔起打開國難的重
任、博得國民的信賴否，這又極其令人懷疑。（中略）吾輩的
希望是，在此之際，各政黨首領、軍部首腦、實業界代表、
勞動階級代表共同召開圓桌會議（中略）虛心坦誠真正將國家
及國民放在心頭，在財政經濟方面議定根本方針，並為了實
施這一大方針，（中略）暫時停止政治紛爭，支持舉國一致的
內閣。[52]

在這段論述的前半部分，美濃和馬場一樣厭惡政友會。正如戰後的知
識分子厭惡自民黨，戰前的知識分子也顯示出厭惡政友會。

問題是後半部分中，美濃部不同於馬場，與「憲政常道」分道揚鑣。
馬場主張的無視多數黨、讓少數黨執政，與戰前的「憲政常道」並不矛
盾。田中義一內閣、濱口雄幸內閣、犬養毅內閣組建的時候，執政黨都
是少數黨，但都是一掌握政權就解散眾議院，作為執政黨參選獲勝成為多
數黨。

但在美濃部的這一「圓桌巨頭會議」構想中，不僅「憲政常道」，議會
本身都遭到了否定。在明治憲法下，至少眾議院對「財政及經濟」中的財
政擁有絕對的主導權。這是在本書第四章以後曾反復提到的。而美濃部
則提議，將這種權力移交給由政黨、軍部、財界、勞動界組成的職能代表
會議。

52《議會政治之討論》，頁 37–38。

主張在經濟危機時將議會的許可權暫時移交給職能代表機構，這在戰後的發達國家也經常出現。這裏無意說美濃部就此成為法西斯分子。但是，從僅僅兩年半以前他關於倫敦軍縮會議的民主主義主張來看，美濃部無疑發生了巨大轉變。美濃部的這一構想，在下一節將論述的岡田啟介內閣（1934 年－ 1936 年）之下，實現了一部分。

四 從「危機」到「崩潰」

並非舉國一致的岡田內閣

1934 年 7 月成立的、以海軍退役將軍岡田介啟為首相的內閣，與之前的齋藤實內閣不同，不是「舉國一致內閣」。過半數政黨政友會認為其違反「憲政常道」，將參與該內閣的的黨員（床次竹二郎、山崎達之輔、內田信也）除名，鮮明擺出了在野黨的立場。

非政友會派也非民政黨派，按體系來說屬於重視「憲政常道」的石橋湛山對政友會成為在野黨表示歡迎。他在內閣成立之後隨即出版的《東洋經濟新報》的社論中做了如下論述：

> 岡田內閣不是所謂舉國一致內閣，而是政友會這一反對黨所建立的內閣。為我政界，以及經濟界考慮，反而應該對此大力歡迎，這是作為記者（石橋湛山）的意見。（中略）記者對於現今我國的諸大政黨所懷的不滿，恐怕比任何人都不弱。但比起不問原因、不計後果地將政治託付於不知所謂的軍人官僚，記者還是認為託付於至少一半都有明確政綱政策的政黨，較為安心。岡田內閣已經成立，因此別無他法。但是希望國民能支援下一個內閣由政黨來組建。為此，（中略）政友會即使作為在野黨也要生存下去，這是政黨能夠很快執掌下一屆內閣的第一條件。（下略）[53]

53《石橋湛山全集》，第 9 卷，頁 57–58。

「不問原因，不計後果」是不符合石橋風格的比較粗俗的表述，但充分顯示出他對「軍人官僚」的厭惡。對於重視政權交替的湛山而言，只要是政黨內閣，政友會還是民政黨執政都無所謂。

而對於厭惡政友會的「憲政常道」主義者馬場恆吾來說，以民政黨為執政黨的岡田內閣實現了他的部分一貫主張。對於馬場而言，岡田內閣成立於 1934 年 7 月，這非常重要。不論該內閣是否解散眾議院，之後一年半都會舉行大選。在那場大選中如果少數執政黨民政黨大勝，則偏向於民政黨的馬場之「憲政常道」就會實現。

雖然對於「憲政之常道」的具體認識不同，但馬場與石橋一樣是「憲政之常道」論者，因此無法接受前面介紹的美濃部的「圓桌巨頭會議」。

內閣審議會和內閣調查局

美濃部的「圓桌巨頭會議」構想在 1935 年 5 月，以內閣審議會和內閣調查局的形式得以實現。內閣審議會由全部閣僚，加上二名財界人士、四名閣外政黨人士、三名閣外的政友會除名人士、一名國民同盟（安達謙藏等人組成）成員，以及其他五名組成。除了排除政友會這一點以外，與齋藤實內閣異曲同工，完全稱不上是「圓桌巨頭會議」。

而內閣調查局則是以軍務局長永田鐵山為中心的陸軍內部的新勢力（統制派）和當時被稱為「新官僚」的改革派官僚為中心的國策立案機構，得到了三次大選中都沒有增加議席的社會主義政黨（社會大眾黨）的支持。美濃部將「軍部首腦」和「勞動階級代表」聚集起來的構想，可以說反映於內閣調查局。關於這一點，當時的社會大眾黨員龜井貫一郎在戰後如此回想：

與永田（鐵山）討論軍方、政黨和議會的關係，議會方面的黨利黨略不交由軍方，而是在各黨之上、在議會內成立政策審議會（內閣審議會）。此外政府方面設立調查局，即如此。[54]

　　當時陸軍內部在軍務局長永田鐵山領導之下，以東條英機（少將）、今村均（大佐）、武藤章（中佐）為中心的團體（統制派）的影響力在增強。他們沒有像前陸軍大臣荒木貞夫、教育總監真崎甚三郎等一樣，對於希望直接發起行動的陸軍青年將校放任不管，而是主張加強軍方「統制」。另外，他們為了準備對蘇戰和對中戰，還試圖合法地構建總力戰體制，吸納軍部以外的各種勢力。並且，如前所述，他們還向社會大眾黨也伸出了手，可以說是有過建立合法的國家社會主義體制的目標。

　　原本並不明確存在「統制派」、「皇道派」這樣的組織，但將永田鐵山等希望成立合法的總力戰體制的勢力稱為「統制派」，將荒木、真崎等容許青年將校採取直接行動的勢力稱為「皇道派」來進行區別，比較容易理解陸軍內部的對立。

　　內閣調查局中，被稱為「新官僚」的官僚團體也非常積極。他們作為內務官僚，從 1920 年代開始借鑒修正資本主義官僚致力於調停勞動運動和小作運動的方向，在岡田內閣之中也擔任了內務大臣（後藤文夫）和內閣書記長官（和田烈）等要職。

　　由此來看，岡田內閣得到了民政黨、陸軍統制派和新官僚，以及社會大眾黨的支援，同時被過半數政黨政友會和陸軍皇道派視為敵人。問題是如何評價這一政治狀況。

54《龜井貫一郎談話速記錄》，頁 140。

領導層的四分五裂

筆者認為，當時的政治社會呈現一種液化狀態。陸軍、政黨和官僚各自的內部都發生分裂，政治勢力在急劇細化。即使能夠將細化的勢力聚集起來暫時形成多數派，中期上要形成穩定的政權也十分困難。

作為陸軍長州派的精英擔任陸相，並成為朝鮮總督的宇垣一成，覺察到這一點。他在 1935 年 4 月底的日記中，如下寫道：

> 余所知之政治過程中，維新之後的薩長、土肥之爭形成了官僚與政黨之爭以及其後的兩大政黨制對立。現今，政黨－軍部－官僚－左傾－右傾，乃至政友會的內鬥，民政黨內提攜與非提攜之爭，軍部內部派系鬥爭等，鬥爭變得極為瑣碎。這究竟說明何種問題？[55]

宇垣的這一說法，本章中沒有提到的「民政之提攜」派是繼承民政黨內閣末期的「協力內閣論」傳統的勢力，主張只有政友會和民政黨聯合才能復活政黨內閣，打倒齋藤、岡田連續兩屆的非政黨內閣。在岡田內閣成立的 1934 年底，這一勢力從兩黨聚集了約 300 名議員，召開了會議。

這些暫且不論，宇垣在 1935 年 4 月覺察到的諸政治勢力的「瑣碎化」，「究竟說明何種問題」呢？

宇垣所說的「右傾」，指的是北一輝、西田稅等民間右翼，左傾大體可以理解為前文提過的龜井貫一郎等社會大眾黨（真正的「左傾」已經在治安維持法之下被肅清殆盡）。這樣一來，岡田內閣下的政治地圖中，政

55《宇垣一成日記》第二卷，頁 1014。

友會佔據兩派，民政黨佔據兩派，陸軍佔兩派，官僚佔兩派，左右兩極佔兩派，一共有 10 股政治勢力。

在這種狀況下，毫無疑問政治不可能穩定。問題是還不僅如此。佔支配地位的諸勢力分為 10 股，那麼即使只算各派的一名領袖，也有 10 個領導人。這種情況必然導致政治精英的品質下降。

宇垣所提到的明治維新以後的政治對立歷史，薩、長、土、肥之爭中領袖是四人，「官僚－政黨之爭」的領袖為只有兩人，兩大政黨對立的領袖也是兩人。而這一時期一舉增至十人，導致政治對立的組合也成倍增加。

1935 年的日本政治直面的問題正是政界動盪和精英品質降低。

政友‧民政矛盾激化──政友會對「天皇機關說」的攻擊

1935 年 5 月設立的內閣審議會和內閣調查局，對於民政黨首腦層而言，是遏制該黨內的政民聯立派，將政友會趕下台的絕佳機會。

在這兩個機構設立後，民政黨幹事長川崎卓吉立即通告政友會幹事長松野鶴，中止政、民合作。

> 至今為國策之討論及樹立而促成政民聯合，而此次政府設立內閣審議會，我黨參與之，貴黨未參與。如此一來，則是我黨一面參與政府之審議會，另一面與反對政府之貴黨合作，另商國策，恐怕此為不相容之立場。[56]

56《民政》1935 年 6 月號，頁 106。

上一次大選是 1932 年 2 月，因此不論有無解散，選舉都將在 1936 年 2 月舉行。在民政黨向政友會通告中斷合作之後僅僅九個月就會舉行大選，按當時的形勢，民政黨將作為執政黨，政友會將作為在野黨迎接這場選戰。

為了避免這種事態，政友會希望在大選之前重掌政權。為此，政友會採取了兩大戰術。

首先自然是強調應該由在眾議院過半數的政黨來執政，也即「憲政常道」。

其次是攻擊美濃部達吉的「天皇機構論」，將這一批判用肯定的形式來表述，就是「國體明證論」（明確證明日本的國體是以天皇為中心）。

對生長在戰後民主主義的我們來說，已經聽慣「憲政常道」是進步的，「國體明證」是反動的。但是正如前文所述，在田中義一擔任總裁時和犬養毅擔任總裁時，政友會都提倡「皇室中心主義」和「統帥權獨立」，立場與美濃部憲法學完全相反。

但是，在次年即將舉行大選的 1935 年，攻擊天皇機構論作為政治戰術是有效的。無論怎樣在眾議院逼迫岡田內閣禁止美濃部的著作以及對其進行處罰，內閣都不會因此解散眾議院。

久野收曾用「顯教」和「密教」來形容天皇制的兩面性，即國民層面的天皇（顯教）不是國家的「機構」，而是日本這個國家的統治者；而認為天皇位於國家諸機構中最高位置，根本上是一個國家機構的「天皇機構論」，不過是權力內部秘而不宣的「密教」。[57] 即使「密教」被攻擊，也不可能就

---

57 久野收、鶴見俊輔《現代日本的思想》，頁 118-182。

此去問信於受「顯教」支配的民意，因此內閣不可能因為該問題解散眾議院。

如果在這一問題上被追究到底，則岡田內閣可能不得不總辭職。那樣一來，就可以根據前文所說的另一支柱「憲政常道」把握政權，在 1936 年 2 月的總選舉中作為執政黨參選。這是政友會的如意算盤。

陸軍內部矛盾激化

但是，如前文所言，當時的政治勢力細分為無數派系，不可能按照民政黨和政友會的想法而動。政民兩黨以次年 2 月的總選舉為目標對立激烈，但在此之前，陸軍內部的統治派和皇道派的對立已經達到了極點。

兩派的對立是統制派發起的，統制派可以說是岡田內閣的支援勢力之一。1935 年（昭和十年）7 月 15 日的陸軍三長官會議（陸軍大臣、參謀總長、教育總監）上，陸相林銑十郎和閑院宮載仁參謀總長，要求教育總監真崎甚三郎辭職。真崎拒絕，於是陸相林銑十郎就在次日 16 日單獨謁見天皇，得到了罷免真崎的許可。

宣揚天皇中心主義的政友會和陸軍皇道派，認為罷免真崎當時被稱為「重臣」的天皇親信的判斷，於是開始着力攻擊「重臣」。

圍繞「重臣障礙」的攻防

後繼班首原本是由元老西園寺公望專決，重臣加入這一決策是從 1934 年 7 月岡田內閣成立之後開始。「重臣」的定義是內大臣、樞密院議長和有總理大臣經歷者。這樣一來，尚在世的就只有前首相、政友會的高橋是清。高橋此時與政友會也處於「分別狀態」（離黨是在同年 11 月）。

原敬、田中義一、犬養毅都已不在人世了。換句話說，「重臣會議」是一個政友會完全無法發聲的機構。

因此，在內閣審議會問題上與民政黨訣別、完全成為在野黨的政友會，加強了對「重臣」的攻擊。在 1935 年 6 月的政友會幹部會議上，鈴木喜三郎總裁演講說：「所謂重臣的萎靡消極方針將阻礙國運之進展，與我黨之積極方針背道而馳，因此，余相信必須打破這一指導精神。」[58]

如前文所述，「重臣」已有定義。但「重臣障礙」指的又是甚麼呢？在這一聲明發表約一個月以後從任職地返回東京的朝鮮總督宇垣一成也因為同樣的疑問而四處搜集情報。結果是內大臣牧野伸顯、前首相齋藤實、首相岡田啟介、藏相高橋是清、海相大角岑生、前宮內大臣一木喜德郎，侍從長鈴木貫太郎和部分新官僚被列為「重臣障礙」，定義是「壅斷宮中府中，將政權玩弄於股掌之人。」[59]

這裏列出名字的七人中，牧野、齋藤、岡田、鈴木五人在次年 1936年 2 月遭遇陸軍青年將校襲擊，其中兩人殞命。在野黨政友會瞄準的「重臣」，也是陸軍青年將校的目標。

但是，與政黨之間的合作不同，政黨和軍部這兩個性格完全不同的組織本質上無法形成合作，最多只能是在心照不宣的行動上達成一致。陸軍皇道派的真崎對提議合作的政友會的久原房之助回答說：「作為軍人，無法說與政黨相提攜之類，關鍵是如果有正當、強烈之主張，則軍方自然會有所共鳴。」[60]

58《政友》1935 年 7 月號，頁 50–51。
59《宇垣一成日記》，第二卷，頁 1025。
60《真崎甚三郎日記》，第二卷，頁 96，1935 年 5 月 11 日。

對於岡田內閣等執政黨系的諸勢力而言，也是一樣。即使在 1936 年 2 月的總選舉中處於執政黨地位的民政黨獲勝，也不意味着陸軍統制派相對於皇道派佔有優勢。的確，持續攻擊「重臣障礙」的政友會如果在選舉中落敗，則「重臣」之敵的一翼將崩潰。但是陸軍青年將校的「重臣」進攻，不會被選舉結果所左右。在前文所述的那種政界液化的狀況下，任何一「事件」都不可能讓政治方向起決定性的變化。相反，政界隨着一起起事件而不斷左右搖擺。

昭和十一年大選的「左擺」

1936 年 (昭和十一年) 2 月 20 日的第 19 屆總選舉，迄今的通史都未加關注。而在那之後僅僅六天，發生了日本近代史上最大規模的軍事政變。

但是，站在尚未知軍事政變將發生的 2 月 21 日來看，22 日的選舉是政治的一次大「左傾」。首先，與陸軍皇道派聯合、致力於攻擊美濃部達吉的天皇機構論的政友會慘敗。該黨在解散時以 466 席中的 242 席的微弱優勢過半數，在此次選舉中一舉失去 71 席，淪為少數黨。

與此相對，民政黨增加了 78 席，重登第一大黨之位。該黨雖要說是「自由主義政黨」有點勉為其難，但至少是反軍國主義、反法西斯的。

並且進步知識分子開始關注合法社會主義政黨社會大眾黨的躍進。該黨的領導層通過內閣調查局與陸軍統制派關係深厚，不能說是純粹的社會民主主義政黨。並且雖說是「躍進」，也只佔到 466 席中的 18 席。但是與解散時的三個議席相比，增至六倍，並且其中 11 名在選舉區中是最高票當選者，落選的也多是得票第二者。如果增加候選人和在分配選區時更

下些功夫，應該可以獲得更多議席。[61]

1936 年 2 月的大選中，國民對與陸軍皇道派相交的政友會說「不」；對雖然是資本家政黨，但代表自由主義的民政黨打出了及格分數，對批判資本家政黨性的社會大眾黨也給予一定評價。

二・二六軍事政變

但是，在處於液化狀態的政界，總選舉的分量已大不如 1928 年至 1932 年的兩大政黨制時代的選舉。在大選之後僅僅六天，和皇道派勾結的陸軍青年將校就發動了軍事政變。[62]

2 月 26 日上午 5 點，第一師團的步兵第一、第三連隊，近衛步兵第三連隊，野戰重炮第七連隊等由中隊長，少隊長率領（約八個中隊，1,487 名），襲擊了總理大臣官邸、內大臣私邸、大藏大臣私邸、侍從長官邸、教育總監私邸、前內大臣投宿的旅館、陸軍大臣官邸、警視廳、陸軍省、參謀本部、東京朝日新聞社等。由此，內大臣齋藤實、藏相高橋是清、教育總監渡邊錠太郎殞命，侍從長鈴木貫太郎負傷。岡田首相因襲擊者的誤認而逃過此劫，但前文所提到的被列入「重臣障礙」名單者全部遭到了襲擊。

因為政府方面仍控制近衛師團和第一師團的約 14,000 兵力，所以 1,500 個叛軍並未在軍事制壓上取得成功。但作為宮中和政府中樞的「重臣」卻因為這次叛亂，遭到毀滅性打擊。「重臣」憑藉民政黨和陸軍統制

61《社會運動之狀況》，第 8 卷，頁 634。
62 主要參照《二・二六事件秘錄》第一卷所收的松澤哲成《青年將校運動概要》。

派的支持壓制兩大右翼勢力（陸軍皇道派和政友會）這一結構已經崩潰。

但是，陸軍皇道派和青年將校得到政友會支援一舉建立軍事政權，也同樣不可能。

戰後的發展中國家經常出現的軍事政變，都以某種形式得到了國民的或者說民眾的支持。但是，2.26 事件卻是缺乏國民支持的陸軍青年將校的宮中革命。他們在斷然發起軍事政變之後，沒有向國民伸張他們的主張，而只是向天皇申訴他們的行為是為了「清君側」。

前文已經提到，約 1,200 萬的日本選民的多數在事件發生的六天之前剛剛投票給了「反法西斯」勢力。民政黨的勝利，社會大眾黨的躍進正是這一民意的體現。社會大眾黨領導層謀求接近陸軍統制派，但與皇道派和青年將校沒有關係。並且最重要的是，賦予社會大眾黨 18 個議席的選民的多數，期待該黨「反法西斯」。內務省警保局將社會大眾黨在此次大選中躍進的原因之一歸結於「民心對最近的法西斯傾向的反抗」。[63]

2.26 事件不僅缺乏國民的支持和期待，還受到關鍵人物天皇的排斥。叛亂將校認為，襲擊君側之奸「重臣障礙」，天皇將理解青年將校的真情，但是這一期待被天皇本人否定了。事件發生後的第二天 2 月 27 日，天皇對同情叛軍的侍從武長官本莊繁斷言：「殺戮朕之肱骨之臣，如此兇暴之將校，對其精神有何可恕。」[64]

被天皇和國民雙雙拋棄的叛軍限於孤立，其失敗僅是時間問題。叛亂發生三天後，陸軍首腦層也決心進行武力鎮壓，於 2 月 29 日早晨 5 時對

63《特高外事月報》1936 年 2 月號，附錄，頁 3。
64《本莊日記》原書房版，頁 275。

近衛軍，以及第一、第十四師團 24,000 名士兵下達了出動命令。反叛軍人數約為 1,500 名。除當天傍晚自決的野中四郎中隊長和自決失敗負傷的安藤輝三中隊長，17 名現役將校和三名前將校（村中孝次、磯部淺一、澀川善助）自首並被收監。

廣田弘毅內閣成立

　　考慮事件前後的政治狀況，在總辭職的岡田內閣之後，前外務大臣廣田弘毅被選為首相，民政黨和政友會各出兩人入閣，組成舉國一致內閣，比較合情合理。首先，如果是陸軍憑藉鎮壓叛軍順勢成立陸軍內閣，以事件之前六天的總選舉中顯示的「反法西斯」的民意來看，是不可能的。其次，被提名為後繼首相人選的平沼騏一郎（樞密院副議長）、近衛文麿（貴族院議長）與事件的幕後主使真崎甚三郎關係過深。第三，考慮諸外國對於鎮壓軍事政變以後的日本政府動向的關注，前外相就任首相也是穩妥的選擇。

　　廣田任首相的舉國一致內閣，與 5 .15 事件以後的齋藤美領導下成立的內閣，原因和形式都類似，只是政界暫時的休戰。宇垣一成擔憂的岡田內閣下統治精英的分化問題依舊存在，此時只是少了陸軍青年將校和皇道派。取而代之的是，不得不放棄「憲政之常道」的民政和政友兩黨內部出現了一種呼聲，即在經歷過政黨內閣時代的陸軍長老宇垣領導下實現「政民聯合」，並且這種呼聲越來越強。

　　此外，在岡田內閣時代放棄在眾議院擴大勢力，成為陸軍統制派和新官僚補充勢力的社會大眾黨也增加了兩名議員，作為議會的院內會派得到承認。該黨的兩大政策是提高國民生活水準和充實國防，因此它是會向社

會主義發展、還是會走向軍國主義，難以確定。

另外，軍部方面自稱鎮壓了內部的所謂法西斯勢力，石原莞爾繼承永田鐵山執掌參謀本部，目標是以蘇聯為假想敵有計劃地充實國防。另外最重要的是，在 2 月 20 日的總選舉中獲勝的民政黨內的主流派擺明了反軍國主義的立場。

一年前宇垣慨歎的「紛爭瑣碎化」的政治狀況在 2.26 事件以後仍未改變。

二・二六事件之後議會的反擊

約 1,500 名軍人重武裝襲擊總理大臣和天皇親信，這聽起來讓人感覺 1936 年的日本是非法之徒控制的無秩序社會。但儘管如此，當時的日本是大日本帝國憲法之下的立憲制國家，其第 45 條規定，必須在議會解散五個月之內召開特別議會。之前的解散是 1 月 21 日，所以雖然發生了 2.26 事件，也仍必須在 6 月 21 日之前召開特別議會。

另外不少人誤認為，在特高和憲兵控制的戰前日本，議員在眾議院的講話受限，議事錄也會受到檢閱。但是實際上，眾議院是與政府並列的國家機構，而內務省警保局只是政府的一部分，因此無權檢閱議事錄，也無權逮捕發言者。換句話說，依據憲法規定在 5 月 4 日召開的第 59 屆特別議會上，議員可以毫無顧忌地對 2.26 事件和之後的陸軍的應對進行批判。

其代表事例就是，同年 5 月 7 日在眾議院代表民政黨對政府的施政方針進行質詢的齋藤隆夫所做的演講。他的演講如下：

最後想說的是，國民對於這一事件（2.26 事件）的情緒（中

略）。據我之所見，對於此次事件，不論是中央還是地方，上下所有階級，都衷心憤慨之至（鼓掌）。（中略）特別是，受到國民尊敬的高橋藏相、齋藤內府、渡邊總監等，為所有人公認溫厚篤實，是陛下的鞠躬盡瘁之重臣，竟至被本職為護國的軍人之槍所虐殺（鼓掌），對於信賴軍隊之國民而言，實為難耐之痛苦。（鼓掌）（中略）即便如此，國民仍沉默，政黨仍沉默。但細想之，這一狀態將持續至何時？人類是感情動物。國民的忍耐力是有限的。[65]

在 2 月 20 日的總選舉中重新成為第一黨的民政黨，鮮明擺出了反法西斯、反軍國主義的立場。

親軍部的社會主義政黨

但是，在同一場選舉中躍進的社會大眾黨沒有採取跟民政相同的立場。該黨在議會上強調了 1935 年前後與永田鐵山領導的陸軍統制派聯合時的「廣義國防論」（實現擴軍與提高國民生活兩不誤）。這雖然不是跟 2.26 事件中表現出來的陸軍激進派一致的觀點，但對於鎮壓了 2.26 事件之後的陸軍，社會大眾黨確實是抱有期待的。在齋藤演講的次日，代表社會大眾黨進行質詢的麻生久做了下面的陳述：

剛才陸軍省拿出了題為《國防之本意及其強化之提倡》的手冊，其中主張今後之國防單擴充軍備將有不足，不以國民生

---

65 《帝國議會眾議院議事速記錄》，第 66 卷，頁 48。

活之確實安定為基礎，則無法實現真正之國防。為國民生活之安定，需使今日之經濟組織不成阻礙，更好是對其進行改造，建立使國民生活安定之組織。我認為這是其結論。吾等對軍部的廣義國防之基本精神完全贊同，（中略）但吾等認為，在某種意義上，目前軍部自身在踐踏廣義國防之基本精神。

此處的「今日之經濟組織」指的應該是資本主義經濟。其「改造」與禁止否認「私有財產制度」的治安維持法相抵觸。但《治安維持法》的這一部分維護資本家利益，因此從制定之初就受到國家主義者的批評。尤其是內務官僚，從 1920 年開始熱心於遏制資本家過於追求私利的傾向，因此，《治安維持法》的取締對象主要集中於宣揚「國體」之變革，也即否定天皇制者。所以，對於不否定天皇制的社會主義言行，內務省警保局採取了寬容態度。

問題不是麻生的社會主義主張，而是其親軍方的方針。當然，麻生所說的「軍部」指的是鎮壓 2.26 事件的一方，不是齋藤隆夫批判的法西斯勢力。但是另一方面，在民政黨的代表攻擊陸軍法西斯派時，社會大眾黨的代表對於同樣是陸軍內部的國家社會主義的部分公開表示支援。在 2 月 20 日的總選舉中同時躍起的民政黨和社會大眾黨在 5 月的特別議會上表現出來的態度近於完全相反。

政友會的反法西斯化

在 2.26 事件之前與陸軍皇道派結交、法西斯色彩日漸濃厚的政友會，以 2 月 20 日選舉中的敗北和 2.26 事件的鎮壓為契機，出現了變化。支持

政友會和民政黨聯合對抗軍部的政民聯合派開始佔據優勢。1937年（昭和十二年）1月的第七十屆議會例會上，代表政友會進行質詢的濱田國松的所謂「割腹回答」，顯示了這一派的立場。他的陳述如下：

> 軍部之人大體認為推進我國政治之力在其自身，有我輩不動則蒼生何處之慨歎，這是事實。（中略）這一空氣流溢軍部思想之底流，綿綿不絕。（中略）5.15事件也罷，2.26事件也罷，皆為從軍部之一角經由種種機構傳達出來的獨裁政治思潮相關之政治意見。（中略）在這一底流層面，或曰法西斯主義，或曰獨裁思想（中略），吾等關注軍部推進肅軍之同時，獨裁思想之重壓是否亦在並行。[66]

這裏尖銳指出了「肅軍」，也即在鎮壓陸軍法西斯之後，陸軍整體在「法西斯化」的矛盾。

正如前文所提到，在明治憲法規定的許可權之內，立法府是與行政府並列的國家機構，因此在眾議院議員可以自由發言。濱田也自覺這一點，因此在批判軍部之前，首先說「以不受任何限制的（議員的）自由，以國民之名義對時下之國政發表無所忌憚之意見」。[67]

但是，即使以此為前提，正面將陸軍稱為法西斯主義的濱田的這一演說，還是過激了。極其憤怒的陸相寺內壽一反駁說：「聽適才濱田君的種種陳述，感到其中或有對軍人有些許侮辱。」[68]

---

66 同前書，第68卷，頁36。
67 同前書，第68卷，頁35。
68 同前書，頁43。

由此濱田議員和寺內陸相的「割腹回答」開始了。濱田以「國民代表之吾，豈能因被中傷侮辱國家名譽之軍隊而退縮」對寺內步步相逼，寺內僅答稱「恕忠告」，濱田立即發表了下面的「炸彈演說」：

> 我無意接受眼下之汝之忠告。汝為堂堂陛下之陸軍大臣。但（中略）對於有此年紀之吾而言，未有必須接受汝之忠告的心理準備。（中略）查閱速記，如吾有侮辱軍隊之言，吾可割腹向君謝罪；若無則請君割腹。[69]

陸軍大臣在眾議院全體會議被罵至如此，寺內壽一是第一人。憤怒的寺內向廣田弘毅首相要求解散眾議院。

但是由於舉國一致內閣中既無執政黨，又無在野黨，所以無法就支持陸軍還是政友會舉行總選舉問信於民。廣田首相對元老西園寺的使者稱「吾於 2.26 事件後臨危受命，至今日已無事，且今日之情勢，吾自感已無法承擔此大命，今日總辭職為妥」。於是廣田內閣在 1 月 23 日總辭職。[70]這發生在濱田發表演講的兩天之後。

宇垣內閣流產

在政友會的濱田國松如同失控的割腹回答背後，是政友會和民政黨聯合推舉朝鮮總督宇垣一成牽頭建立新內閣的動向。宇垣自身對此也態度積極。另外，2.26 事件以後不得不保持沉默的前內大臣牧野伸顯，內大臣

---

69 同前書，頁 45。
70《西園寺公於政局》，第五卷，頁 240。

湯淺倉平等也擁護宇垣。

　　但成為首相人選的宇垣卻失去了約一年半以前作為旁觀者時的明晰的政界分析能力。1935 年時，宇垣對時局的分析是「政黨－軍部－官僚－左傾－右傾，乃至政友會的內鬥，民政黨內提攜與非提攜之抗爭，軍部內部派的鬥爭等，鬥爭變得極為瑣碎」。上述對立中，宇垣作為廣田的後繼者出馬的 1937 年 1 月時消解了的只有「軍部內派閥鬥爭」，被表述為「左傾」的社會大眾黨還顯示出進一步躍進的趨勢。

　　當然，如果宇垣能夠將政友會和民政黨一齊收服於自己旗下，則會是相當大的勢力。但「政友會的內鬥」，「民政黨內提攜與非提攜之抗爭」依然存在。在大命將臨之前（1937 年 1 月 17 日）的日記中，宇垣提到了與民政黨的小泉又次郎以及富田幸次郎等「所謂硬派人士」的關係。[71] 關於剛才介紹的政友會的濱田國松的「割腹回答」，宇垣也寫道「濱田之決意於十日前已預見」。[72] 他僅僅以民政黨和政友會的「聯合派」為支持基礎，接受了在 1 月 25 日組閣的大命。

　　在民政黨和政友會黨內對立依舊的時候，鎮壓皇道派和青年將校的陸軍方面則由參謀本部戰爭指導課課長石原莞爾執牛耳。1 月 18 日石原起案明確提出，23 日（大命降下兩天前）接受參謀總長裁決，就任陸軍大臣之條件，是下一任首相接受石原提出的重要產業五年計劃。[73] 這是佈下了阻止宇垣內閣成立的障礙。

　　為石原的主張所逼，陸軍大臣和教育總監向宇垣通告稱，宇垣內閣沒

71 第二卷，頁 1123。
72 同前書，頁 1125。
73 同前書，頁 1134。

有推薦陸軍大臣的權力，於是 1 月 29 日，宇垣放棄了組閣（大命拜辭）。

陸軍與財閥的提攜（狹義國防）

如前所屬，「流產」的宇垣內閣的支持基礎絕不堅實。不是「政民大聯合」，而只是兩黨的一部分聯合。

但是，使得宇垣內閣流產的陸軍建立的林銑十郎內閣，在眾議院完全沒有支持基礎，是一個更脆弱的內閣。在眾議院佔 80% 的民政、政友兩黨，對讓宇垣內閣流產的陸軍強烈反感。會期中增加兩個議席，達到 20 席的社會大眾黨也懷疑陸軍對「廣義國防論」失去了關心。在上一屆議會上，該黨黨首麻生久在對陸軍之前的「廣義國防論」全面贊同之後，表達了如下的疑問，這應該再次引起注意：

> 但是，從之後軍部的預算狀態來看，吾等認為，在某種意義上，軍部自身須有蹂躪廣義國防之門面的精神。（鼓掌）已經聽聞國民四下議論，軍部不是說要謀求國民生活穩定，那麼使用預算不就好了嗎。（鼓掌）[74]

「廣義國防」的反義詞是「狹義國防」。當時的評論家對稍微帶有否定意味的「狹義國防」故意貶做褒用，此外還有歡迎林內閣背後的陸軍開始與國家社會主義保持距離的論調。本章已經多次介紹過，自由主義評論家馬場恆吾就是其典型。他在林內閣成立之後付梓的雜誌《改造》上，發表了如下評論：

74《帝國議會眾議院速記錄》，第 66 卷，頁 82。

時勢變化的最重要之現象，就是陸軍意志之重點從廣義國防轉向狹義國防。對廣義國防過於熱心，宣導庶政一新，軍部之意見向行政、產業、議會制度等社會各方面散佈。這一情況下，當然社會各方面都會與軍部產生摩擦，達成軍民一致之理想將變得困難。（中略）因此，近時陸軍之關心更多集中於狹義國防，顯示出專念於軍隊本來之任務的傾向，此傾向不僅將得到國民歡迎，在軍隊自身而言也是明智的生存之道。[75]

馬場關注的是林內閣背後的石原莞爾的對蘇五年計劃（1937年5月作為陸軍省的「重要產業五年計劃」發表），以及石原與三井財閥的接近。前者是1937年（昭和十二年）到1941年之間的五年間大力推動軍需產業和重化學工業產業發展，後者是三井財閥的中心人物池田成彬就任日本銀行總裁。在1932年的5.15事件中被視為襲擊目標的三井財閥的中心人物，在僅僅五年之後就任日銀總裁，馬場從中感到了「時勢變化」。池田自身也對元老西園寺公望的隨從這樣闡述因助攻石原莞爾的五年計畫制定而接受日銀總裁一職：

石原拿來的具體方案之各項均已有計劃，總而言之即陸軍要求的充實國防完全是據國際情勢而不得不如此。並且不能破壞現在的經濟機構之根本。由此，相當於日本金融中心之日本銀行如不妥當處置，則相當之危險。（中略）如今本不是我出馬之時，但我也當視作為國效勞而痛快答應。一件是儘量支援

---

75 1937年4月號，頁88至93。

結城氏（豐太郎，藏相）。[76]

作為維持「經濟結構之根本」的交換條件，財閥支持陸軍的五年計劃，這正是馬場所謂的「狹義國防」。陸軍由此與國家社會主義作別，轉而向國家資本主義謀求充實國防。

「國家主義」和「社會主義」結合的失敗事例，今天我們已經知道的不勝枚舉。但是，「國家社會主義」中有「社會主義」的夢想。與此相對，陸軍和財閥勾結的「國家資本主義」中只有實際利益。由於陸軍轉投國家資本主義，即使被罵成「法西斯」也對陸軍的「廣義國防」寄予期待的社會主義者失去了立場，陸軍不再是他們的朋友，而成為敵人。這樣一來，陸軍和財閥就變成了眾議院的 85% 議員的敵人。馬場的所謂「狹義國防」，即使在陸軍和財界的算盤上有意義，但與眾議院的 85% 為敵，也聚集不了民意。

僅得到陸軍和官僚以及財界支援的林銑十郎內閣，在政治上毫無前途的情況下，於 1937 年 3 月 31 日解散了眾議院。沒有執政黨的這一內閣參選，從一開始就是沒有意義的。民政黨和政友會的議席差即使縮小（180 對 174），也不會對林內閣的支持基礎產生影響。而一邊呼籲支持陸軍，一邊被陸軍背叛的社會大眾黨，卻在 4 月 30 日的總選舉中議席倍增（由 20 至 36）。陸軍在轉向「狹義國防」之後，社會大眾黨的「廣義國防」不再是親陸軍的象徵，而成為「民主主義」的旗幟。

76《西園寺公望與政局》，第 5 卷，頁 254。

「廣義國防」與民主

政治口號的內容和內涵，不僅僅決定於其提倡者的意圖，選民對其寄予的期待同樣重要。社會大眾黨之所以在此次選舉中從 20 席增至 36 席，再次實現躍進，就是因為在言論界和選民看來，「廣義國防」不再是親法西斯的象徵，而變為反法西斯的旗幟。

林內閣在 3 月 31 日解散眾議院，社會大眾黨立即提出了「廣義國防還是狹義國防，政民聯合還是社會大眾黨」的競選口號。前者是批判陸軍和財閥接近的口號，後者是反對回歸流產的宇垣一成內閣路線。以筆者之管見，找不到陸軍的石原莞爾試圖接近民政黨和政友會的事實，也看不到民政黨和政友會的「聯合派」尋求與石原而不是宇垣合作的史料。社會大眾黨的兩句口號原本完全不相干。

但是，這兩句口號給人以反對陸軍，反對財閥，反對「即成政黨」（民政黨和政友會）的印象。

反對現有的四大「強者」的社會大眾黨在此次選舉中躍進，議席從 20 席增至 36 席。民政黨丟失了 24 席，減至 180 席，政友會增加了 3 席，增至 174 席，形成兩黨勢均力敵的局面。

自由主義還是國家社會主義？

民政黨和政友會雙方都苦於難以增加議席的同時，社會大眾黨幾乎實現了議席倍增，當時的言論界對此評價分歧。自由主義者馬場恆吾對同時反對「狹義國防」和「政民聯合」的社會大眾黨的兩面性存疑。在大選之後《中央公論》雜誌主辦的座談會（5 月 8 日）上，馬場對社會大眾黨的三輪壽壯提出了以下疑問：

社大黨是否既反對政府，又反對即有政黨？當政府和政黨正面衝突時，兩方都反對，這就結果上來說不是會幫助政府嗎。[77]

另一方面，在戰後的日本，作為「自由主義者」的代表得到尊敬、也受到攻擊的河合榮治郎（當時為東大經濟學部教授），與馬場不同，對社會大眾黨的躍進「感到欣喜」。在《中央公論》登載的時評中，河合這樣論述道：

36 名代議士在眾議院總共 464 名代議士中，不過是渺小的 10%。但我對如此少數黨的壯大感到欣喜是為何呢？原因是這一政黨與相繼湧現的幾個少數黨具有不可相比的特質。其一是，與任何國家的社會黨一樣，擁有明確的意識形態；其二是，在今後的選舉中將不會後退，而是會不斷地上升。[78]

正如河合所說，社會大眾黨的躍進不過是在 466 席中佔 36 席。這樣一個政黨的動向，被馬場恆吾視為法西斯政黨抬頭，同時令河合榮治郎感到「欣喜」和歡迎。

前文已經提到，在林銑十郎內閣之下，陸軍開始與財閥聯合，專注於「狹義國防」。另一方面，宇垣一成組閣失敗後的民政黨和政友會，並沒有向社會大眾黨說的那樣走向「政民聯合」。一到大選，民政黨和政友會就各自拿出自己的特色來比拼。而填補這四大勢力的間隙擴張黨勢的社會大

77《中央公論》，1937 年 6 月號，頁 100。
78 1937 年 6 月號，頁 123。

眾黨，在有的人看來是法西斯政黨抬頭，在有的人看來則是類似西歐那樣的合法社會主義政黨的躍進。約兩年前令朝鮮總督宇垣一成感到不可思議的對立「瑣碎化」這一政治特徵，在 1937 年 4 月 30 日的總選舉之後，更為顯著了。

國家領導者的脆弱化與日中戰爭

政治世界處於四分五裂狀態的 1937 年（昭和十一年）7 月 7 日，發生了盧溝橋事變，日中戰爭瞬間全面爆發。有一種觀點是盧溝橋事變是四年半之後的珍珠港襲擊的直接原因，這在今天已經不太流行。因為，對這四年半之間的每個月的史料逐一進行分析，就會明白歷史不是如此單純。

但是，對學習第一次世界大戰歷史，在此基礎上來定位日中戰爭的人來說，日中戰爭勃發是 1941 年太平洋戰爭爆發的原因，而太平洋戰爭勃發的結果，是 1945 年日本成為一片火海的原因，那幾乎是不言自明的。

對於希望儘量避免日中戰爭和日美戰爭的人來說，難以想像這一令人恐懼的未來。只有對日美戰爭，以及作為其結果的日本成為一片火海都做好思想準備的好戰論者，才在 1937 年時就能預見 1945 年的地獄圖景。

盧溝橋事件爆發之後僅僅兩個月，武藤貞一就在新潮社出版了一本叫作《日支事變以及接下來將發生的事》的書。書的內封上注有「昭和十二年九月七日發行」，「初版五萬部」。著者武藤是《朝日新聞》的論說委員、軍事評論家，以煽動對中、對英戰爭的國民思想覺悟著稱。比筆者年長四五歲的一代人一聽到「武藤貞一」這一名字，就會背過臉去。武藤就是這樣一個典型的煽動、鼓動型媒體人。

但是，武藤雖然非常「右」，但也有將合理主義的國防論和戰爭論論述到極致的一面。他在日中戰爭勃發之前，也將蘇聯作為陸軍的假想敵，將美國作為海軍的假想敵，批判 1936 年 8 月的「國策之基準」，論證「與俄美英三國同時開戰之國防計劃」無論如何也是「日本力所不及之事」，斷言「依靠大和魂和神風之國防計劃是不存在的」。[79]

日中戰爭與太平洋戰爭

　　這位好戰並且奉行合理主義的軍事評論家在 1937 年 9 月 7 日出版的這本書中作出了令人驚訝的預判。

　　筆者生於 1937 年 5 月，1945 年 8 月日本戰敗時，筆者八歲。戰敗之前八個月，因為集體疏散遷往富山，因此所知不多。但到 1944 年底，作為一個早熟的小學生，筆者有一定的記憶。在 1944 年筆者所體驗的，正是 1937 年武藤貞一所預測的。

　　他首先論述說，如果日中戰爭發展成日美英戰爭，美國空軍將對日本本土進行轟炸，那時日本的壯年男子將奔赴戰地，「槍炮背後的婦人」的作用將大大增加：

> 　　男子壯丁奔赴大陸，男子之老幼與婦人留守內地，這一關係將使內地各生產機構對婦人的用工需求驟然擴大。（中略）並且防空之一大事業，將落於槍炮後的婦人之雙肩。要與燃燒彈、毒氣、細菌彈之槍林彈雨相抗，現今國防婦人會中婦女的

79《中央公論》，1937 年 3 月號。

圍裙姿態恐無法勝任。（中略）依照歐洲之經驗，燃燒彈之火傷多在下半身，尤其是下肢。日本的女性服裝（和服）和光腳習慣對於防彈而言是最不合適而危險的。這一點必須改進。這方面，可以對東北女性穿着的「蒙陪褲」（音譯，寬腿束緊腳踝的褲子）加以改進，做成新式服裝。這是當務之急。[80]

在日中戰爭剛剛勃發的當時，穿着和服和圍裙的國防婦人會成員還只是到車站向出征的軍人揮舞太陽旗送別。在此時，武藤已經設想到這些婦人穿着「蒙陪褲」，在燃燒彈的彈雨中救火。而 1944 年筆者的母親，正是穿着這種褲子，奮力傳遞水桶。

武藤還預料到太平洋戰爭末期將實施大米配給以及配給不足。「大米大致一人分得一石一斗或者一石，國家必須進行強力嚴格之管理。」[81]

如果是「一石」，則一年為一千合，一日二合七勺多一點。筆者記得 1944 年實際上減少二合四勺左右。因為這樣筆者營養失調，頭髮基本掉光。

進入戰爭，則身邊的金屬製品都被徵用來製造武器。也即「一時，或是漸次消失的將是鎳銀幣，公園、橋樑的鐵製的扶手等。其他一切鐵、銅、鉛、錫等，都將從街頭、從家庭，轉移到戰場，這些會比人員動員得更多」。[82] 筆者這一代人，都記得那時除了忠君烈士和偉人、軍人，所有銅像都只剩下台座。

---

80 《日支事變以及接下來將發生的事》，頁 55-56。
81 同前書，頁 54。
82 同前書，頁 52。

武藤描繪的這幅總力戰圖的根據是，對盧溝橋事變演變為日中全面戰爭，日中全面戰爭發展成日本與英美蘇之全面戰爭的預期。他這樣寫道：

> 　　之前的滿洲事變也好，意大利佔領埃塞俄比亞也好，西班牙戰爭也好，都不過是前線的炸裂現象，而此次事變有前之數倍強度，如果日中事變發展為全面戰爭，難保最終不喚起世界之大禍亂。[83]

> 　　世界已經被拋入一隻戰爭熔爐。如果日中戰局不發生戲劇性反轉，就是只能進不能退的情勢。並且，蘇聯也好，英國也好，或者美國，這些與中國關係緊密的相關國家只要邁出一步，日支之局面就會在須臾之間成為世界性大事變的導火線。[84]

從「危機」走向「崩潰」

　　在 1937 年（昭和十二年）盧溝橋事變發生之後不久會設想如此黑暗的未來的，除武藤之外別無他人。武藤自身可能為這幅圖景興奮不已，但筆者唯一的看法就是「危機時代」被「崩壞時代」所取代。

　　是否武藤所描繪的「崩壞時代」是無從避免的？如果是流產的宇垣一成內閣當政，也許可以避免。宇垣得到陸軍的一部分人和眾議院的多數支持。宇垣和民政黨，以及政友會，都反對法西斯與戰爭。如果走讓宇垣內閣流產的石原莞爾的「狹義國防」路線，可能也可以避免日中全面戰爭。

---

83 同前書，頁 7。
84 同前書，頁 14。

因為走該路線將花費五年來對蘇備戰，需要扶植飛機和坦克以及相關重化學工業，並且也已經得到了財閥的支援，所以應該不會輕易跨入日中全面戰爭。戰爭勃發後石原主導的日中和平談判，也是廣為人知的事實。

但是，這兩個內閣或者說內閣構想遭遇挫折之後，在 1937 年 6 月 4 日成立了第一次近衛文磨內閣。該內閣發表了如下講話：「國內繼續以往的對立相克，將會導致在國外受辱。希望儘量緩和相克與摩擦。」[85] 當時的言論界將此講話化為標語，即「緩和國內對立相克」。於是如同該標語所說，近衛內閣不僅迎來了民政黨和政友會、財界和新官僚等的入閣者，還得到陸軍和社會大眾黨的支持。使用之前已經多次提到的表述即是，這是一個容納了「碎片化」的所有政治勢力的內閣。

但得到所有政治勢力支持的這一內閣，既沒有基本路線，也沒有可以信賴的執政黨勢力支持。其內閣構成根據情況，時而右傾，時而處於中間，時而左傾。在這樣一個內閣成立一個月之後，武藤貞一在著作中介紹的日中全面戰爭的危機已經產生了。筆者的一位老友，親身體驗過從日中戰爭到太平洋戰爭之間八年的「崩壞時代」。他一直要求筆者分析這段歷史，因為沒有對這一時代的分析，《日本近代史》就不完整。

但是，滑向「崩壞時代」的最大的原因是，國內的領導勢力四分五裂，已經無法制御對外關係。並且這一四分五裂狀態，是 1932 年以來二年間不斷深化的，也是所謂沒有勝者的四分五裂狀態。近衛內閣沒有克服這一分裂狀態就固定下來，就這樣接納了所有勢力。不再有領導人，以進行政治體制重組，促成日中戰爭停戰，以及迴避日英美戰爭為目標。

85《西園寺公與政局》，第 6 卷，頁 363。

在這之後的八年裏，政黨、官僚、財界、勞動界、言論界、學界，不再有人發表異議。筆者沒有能力描述一個沒有人發表異議的時代。

分「改革」、「革命」、「建設」、「運用」、「重組」、「危機」六個時代來闡述日本近代史的本書，在接觸「崩壞」時代之前擱筆。

後記

正如我在第六章所闡明，昭和十年初期的日本指導者們四分五裂、亦非大將之材。在這樣的國內狀況下，被武藤貞一預測為大戰爭開端的日中戰爭爆發了。昭和十年初期的日本國民被置於內政與外政雙重國難的入口。

自不必說，將日本國民從雙重國難中同時解放出來是在 1945 年的 8 月 15 日。那些只會擴大這場毫無希望的戰爭的軍人和政治家被革職，國民得以從戰爭中解放出來。

在討論如何克服 2011 年 3 月 11 日大地震、大海嘯和核泄漏事故三重痛苦時，很多人自然地類比 8 月 15 日從國難中復興。能夠將戰後燒得狼藉斑斑的日本復興起來的日本人必然能夠克服 3 月 11 日的國難。

然而第六章筆者則做出分析認為「危機的時代」向「崩壞的時代」轉移，2011 年 3 月 11 日其實更像是中日戰爭爆發的 1937 年 7 月 7 日。

1937 年 7 月 7 日的日本站在「崩壞的時代」的入口，與此相對，1945 年 8 月 15 日的日本則是結束了「崩壞的時代」而迎來「改革的時代」。從愚蠢的指導者和愚蠢的戰爭中解放出來的日本國民，重燃希望迎接戰後的改革，全心全力為了復興奮鬥。

遭遇了 3 月 11 日三重國難之後的日本，對於「改革」既沒有希望，對指導者亦不存在信賴。當然，東北地區的重建與復興是日本國民一致的心

願。然而本應好好指導這個工作的政治指導者們，卻如昭和十年初期的時候那樣四分五裂、亦無大將之材。直面「國難」時，必興起「明治維新」、「戰後改革」這類的話，缺乏具體的歷史分析，不過是單純的樂觀罷了。「明治維新」、「戰後改革」為日本的發展帶來的影響，在第六章已言明，「昭和維新」其實深化了「危機」且帶來了最終的「崩潰」。

為了克服自 3 月 11 日開始的「國難」，新的指導者層的出現也是勢在必行。但如果在四分五裂且缺乏大局觀的指導者的領導下，「重建」或「復興」的希望亦是渺茫。

歷史上的「興」與「亡」總是以組合出現。本書以明治維新的「興」為開端而以「昭和改革」的「亡」為終結，書的最後仍以「戰後改革」的「興」來接續。以「戰後改革」為開端而即將終結這一個新循環的戰後 66 年史中，恐怕政界、官界、財界、勞動界、言論界以及學界都在等待能夠克服「亡」，而向着「興」再發展的指導者們的出現吧。

筆者決定執筆本書是在 2010 年 3 月，被新書編輯增田健史氏的熱情所說服。同年 8 月左右開始動筆，歷經整整一年，於 2011 年 9 月脫稿。這是筆者在離開教職九年之後的一整年，名副其實的一整年。

在此期間，增田氏大概在我每寫了 100 頁紙（每頁 200 字）的時候就會通讀我的文章並給我一些修改意見。本書超過 1200 頁紙，因此在完成

之前他一共看了 12 回並給我意見。現在並不存在作者寫原稿而編輯使其成書這樣單純的分工。

　不管如何，以一己之力來完成 80 年日本史的寫作，比我想像中更難。當然，寫出一部結構均衡的通史亦並不是我最初的目標。本書是帶着筆者的獨斷與偏見的日本近代 80 年歷史。但是，即便是帶著獨斷與偏見，1857 年到 1937 年之間的歷史也太長且太複雜。雖深知書中恐多有謬誤，不過現在能從這個苦差中解放出來，坦率地說，我感覺很開心。

2011 年 9 月

著者

參考書目

第一章 / 第二章

勝田彌孫：《西鄉隆盛傳》，至言社，1976 年復刻。原書 1894 年刊。

立教大學日本史研究會編：《大久保利通關係文書》第三、第五卷，吉川弘文館，1968 年、1971 年。

坂野潤治：《日本憲政史》，東京大學出版會，2008 年。

佐佐木克：《幕末政治與薩摩藩》，吉川弘文館，2004 年。

勝部真長等編：《勝海舟全集》第十八卷，勁草書房，1972 年。

勝田彌孫：《大久保利通傳》上卷，同文館，1910 年。

木戶公傳記編纂所編：《松菊木戶公傳》上卷，明治書院，1927 年。

家近良樹：《西鄉隆盛與幕末維新之政局》，ミネルヴァ書房，2011 年。

前述《大久保利通關係文書》第一卷，1965 年。

島內登志衞編：《谷幹城遺稿》上卷，靖獻社，1912 年。

日本史籍協會編：《戊辰日記》，東京大學出版會，1973 年。

佐佐木克：《戊辰戰爭》，中公新書，1977 年。

佐佐木高行：《保古飛呂比（佐佐木高行日記）》第四卷，東京大學出版會，1973 年。

第三章

前述《大久保利通傳》下卷，1911 年。

坂野潤治、大野健一：《明治維新》，講談社現代新書，2010 年。

稻田正次：《明治憲法成立史》上卷，有斐閣，1960 年。

坂垣退助監修：《自由黨史》上卷，岩波文庫，1957 年。

佐佐克堂先生遺稿刊行會編：《克堂佐佐先生遺稿》，改造社，1936 年。

毛利敏彥：《明治六年政變》，中公新書，1979 年。

外務省編：《日本外交文書》第七卷，外務省，1957 年。

黑龍會本部編：《西南記傳》上卷之一，黑龍會本部，1908 年。

《三條家文書》，國立國會圖書館憲政資料室所藏。

早稻田大學社會科學研究所編：《大隈文書》第一、第三卷，同研究所，1958 年、1960 年。

井上馨侯傳記編纂會編：《世外井上公傳》第二卷，內外書籍，1934 年。

日本史籍協會編：《木戶孝允日記》第三卷，東京大學出版會，1967 年。

《古澤滋關係文書》，國立國會圖書館憲政資料室所藏。

伊藤博文關係文書研究會編：《伊藤博文關係文書》第四卷，塙書房，1976 年。

前述《日本外交文書》第八卷，1956 年。

NHK 編：《日本與朝鮮 2000 年》下卷，日本放送出版協會，2010 年。

前述《伊藤博文關係文書》第三卷，1975 年。

日本史籍協會編：《大久保利通文書》第七卷、第八卷，東京大學出版會，1969 年。

佐藤誠三郎：《超越「死之跳躍」》，都市出版，1992 年。

鹿兒島維新史料編纂所編：《鹿兒島縣史料　西南戰爭》第一卷，鹿兒島縣，1978 年。

日本經濟史研究所編：《五代友厚傳記資料》第四卷，東洋經濟新報社，1974 年。

第四章

前述《自由黨史》上卷。

莊司吉之助：《日本政社政黨發達史》，御茶之水書房，1959 年。

加藤秀俊等：《明治‧大正‧昭和世相史》，社會思想社，1967 年。

室山義正：《松方財政研究》，ミネルヴァ書房，2004 年。

色川大吉、我部正男監修：《明治白書集成》第六卷，筑摩書房，1987 年。

家永三郎等編：《明治前期的憲法構想》，福村出版，1967 年。

井上毅傳記編纂委員會編：《井上毅傳　史料篇第四》，國學院大學圖書館，1971 年。

春畝公追頌會編：《伊藤博文傳》中卷，統正社，1940 年。

前述《井上毅傳　史料篇第一》，1966 年。

伊藤博文：《憲法義解》，岩波文庫，1940 年。

George Akita; 荒井孝太郎、坂野潤治翻譯：《明治立憲政治與伊藤博文》，東京大學出版會，1971 年。原書 1967 年刊。

《愛國新誌》（收於明治文化研究會編：《明治文化全集　自由民權篇（續）》，日本評

論社，1968 年。

盧梭；桑原武夫譯：《社會契約論》，岩波文庫，1954 年。

明治文化研究會編：《明治文化全集 雜史篇》，日本評論社，1967 年。

前述《日本外交文書》第十四卷。

大山梓：《山縣有朋意見書》，原書房，1966 年。

都筑馨六：〈超然主義〉、〈民政論〉未刊原稿，1892 年。

坂野潤治：《近代日本之出發》，新人物文庫，2010 年。

《幸德秋水全集》編集委員會編：《幸德秋水全集》第二卷，明治文獻，1970 年。

宮內廳編：《明治天皇紀》第八卷，吉川弘文館，1973 年。

第五章

前述《伊藤博文傳》下卷，1940 年。

前述《憲法義解》。

橫山源之助：《日本之下層社會》，岩波文庫，1949 年。

農商務省商工局編：《職工事情》，生活社，1947 年。

早稻田大學圖書館所藏大隈重信關係資料所收〈政黨偵察報告書〉。

坂野潤治：《明治憲法體制之確立》，東京大學出版會，1971 年。

北一輝：〈國體論及純正社會主義〉（《北一輝著作集》第一卷所收），みすず書房，1959 年。

松尾尊兌：《大正民主》，岩波書店，1974 年。

原奎一郎編：《原敬日記》第二卷、第五卷，福村出版，1965 年。

德富猪一郎（蘇峰）：《大正政局史論》，民友社，1916 年。

角田順：《滿州問題與國防方針》，原書房，1967 年。

前述《山縣有朋意見書》。

山本四郎：《大正政變之基礎研究》，御茶之水書房，1970 年。

國立國會圖書館憲政資料室所藏〈田健治郎日記〉。

吉野作造：《現代之政治》，實業之日本社，1915 年。

吉野作造：《吉野作造選集》第二卷、第十三卷、第十四卷，岩波書店，1996 年。

前述《日本憲政史》。

外務省編：《日本外交年表並主要文書》上卷，原書房，1965 年。

國立國會圖書館憲政資料室所藏〈寺內正毅關係文書〉。

伊藤正德編：《加藤高明》下卷，寶文館，1929 年。

山本四郎：《原敬評傳》下卷，東京創元社，1997 年。

成澤光：〈原內閣與第一次世界大戰後之國內情況 (2)〉，《法學志林》第六十六卷第三號，1969 年 2 月。

松尾尊兊：《普通選舉制度成立史之研究》，岩波書店，1989 年。

蠟山政道：《日本政治動向論》，高陽書院，1933 年。

H.Smith; 松尾尊兊、森史子譯：《新人會之研究》，東京大學出版會，1978 年。

山川均：《山川均全集》第四卷，勁草書房，1967 年。

石上良平：《政黨史論　原敬歿後》，中央公論社，1960 年。

小川平吉文書研究會編：《小川平吉關係文書》第二卷，みすず書房，1973 年。

井上正明編：《伯爵清浦奎吾傳》下卷，伯爵清浦奎吾傳刊行會，1935 年。

第六章

幣原平和財團編：《幣原喜重郎》，幣原平和財團，1955 年。

前述《小川平吉關係文書》第二卷。

福澤諭吉：《民情一新》，常松書店，1947 年。

木戶日記研究會・日本近代史料研究會編：《鈴木貞一氏談話速記》，下卷，日本近代史料研究會，1974 年。

井上壽一：《戰前日本之「全球主義」》，新潮社，2011 年。

《帝國議會眾議院議事速記》第五十四卷、第六十六卷、第六十八卷，東京大學出版會，1983–1984 年。

美濃部達吉：《逐條憲法精義》，有斐閣，1927 年。

美濃部達吉：《議會政治的檢討》，日本評論社，1934 年。

伊藤隆等編：《續・現代史資料 5　海軍　加藤寬治日記》，みすず書房，1994 年。

今井清一等編：《現代史資料 4　國家主義運動 (一)》，みすず書房，1963 年。

原秀男等編：《檢察秘錄　五・一五事件》第一卷、第三卷、角川書店，1989–1990 年。

高橋龜吉：《大正昭和財界變動史》中卷，東洋經濟新報社，1955 年。

西田美昭：〈有關戰前日本的勞工運動・農民運動之性質〉，收於東京大學社會科學研究所編：《現代日本社會 4　歷史的前提》，東京大學出版會，1991 年。

小林龍夫等編：《現代史資料 7　滿州事變》，みすず書房，1964 年。

木戶幸一：《木戶幸一日記》上卷，東京大學出版會，1966 年。

伊藤隆、廣瀨順皓編：《牧野伸顯日記》，中央公論社，1990 年。

石橋湛山：《石橋湛山全集》第九卷，東洋經濟新報社，1971 年。

日本近代史料研究會編：《龜井貫一郎氏談話速記》，同研究會，1970 年。

宇垣一城：《宇垣一城日記》第二卷，みすず書房，1970 年。

久野收、鶴見俊輔：《現代日本的思想》，岩波新書，1956 年。

伊藤隆等編：《真崎甚三郎日記》第二卷，山川出版社，1981 年。

內務省警保局編：《社會運動的狀況》第八卷，三一書房，1972 年。

林茂等編：《二‧二六事件秘錄》第一卷，小學館，1971 年。

內務省警保安局保安課：《特高外事月報》，1936 年 2 月號。

本庄繁：《本庄日記》，原書房，1967 年。

原田熊雄述：《西園寺公與政局》第五卷、第六卷，岩波新書，1951 年。

武藤貞一：《中日事變及其後之事件》，新潮社，1937 年。